NHKガッテン!

旬ごとの得ワザ満載

一流料理人37人が協力!

「食材の新常識」おかず150

[編]ＮＨＫ第3制作ユニット(科学)、
主婦と生活社「ＮＨＫガッテン!」編集班

ガッテンワザで
わが家のおかずが極ウマに！
食材を〝深掘り〟すれば料理はもっと楽しく、おいしくなる！

鮮度や栄養を保つ保存法

p.124
「鮮度をキープするいわしの保存法」より

新鮮食材を見分けるワザ

p.060
「なめこの新鮮さの見分け方」より

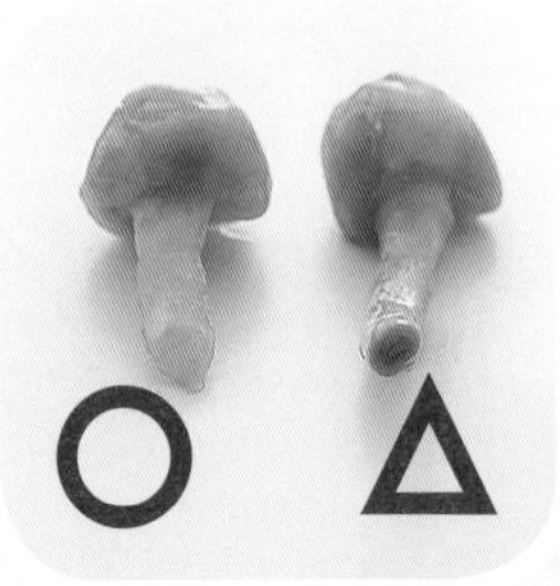

食材の部位別活用ワザ

p.086
「辛さ別大根おろし」より

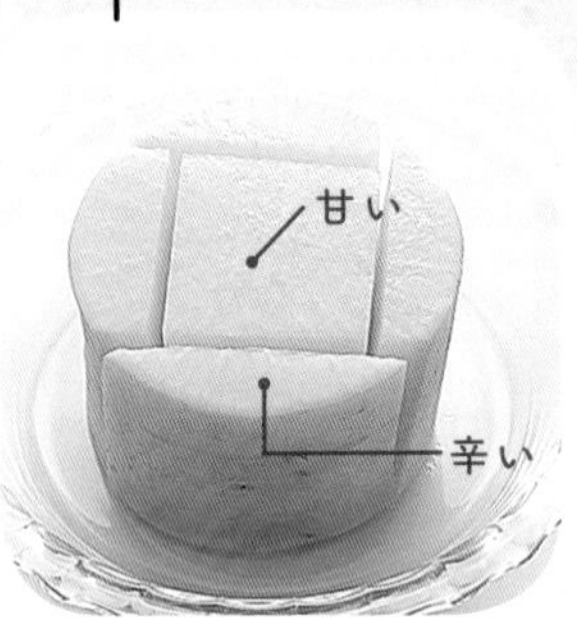

魚がプリふわになる下ごしらえワザ

p.115
「たらの新次元の下ごしらえワザ」より

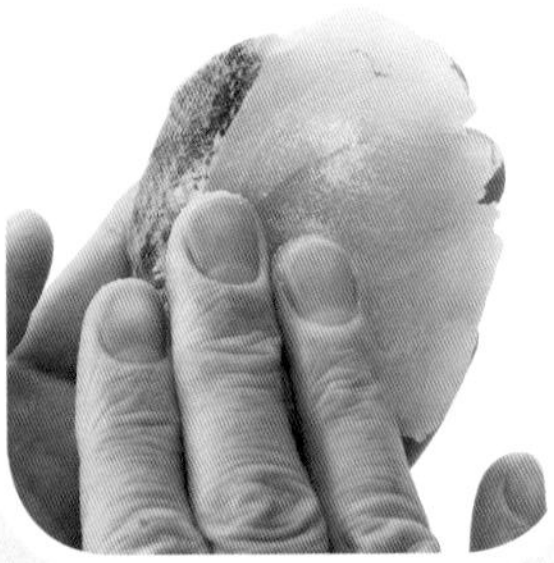

食材の新しい味わい方

p.148
「『クリーム豆腐』の作り方」より

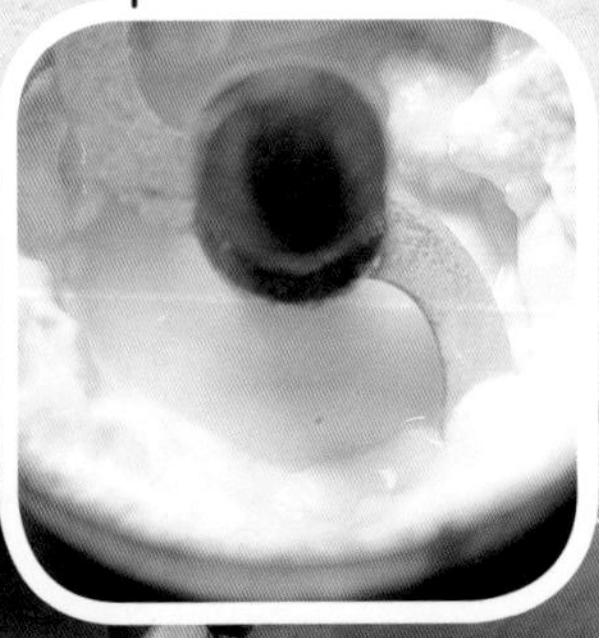

しかも！
和食、フレンチ、イタリアン、中国、韓国……、

ガッテンワザを駆使した「新常識」おかずを、食のプロ37人が考案！

わが家で一流の味を、ラク〜に再現！

p.175
和食料理人、野崎洋光さんの
「『牛肉大和煮』のハヤシライス」

p.053
中国料理店シェフ、脇屋友詞さんの
「れんこんの香り焼き」

p.101
イタリア料理店シェフ、濱崎龍一さんの
「鶏むね肉のソテー 枝豆とトマト添え」

p.075
料理研究家、コウケンテツさんの
「春菊とたいとりんごのサラダ」

p.023
フランス料理店シェフ、北岡飛鳥さんの
「セロリの葉のリゾット」

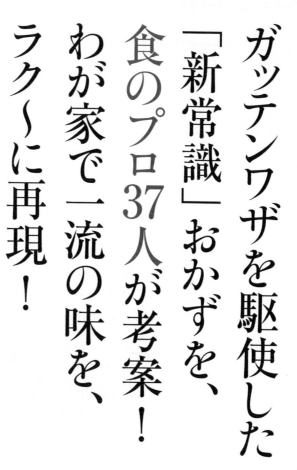

NHKガッテン!

旬ごとの得ワザ満載

一流料理人37人が協力!

「食材の新常識」おかず150

もくじ

CHAPTER 1

季節の食材を味わい尽くす

野菜と果物の「新常識」おかず

春の食材

夏の食材

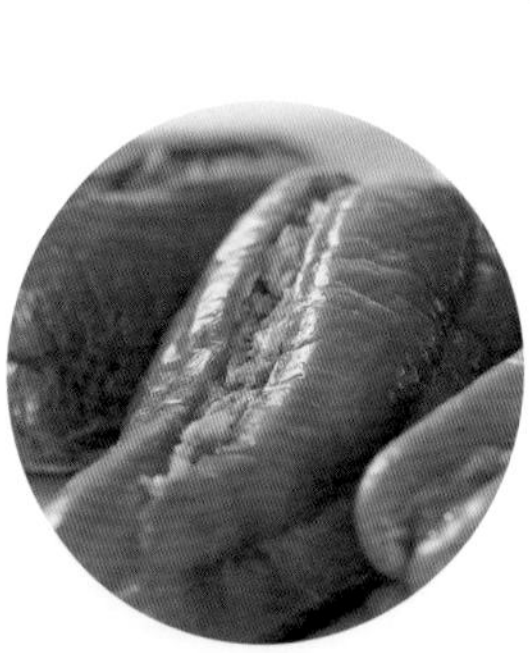

※各食材の「旬の時期」はおおよそのもので、地域や品種などによっても異なる場合があるため、目安として参考にしてください。

秋の食材

冬の食材

CHAPTER 2

肉と魚の「新常識」おかず

「科学の知恵」でいつもよりおいしい！

肉類

魚介類

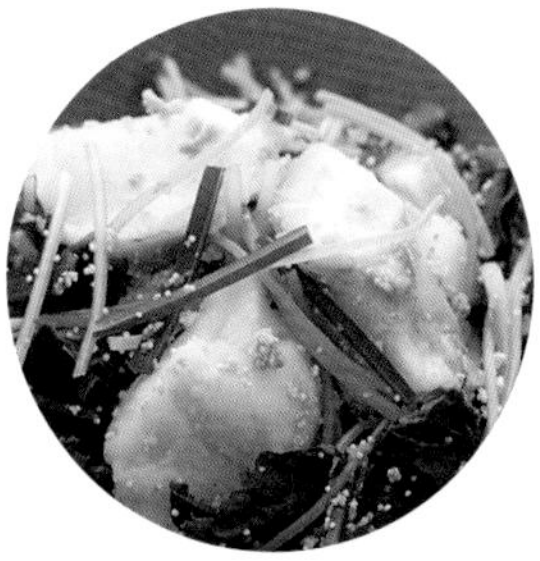

CHAPTER 3

驚きのアレンジであらたな一面を！

台所の定番食材の「新常識」おかず

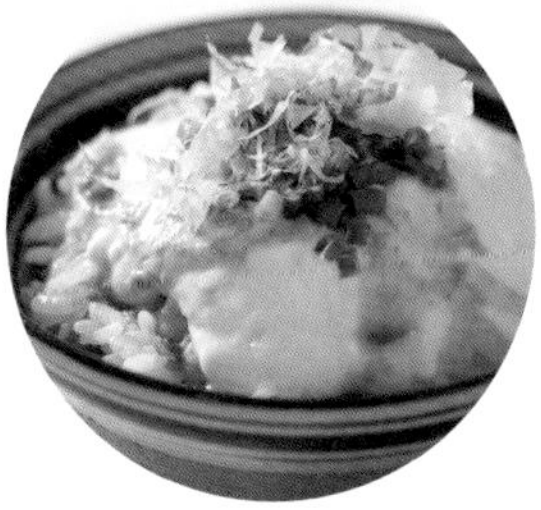

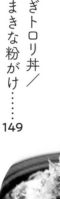

レシピの表記について

- 計量の単位は1カップが200㎖、大さじ1が15㎖、小さじ1が5㎖となっています。
- 材料は、基本的に2人分としていますが、4人分や作りやすい分量で紹介したものもあります。
- 各レシピに出てくる調理時間や時間経過については、調理器具の大きさ、材質、火力の強さなどで変わってきます。あくまで目安と考え、適宜、調整をしてください。
- 電子レンジの加熱時間も、機種やワット数によって変わってきますので、適宜、調整してください。
- 各レシピにエネルギー（熱量）、脂質、塩分のデータをつけています。栄養価データは「日本食品標準成分表2015年版（七訂）」「同　追補2016年」「同　追補2017年」「同　追補2018年」「2019年における日本食品標準成分表2015年版（七訂）のデータ更新」によるものです。

※本書は雑誌『NHKガッテン！』（旧誌名『NHKためしてガッテン』）に掲載した記事を厳選し、再編集したものです。
※本書の情報は、2021年2月現在のものです。

「ガッテン！」放送時間

NHK総合
毎週水曜日　午後7時30分～8時15分

公式ホームページ

nhk.jp/gatten

CHAPTER 1

季節の食材を味わい尽くす

野菜と果物の「新常識」おかず

たけのこ

下ゆでせずにえぐみがとれ、甘みも残るワザ

大根のおろし汁を使えば時短であく抜きが可能に

かたい皮に包まれた〝とんが り頭〟のたけのこが店先に並んでいる姿を眺めると、春の訪れを感じます。掘りたてのたけのこは、身がやわらかく、風味や甘さも抜群です。

そんな生のたけのこを扱う際に手ごわいのがあく抜き。米ぬかを加えた水でゆでたあと、一晩おくといった方法ですが、使った米ぬかのあと処理を考えると、生のたけのこを使うこと自体、敬遠してしまう人も多いのではないでしょうか。

じつはたけのこのえぐみ成分は、土の中にあるときはそれほど多くありません。それが収穫時に切断されたストレスなどによってえぐみ成分が増し、たけのこが本来持つ、甘みやうまみが感じにくくなると考えられています。また、光合成の作用によっても、えぐみ成分が増えるといわれています。

そこで、このあく抜きの手間を大幅に軽減できる方法を紹介します。それは、「生のたけのこを大根のおろし汁に1～2時間つける」こと。これだけでえぐみが抜け、通常のあく抜き法では失われがちな、たけのこ本来の甘みもしっかりと残せるのです。

これは、大根おろしに含まれる酵素の力だと考えられています。

番組で、このおろし汁であく抜きしたたけのこを使った天ぷらを、たけのこ農家の人たちに試食してもらったところ、「おいしい！」「甘い！」と絶賛の声をいただきました。

この簡単ワザで、レベルアップした、生のたけのこ料理にチャレンジしてみませんか。

ここがガッテンワザ！

ゆでずにあく抜き！「大根おろし法」

生たけのこ1本は皮をむき、料理に合わせた大きさに切る。大根⅓本を皮ごとすりおろし、ざるなどでこしておろし汁のみにし、同量の水を加え、全体量の1％の塩を加える。おろし汁のなかに切ったたけのこを入れる。1～2時間たったら、ざるなどに上げ、水で洗い流す。

※1～2時間たってもえぐみが強い場合は、つける時間をのばしてください。ただしつけすぎると、たけのこの香りや甘みも減るので注意。

※大根のにおいが気になる人はざるに上げたあと、水に5分ほどつける。

番組紹介レシピ たけのこの天ぷら

全量の栄養価データ
エネルギー：825kcal
脂質：55.6g　塩分：3.9g

■ 材料（作りやすい分量）

生たけのこ……………………………………1本
衣…………………………（小麦粉50g・水100mℓ）
油・塩…………………………………………各適量

■ 作り方

1 たけのこは皮をむき、たて¼に切る。根もとは8㎜厚さに切り、穂先の部分はくし形に切る。
2「大根おろし法」（右ページ下参照）であく抜きする。
3 水けをふいた、たけのこに小麦粉（分量外）を軽くつけ、衣をつける。
4 170℃の油で3分ほど揚げる。
5 軽く塩をふっていただく。

番組紹介レシピ たけのこご飯

1人分の栄養価データ
エネルギー：303kcal
脂質：2.5g　塩分：1.4g

■ 材料（3～4人分）

生たけのこ…………………………………150g
米…………………………………2合（360mℓ）
油あげ（みじん切り）……………………1枚
A［酒・しょうゆ………………………各大さじ1
　 塩……………………………………小さじ½

■ 作り方

1 たけのこは皮をむき、根もとは角切り、穂先はくし形に切る。
2「大根おろし法」（右ページ下参照）であく抜きする。
3 炊飯器に米とAを入れ、2合目の目盛りまで水（分量外）を入れたら、ひと混ぜする。そこに、油あげとたけのこを加える。
4「普通炊き」で炊飯する。

レシピ協力◎野崎洋光

キャベツ

プロの切り方でせん切りキャベツがシャキシャキに！

葉がやわらかい春は生食がおすすめ

キャベツは日差しがやさしくなると、葉の巻きもふんわり軽くなります。この時期は、ぜひ生食で味わいたいもの。

生のキャベツといえば「せん切り」が定番。とんカツなど揚げ物と一緒に食べると、不思議と口の中がさっぱりします。これは噛んでいるうちにキャベツが口の中を動き回って油を取り去ってくれるのと、わさびと同じ辛み成分「アリルイソチオシアネート」が含まれていることにより、さっぱり効果を生んでいると考えられます。

シャキシャキ食感にするコツの1つは、切ったあとに水に5分ほどさらすこと。もう1つは「中肋《ちゅうろく》」と呼ばれるかたい部分を斜めに切ること。やわらかい葉と、かたい部分が混ざり、歯ごたえがよくなります。

ここがガッテンワザ！

シャキシャキ食感がアップする せん切りキャベツの作り方

①

キャベツを4等分にする。

②

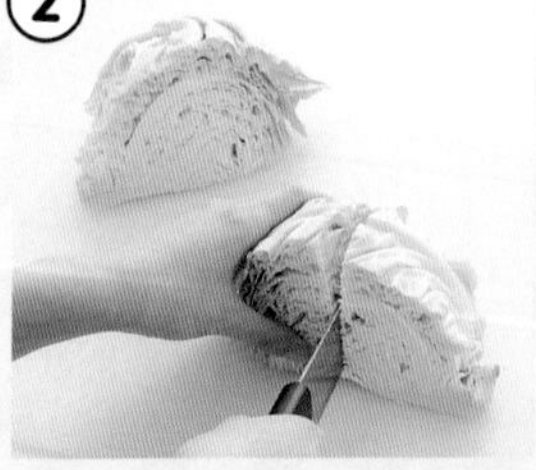

切りにくければ①をさらに半分に切り、芯は取り除く。

③

②を中肋に対して斜めに、1.5㎜幅に切る。

④

水に5分ほどさらしたら、しっかり水けをきる。

※長時間さらすと、うまみや栄養が流出するので注意。

「春が来た！ キャベツ大研究」（2001年3月7日放送）より

番組紹介レシピ

キャベツと牛肉のしゃぶしゃぶ

■ 材料（2人分）

キャベツ……………………………1個

A
- しょうゆ…………大さじ1½
- マスタード（または和がらし）………小さじ½

薄切り牛肉（しゃぶしゃぶ用）……………………………………4枚

白いりごま……………………大さじ½

あさつき（または細い青ねぎ）……………………………………適量

〈ドレッシング〉
- サラダ油……………………………大さじ4
- 高菜（漬け物）……………………13g
- 干しえび（もどしておく）……5g
- 薄口しょうゆ・ごま油・ゆずのしぼり汁………各大さじ½

■ 作り方

1 ボウルにAを入れてよく混ぜる。

2 鍋に湯を沸かし、葉を1枚ずつはずしたキャベツをさっとゆで、水けをきって1のボウルに入れる。調味料をからめ、食べやすい大きさにまとめて器に盛る。

3 キャベツをゆでた湯にしょうゆ少量（分量外）を加える。80℃くらいにやや冷めたら牛肉を1枚ずつ入れて火を通し、2のキャベツの上にのせる。

4 高菜はさっと洗って塩けを抜き、水けを絞ってみじん切りにする。

5 小鍋に4と残りのドレッシングの材料を入れ、さっと温める。熱いうちに3の上にかけ、いりごまと、小口切りにしたあさつきをふる。

1人分の栄養価データ

エネルギー：551kcal

脂質：41.0g　塩分：3.2g

番組紹介レシピ

キャベツとコンビーフの春巻き

1本分の栄養価データ

エネルギー：183kcal

脂質：11.7g　塩分：0.7g

■ 材料（6本分）

キャベツ・コンビーフ……………………各120g

カッテージチーズ……………………………80g

春巻きの皮……………………………………6枚

塩・黒こしょう・片栗粉（または小麦粉）・揚げ油……………………………………各適量

■ 作り方

1 キャベツはせん切りにしてボウルに入れ、塩少々をふってもむ。コンビーフとカッテージチーズは固まっていたらスプーンなどで軽くほぐす。小皿に片栗粉を入れ、同量の水で溶く。

2 春巻きの皮を広げる。皮の左右2㎝くらいあけ、下側3㎝くらいのところに、6等分にしたキャベツ、コンビーフ、カッテージチーズを、順に細長くのせ、黒こしょうをふる。

3 空気が入らないよう気をつけながら、手前からくるくる巻く。巻き終わりの端と両端に水溶き片栗粉をつけ、指でぴったりと押さえて留める。

4 180℃の揚げ油で、3を2分ほど揚げる。

レシピ協力◎株式会社サザビーリーグ アイビーカンパニー

春の食材

レタス

みずみずしさを取り戻す「50℃のお湯」ワザ

シャキッとした食感は50～55℃のお湯で復活

やわらかい春のレタスのみずみずしさと、シャキシャキの食感は格別です。それもそのはず、レタスは96％が水分。ところが、自宅で保存している間にしんなりしてしまうお悩みも……。

でも、レタスを水に浸しても効果はありません。じつは水の分子は、低温だと動きがにぶいのです。反対に、温度が上がるにつれて活発に動くようになる性質が。そこで番組で「50℃のお湯」につける実験を行うと、なんと大きさは1・4倍に。さらに、細胞を形作るペクチンという物質がお湯によってかたくなり、歯ごたえも復活しました。

この方法で切り口の赤い変色も解決できます。50℃の熱のショックをレタスに与えると、熱のショックで変色を忘れてしまうため、変色を防げるのです。

ここがガッテンワザ！

ガッテン流 シャッキリレタスの作り方

① 50～55℃のお湯につける

沸騰したお湯と水道水を同量ずつ混ぜると50～55℃に。2～3分レタスをつける。レタスは、丸ごとでも、カットしたものでもOK。丸ごとの場合、吸水しやすいように根元を薄く切る。

② 新聞紙に包んで冷蔵庫で保存

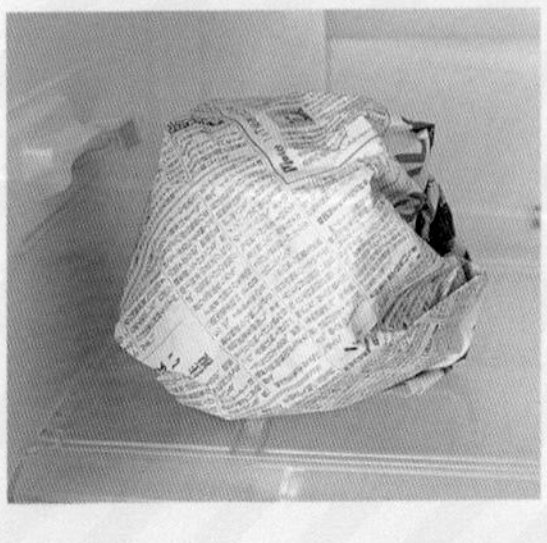

水をきって新聞紙に包み、冷蔵庫へ。とれたて同然のまま、1週間近く保存可能。食べるときに再度お湯につけると、さらにシャキシャキ感が得られる。

「大発見！ レタス魔法の調理術」(2008年3月19日放送)より

番組紹介レシピ もっちりレタス

1人分の栄養価データ
エネルギー：178kcal
脂質：11.0g　塩分：1.7g

■ 材料（2人分）

レタス	100g
ベーコン（5㎜幅に切る）	25g
片栗粉	40g
水	大さじ2
塩	小さじ½
こしょう	小さじ⅙
サラダ油	大さじ1

■ 作り方

1 レタスは手で細かくちぎってボウルに入れる。ベーコン、塩、こしょう、水をふり入れて軽く混ぜる。片栗粉を加えてよく混ぜる。

2 フライパンにサラダ油を中火で熱し、**1**を¼量ずつ薄くのばして焼く。両面を色よく焼き、器に盛る。

1人分の栄養価データ
エネルギー：300kcal
脂質：1.8g　塩分：1.5g

番組紹介レシピ レタスの炊き込みご飯

■ 材料（4人分）

	米	2合（360㎖）
	レタスの葉	200g
	レタスの芯	30g
	桜えび	5g
A	水	270㎖
A	薄口しょうゆ・酒	各大さじ2
A	みりん	大さじ1
A	サラダ油	小さじ1

■ 作り方

1 レタスの葉は一口大にちぎる。レタスの芯はせん切りにする。

2 炊飯器に、洗って水けをきった米と、**A**を入れ、桜えび、レタスの葉をのせて炊く。炊き上がったらレタスの芯を混ぜ合わせ、器に盛る。

レシピ協力◎舘野雄二朗

にんじん

捨てていたのは栄養のかたまりだった！

市販のにんじんには皮はついていなかった

一般的ににんじんは、収穫後、洗浄処理の過程ですでに皮はむかれています。

家庭で皮と思ってむいていたのは、カロテンやポリフェノール、グルタミン酸などの栄養素やうまみが豊富に含まれた「内《ない》鞘《しょう》細胞」と呼ばれる部分。その部分を取り除くと、平均して2割のカロテンを捨てることに。

そのカロテンを効率よく吸収するには、油と一緒にとるとよいという説も。そこで番組で煮もの、炒めもの、サラダと3種のにんじんで食前・食後の血液中のカロテン濃度を調べると、炒め方次第では、煮もののほうが吸収量が多いとわかりました。

また、にんじんは乾燥に弱く、常温では日もちしません。乾燥を防ぐため、ポリ袋などに入れて密封し、冷蔵庫の野菜室へ。

ここがガッテンワザ！

おいしいにんじんの見分け方

ポイントは「茎の切り口の細いもの」（右画像左）を選ぶこと。中心部にある芯の外側に養分がたまるので、芯が細いほうがうまみも栄養もたっぷり。

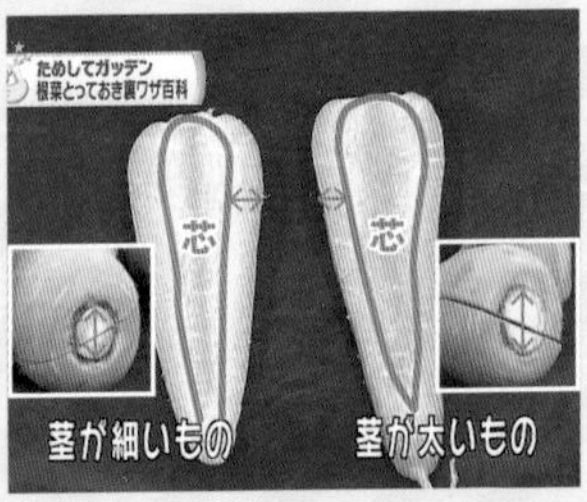

栄養をとるなら皮をむかない

皮だと思っていた外側部分はむかずに、効果的に栄養を摂取。泥つきのものはタワシで洗うと表面の薄皮だけをむくことができる。

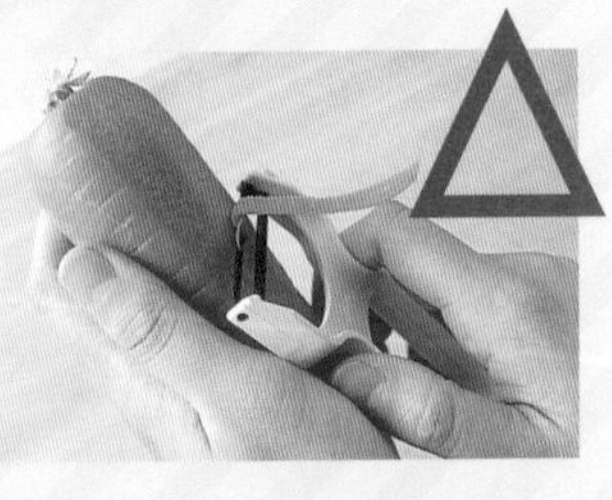

「にんじん！ 健康神話の大誤解」（2005年3月9日放送）、「秋！ 根菜に大感謝 とっておき裏ワザ大百科」（2011年11月2日放送）より

にんじんとあさりの煮もの

■ 材料（2人分）

にんじん……………………………………………1本
あさり…………………………………………200g
水………………………………………………1カップ
酒・薄口しょうゆ………………………各小さじ1

■ 作り方

1 にんじんは3㎝長さの薄めの乱切りにする。あさりの砂ぬきをする場合は、薄い塩水（分量外）につける。その後、殻をこすり合わせながら流水で洗う。

※砂抜きははちみつを少量加えると、よりおいしくなる。くわしいやり方は132ページを参照。

2 鍋に水と酒、にんじんを入れて中火にかけ、沸騰したらふたをして弱火にし、10分煮る。あさりを入れ、薄口しょうゆも加えてふたをして、さらに5分煮る。殻が開いたらでき上がり。

1人分の栄養価データ
エネルギー：40kcal
脂質：0.3g　塩分：1.4g

にんじんの香り蒸し煮

■ 材料（2人分）

にんじん（せん切り）……………1本（180g）
ベーコン（1㎝幅に切る）…………2枚（40g）
にんにく（みじん切り）…………………1かけ
水…………………………………………大さじ3
酢…………………………………………大さじ½
塩……………………………………………少々

■ 作り方

1 フライパンにベーコン、にんにくを入れ、その上に均等ににんじんを並べ入れ、水、酢を回しかけてふたをする。

2 強火で1分加熱したら、弱火にして7分蒸し煮にする。にんじんがしんなりしたら、塩で調味を。

1人分の栄養価データ
エネルギー：120kcal
脂質：8.0g　塩分：0.7g

 レシピ協力◎渡辺あきこ（上段）

CHAPTER 1

春の食材

アスパラガス

ガッテン流で保存、加熱すれば濃厚な味に!

“立てて保存”で成長を止め甘みもうまみもキープ!

ヨーロッパでは「春を告げる野菜」として人気のアスパラガス。新鮮なアスパラガスはそのままかじって食べられるほどみずみずしく、甘みとうまみがいっぱい。そして、「グルタチオン」という抗酸化物質がとくに穂先に多く含まれています。

最近は店頭でも立てて売られていることも増えましたが、これにはワケが。じつは、アスパラガスは驚異的な成長力があり、横にしておくと、穂先を起こそうとして自身の糖やアミノ酸を消費します。その結果、せっかくの甘みやうまみが損なわれてしまうのです。さらに、筋っぽくもなってしまいます。

おいしさを逃がさないためには牛乳パックを切って、底に湿らせたティッシュを敷き、立てて入れ、冷蔵室で保存を。

ここがガッテンワザ!

新鮮なアスパラガスの見分け方

〈穂先〉左のアスパラガスのように、穂先が締まって紫色が濃いもののほうが甘みが強い。

〈茎〉右のアスパラガスのように、茎に筋があるものは中身も筋っぽい。左のように表面にハリのあるものを。

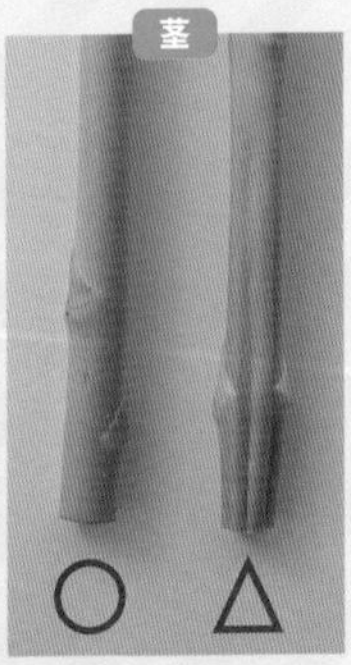

おいしいゆで方

うまみが逃げないように表面だけをゆでて膜を作り、余熱で中まで加熱するワザ。沸騰した湯に立てたまま入れ、10秒ほどゆでたら、横たえて40秒ほどゆでる。ゆで上げは冷水に取らずに、そのまま余熱で火を通す。

※中華鍋は口が広いためゆでやすく、熱伝導もよいのでおすすめです。

「知らなかった! アスパラガス 真実の味」(2005年5月25日放送)より

番組紹介レシピ

アスパラと温泉卵の鶏飯

■ 材料（4人分）

米……………………………………………2合（360㎖）
アスパラガス………………………………………6本
鶏ひき肉…………………………………………150g
A［だし汁………………………………………360㎖
　 みりん・しょうゆ……………………各大さじ2
温泉卵（市販のもの）……………………………2個

■ 作り方

1 米は洗い、ざるに上げる。アスパラガスは5㎜厚さの小口切りにする。
2 炊飯器の内釜に1の米を入れる。必ず鶏ひき肉をその上にのせ、Aを加える。
3 通常の炊き方でご飯を炊き、炊き上がったらすぐにアスパラガスを加える。温泉卵をくずさないようにのせて、ふたをして10分ほど蒸らす。
4 余熱でアスパラガスに火を通し、よく混ぜて器に盛る。

1人分の栄養価データ
エネルギー：402kcal
脂質：7.9g　塩分：1.5g

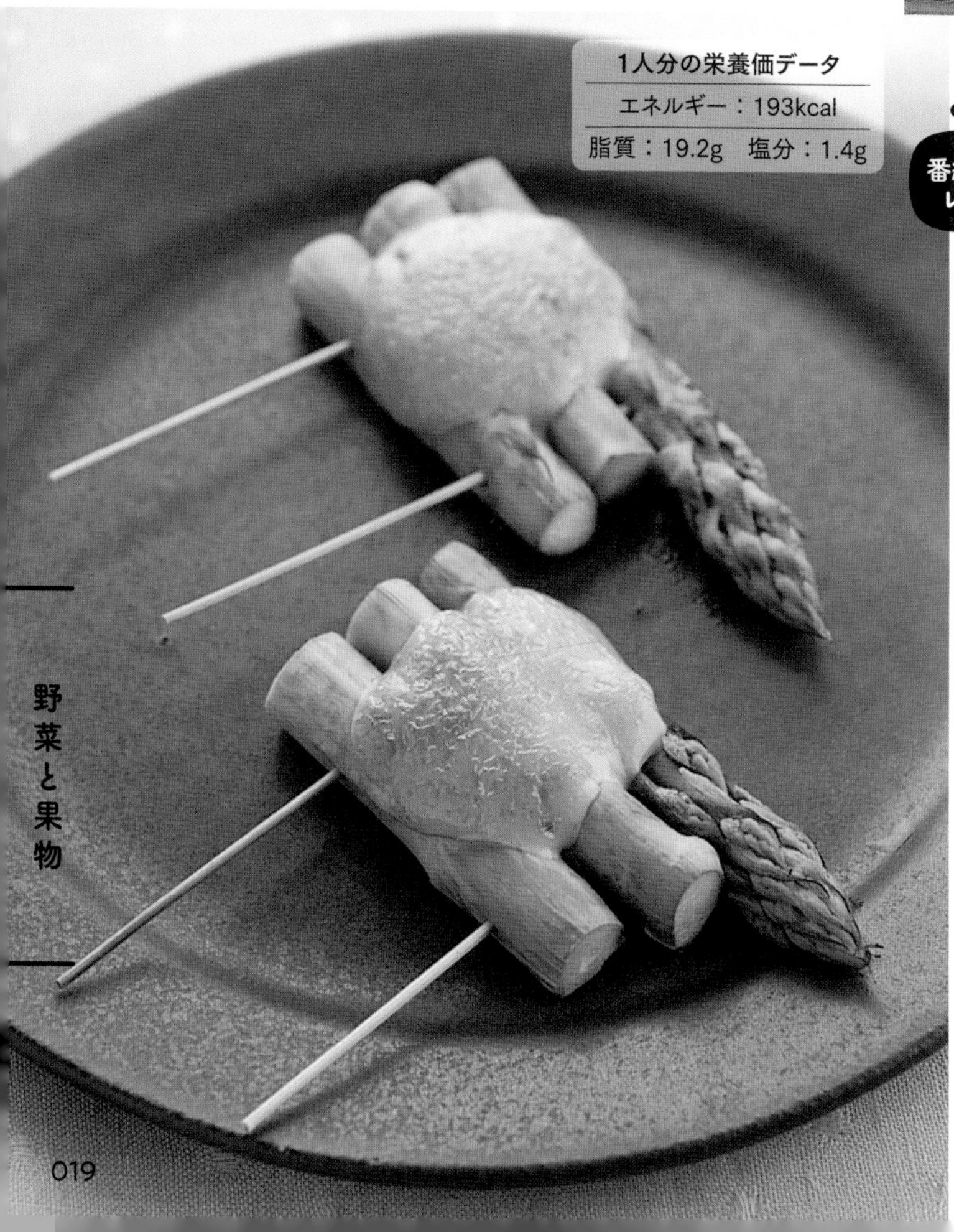

1人分の栄養価データ
エネルギー：193kcal
脂質：19.2g　塩分：1.4g

番組紹介レシピ

アスパラの“みそネーズ”焼き

■ 材料（2人分）

アスパラガス………………………………………4本
マヨネーズ…………………………………………50g
みそ…………………………………………………15g

■ 作り方

1 アスパラガスは右ページ下の「おいしいゆで方」でゆでる。3等分に切る。いかだ風に並べ、2本のようじで刺す。
2 マヨネーズとみそを混ぜて1に塗り、オーブントースターかグリルで1～2分、軽く焼く。

レシピ協力◎加藤道久

CHAPTER 1

春の食材

新じゃが

驚きのでんぷんマジックで食感を楽しむ

でんぷんをコントロールして
新じゃがの真価を味わう

緑がまぶしくなると、「新じゃが」が店先に並びます。皮が薄くてみずみずしく、ビタミンCが多いのが大きな魅力です。

ところが、新じゃがの真価は「食感」にありました。新じゃがは「でんぷん」が豊富で、上手にコントロールすると、新感覚のおいしさを引き出せます。

でんぷんの粒は水を加えて加熱すると、水分を吸収して大きく膨らむ性質があります。この性質を生かし、ゆでて粗熱をとった新じゃがをすり鉢ですりつぶすとモチモチの食感に。

また、ゆでたあと、冷やしてからつぶすとトロトロ・フワフワの食感に。いっぽう、せん切りにして水にさらすとシャキシャキの歯ざわりに変化します。

新じゃがの驚きのでんぷんマジック、どうぞご堪能《たんのう》ください。

ここがガッテンワザ！

モチモチ・フワフワ

新じゃがをゆで、すり鉢で粘りがでるまでつぶす。粗熱をとった**熱いうちに**つぶすと**モチモチ**、**冷やしてから**つぶすと**フワフワ**食感に。袋に入れて手でつぶしてもOK。

水にさらして「いもなます」に

長野県北部で食べられているご当地料理。新じゃがをせん切りにしたあと、一晩水にさらし、でんぷんを落とす。酢を加えて炒め、砂糖と塩で味つけ。細胞壁だけが残り、シャキシャキ食感になる。

「新ジャガ！感動5連発　常識破り調理で新食感」(2014年8月27日放送)より

番組紹介レシピ

どったら餅オムレツ

1人分の栄養価データ

エネルギー：298kcal

脂質：20.0g　塩分：2.1g

■ 材料（1人分）

A［「どったら餅」（作り方は下参照）……60g
　 牛乳……大さじ2］

卵……2個

塩……小さじ¼（ふたつまみ）

バター……10g

サラダ菜……適量

■ 作り方

1 ボウルにAの材料を入れ、どったら餅のかたまりがなくなるように、よく混ぜ合わせる。卵を1個ずつ割り入れてほぐし、塩を加えて混ぜる。

2 フライパンにバターを入れて強火で1分ほど熱し、溶けたら弱火にして1を流し入れる。菜箸などで全体を大きく混ぜ、半熟状になったらフライパンの丸いカーブを利用して形を整える。器に盛り、サラダ菜を添える。

北海道松前町名物「どったら餅」の作り方

新じゃがを適量をゆでる。竹串がスーッと通ったらざるに上げて粗熱をとり、皮をむいてざっとつぶす。完全に冷めたらすり鉢に入れて5分ほど、十分に粘りがでるまですりこぎですりつぶす。地元ではスプーンにとり、めんつゆにつけて食べる。

番組紹介レシピ

チーじゃが

■ 材料（1人分）

新じゃが……200g（大1個）

ナチュラルチーズ……20g

（ここではグリュイエールチーズを使用）

塩・こしょう……各少々

オリーブ油……大さじ½

■ 作り方

1 じゃがいもは皮をむき、50gをせん切りにしてボウルに入れる。たっぷりの水を注ぎ、しばらくおいてでんぷんが底にたまったらざるに上げ、水けをきる。残りのじゃがいもはすりおろす。チーズは5㎜厚さに切る。

2 フライパンにオリーブ油を中火で熱し、すりおろしたじゃがいもを4等分にしてスプーンで落とし入れる。円く平らにのばし、縁に焼き色がつき始めたらせん切りのじゃがいもを等分にのせる。

3 2に塩、こしょうをしてチーズをのせ、上下を返す。チーズが溶けて、香ばしい香りがしてきたら器に取り出す。

1人分の栄養価データ

エネルギー：278kcal

脂質：12.9g　塩分：0.8g

セロリ

意外な組み合わせでセロリを新発見!

イメージを一新する料理で「大好き」になることも!

さわやかで清らかな香りを放つセロリ。しかし、好き嫌いが大きく分かれる野菜でもあります。その理由は、あの独特の強い香りにあるようです。

私たちがセロリのような個性的な香りをかいだとき、脳の「網様体」という部位が強く反応します。網様体は好き嫌いではなく、「大好き」「大嫌い」などの「大」の部分、つまり〝程度〟を判断します。一度判断を下すと、その程度はほぼ変わりません。しかし、好き嫌いに関しては、経験や学習により柔軟に変化するため、何かの拍子で「大嫌い」が一転、「大好き」になる可能性もあるのです。

食べものの好き嫌いを変えるには、イメージの転換が必要です。番組では、セロリにポテトチップを混ぜた意外な組み合わせのサラダ（右下を参照）で、セロリ嫌いの人のイメージの転換に成功。3週間後には生のセロリを食べられるほどになりました。だまされたと思って一度ためしてみてください。

ここがガッテンワザ!

葉を入れると、香りやコクがアップ

セロリの香りの主成分「フタライド類」は、茎よりも葉に5倍も多く含まれる。さらにコクをアップさせる効果もあるので、スープなどに使用するのがおすすめ。

データ提供◎長谷川香料

スープを作ったら鍋の火を止め、セロリの葉を入れて、10分ほど蒸らせば、香りとコクたっぷりのスープに。

新しいおいしさ!「セロリとポテトチップのサラダ」

組み合わせと食感の意外性で、セロリのイメージを一新させる、「セロリとポテトチップのサラダ」の作り方はこちら。①セロリ1本を粗みじん切りにして、マヨネーズ大さじ4をあえる。②砕いたポテトチップ40g（約⅔袋）を加え、軽く混ぜる。

番組紹介レシピ セロリの葉のリゾット

1人分の栄養価データ
エネルギー：282kcal
脂質：9.5g　塩分：1.7g

■ 材料（2人分）

セロリの葉……2本分
冷やご飯……200g
A ［ 水……1カップ
　　チキンブイヨン（固形）……5g
パルメザンチーズ……20g
塩・こしょう……各少々
オリーブ油……適量

■ 作り方

1 鍋にAを入れて中火にかける。煮立ったらセロリの葉を入れてさっとゆでる。取り出して粗熱がとれたら細かく刻む。
2 1の鍋にご飯と1のセロリの葉を入れ、ひと煮立ちさせる。
3 パルメザンチーズを加え、ゆっくり混ぜながら2～3分加熱する。途中で煮詰まってきたら水（分量外）を足す。
4 塩、こしょうをふり、味を調えたら器に盛り、オリーブ油を回しかける。

番組紹介レシピ ちぢれセロリと生ハムのサラダ

■ 材料（2人分）

セロリ……2本
生ハム（薄切り）……4枚
塩・こしょう・オリーブ油……各少々

■ 作り方

1 セロリは茎と葉に分け、茎の表面の皮と筋を薄くむいたら、ピーラーで細く削り、5分ほど氷水に浸ける。くるくると丸まってきたらペーパータオルで水けをふく。
2 器に1を盛り、塩、こしょうをふる。
3 生ハムをのせ、オリーブ油を回しかけ、セロリの葉を適量飾る。

1人分の栄養価データ
エネルギー：105kcal
脂質：6.6g　塩分：2.0g

パセリ

加熱で食感を変えておいしくいただく！

食感がパセリのうまみや甘みを邪魔していた！

日本では食べるよりも、飾りとしておなじみのパセリ。じつは栄養価が高く、鉄分やカリウム、カルシウム、β－カロテン、ビタミンCなどの含有率は野菜のなかでもトップクラスです。しかし、番組の調べでは約8割の人が食べ残すとの回答が。その原因の多くは味への不満。

パセリは海外ではさまざまな料理に使われるほど人気の食材です。ただ、欧米で使われるパセリは、「イタリアンパセリ」と呼ばれる葉の平たい品種。クセがなく甘みもあります。

そこで、日本の葉がちぢれたパセリとイタリアンパセリを味覚センサーで比較分析してみると、甘み、苦み、うまみなどいずれの項目でも、ほぼ一致！

両者のおいしさの差を生んだのは、じつは食感。日本のもじゃもじゃパセリは寒さに強い品種で、細胞が密集しており、食感がかたくてゴワゴワします。

一見、味と関係ないようですが、味の情報とともに食感も、脳のおいしさを判断する部分に届きます。このとき、「かたい」食感は味自体の情報より強烈に認知されるため、味がおいしくても脳は「まずい」と判断してしまうのです。

そこでガッテンが見つけ出したのが、加熱ワザ。たった30秒加熱するだけで細胞膜が壊れ、やわらかくてみずみずしい食感に変わり、パセリ本来のおいしさを楽しめます。

また、パセリの香りやうまみの成分は、せりとそっくり。加熱で食感を変えれば、せり同様、和食でも活躍できます。

購入時は葉が細かくちぢれ、葉先が内側に巻いており、茎もみずみずしくて、ハリがあるものを選びましょう。

ここがガッテンワザ！

加熱すれば活用の幅が広がる

フライパンを強火で1分予熱したところにパセリの葉を入れてさっと炒め、ふたをして30秒加熱。フライパンで30秒加熱したパセリは、本来のおいしさが際立ち、肉料理にかけたり、サラダの具、そうめんや冷ややっこの薬味としてもおすすめ。ほかにゆでる方法も。沸騰前の、70℃くらいのお湯にパセリの葉60g（6枝分）を入れ、火を止めて1分ひたす。

※フライパンの材質によっては焦げることがあるので注意。油をひくと、よりおいしくなる。

「信じられん！ パセリを激ウマに変える30秒技」（2012年5月9日放送）より

番組紹介レシピ パセリみそ

■ 材料（作りやすい分量）

パセリの葉……………………30g（3枚分）
みそ……………………………………100g
A［砂糖…………………………大さじ3
　 みりん・酒……………………各大さじ1

■ 作り方

1 鍋にみそとAを入れて火にかけ、砂糖が溶けるまで練る。
2 パセリは右ページ左下の囲みの要領でゆでる。水けをきり、フードプロセッサーに入れてかくはんする。
3 ここに粗熱をとった1を加え、さらにかくはんしたらでき上がり。

全量の栄養価データ
エネルギー：332kca
脂質：6.2g　塩分：12.

1人分の栄養価データ
エネルギー：80kcal
脂質：2.8g　塩分：1.1g

番組紹介レシピ パセリの卵とじ

■ 材料（4人分）

パセリ……………………………40g（4枚分）
ごぼう（極薄のささがき）……1本分（120g）
長ねぎ（薄い斜め切り）……………………1本分
溶き卵……………………………………2個分
A［だし汁………………………………340㎖
　 薄口しょうゆ………………………大さじ1⅓
　 みりん………………………………小さじ2

■ 作り方

1 鍋にAを入れて火にかけ、ごぼう、パセリ、長ねぎを入れて、ふたをして2〜3分加熱する。
2 ひと煮立ちしてごぼうに火が通ったら、溶き卵を回し入れて火を止める。ふたをして30秒蒸らし、器に盛る。好みでこしょうや七味唐辛子、粉ざんしょうをふっても。

レシピ協力◎野﨑洋光

そらまめ

「しっとり」&「ホクホク」食感の秘密は収穫時期に！

ふだん捨ててしまう、皮やワタにも栄養が

さやが空を向いて育つことから名づけられたという、そらまめ。店頭では食感の異なる2種類があります。

さやが鮮やかな緑色のそらまめは、若い「しっとり豆」。豆がまだ栄養を受け取っている早い時期に収穫したもので、糖分や水分が多く、みずみずしいのが特徴です。一方、茶色がかっているものは「ホクホク豆」。栄養補給が完了し、糖分がでんぷんになったあとに収穫したものので、じゃがいものようにホクホクしています。

さらに味わい方もさまざま。さやのワタごと味わう方法や、皮ごとだからこそおいしい番組レシピをご紹介。皮に含まれる甘み成分は、豆の1・5倍、ポリフェノールはなんと11倍。そらまめの実力をご堪能《たんのう》ください。

ここがガッテンワザ！

「しっとり豆」と「ホクホク豆」の見分け方

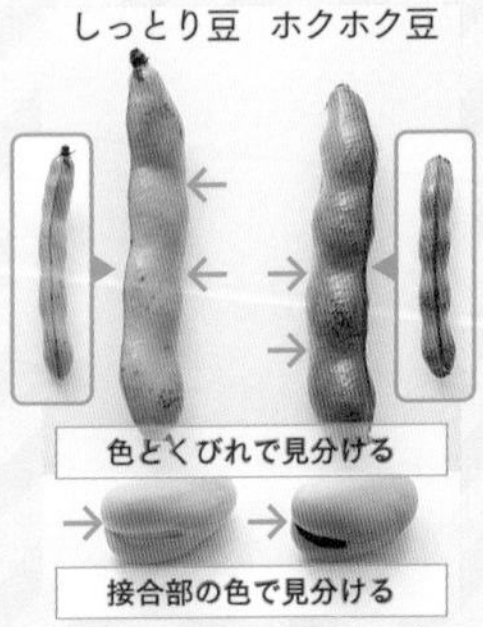

【しっとり豆】
さやは緑色で、くびれが少ない。豆の切れ目のように見える接合部は緑色。おすすめのゆで時間は1分半〜2分。※

【ホクホク豆】
さやは茶色っぽくくすみ、くびれができている。豆の接合部は黒に近い。おすすめのゆで時間は3分。※

※いずれも沸騰後に豆を入れ、ふたをしたときのゆで時間。

ワタの食べ方

ワタには、豆の栄養になる糖分がたっぷり含まれている。さやごと焼くと熱で溶けてトロトロに！　何もつけずにそのまま味わえる。

【おすすめの調理法】
豆が入ったさやを両面焼きグリルに入れ、強火で10分ほど焼く。片面焼きグリルの場合は強火で12分ほど。ワタがより多い「しっとり豆」で作るのがおすすめ。

番組紹介レシピ　そらまめくんの肉豆腐ベッド

1人分の栄養価データ
エネルギー：103kcal
脂質：5.4g　塩分：0.9g

■ 材料（2人分）

そらまめ（さやつき）……4本
豚ひき肉……40g
絹ごし豆腐……110g
A ┌ オイスターソース・酒……各小さじ½
　 │ 塩……小さじ¼
　 └ こしょう……少々

■ 作り方

1 そらまめはさやの筋を取って開き、豆を取り出し、さやはそのまま取っておく。
2 保存用袋にひき肉、豆腐、Aを入れ、袋の上からよくもむ。
3 1のそらまめを熱湯で30秒ゆで、粗熱がとれたら皮をむく。
4 2の袋の空気を抜き、肉だねを寄せて袋の端を切り落とし、絞り袋のようにして1のそれぞれのさやの片方に絞り出す。3のそらまめをのせ、残りのさやをかぶせる。
5 両面焼きグリルに入れ、強火で10分焼く（片面焼きグリルの場合は12分）。

全量の栄養価データ
エネルギー：65kcal
脂質：0.1g　塩分：0.1g

番組紹介レシピ　地獄蒸し

■ 材料（作りやすい分量）

そらまめ（皮ごと）……20粒
塩……適量

■ 作り方

1 フライパンにそらまめがちょうど浸る程度の水を注ぎ、強火にかける。沸騰したらそらまめと塩を入れ、ふたをする。
2 強火で3分ゆでたら、ざるにあげて水けをきる。

番組紹介レシピ　香ばし天国

■ 材料（作りやすい分量）

そらまめ（皮ごと）……20粒
ごま油……適量

■ 作り方

1 フライパンにごま油を中火で熱し、全体になじませる。
2 そらまめを入れ、上下を返しながら両面が色づくまで炒める。

全量の栄養価データ
エネルギー：120kcal
脂質：6.1g　塩分：0.0g

レシピ協力◎長坂松夫（上段）

なす

〝かたまり〟で加熱すると、うまみ成分が増える！

なすのうまみ成分を存分に生かす

夏に最盛期を迎える「なす」。日本では千年以上愛され続けている野菜ですが、「味や香りがしない」「特徴がない」といった意見が聞こえてくることも。

ところが近年、驚きの論文が発表されました。なすはうまく加熱すると、干ししいたけなどに含まれるうまみ成分「グアニル酸」が劇的に増える、すごいポテンシャルを持った食材だということがわかったのです。

番組で論文内の実験を再現したところ、切ったなすより〝かたまり〟で加熱したほうが、グアニル酸の量が増えることが判明しました（左囲み参照）。

なすのグアニル酸は加熱による酵素の働きで作り出されます。ただし90℃を超えると酵素の働きが失われるので、90℃になるまでの加熱時間をより長くすることが重要。実験で、切ったなすを加熱したところ、90℃になるまでに2分かかったのに対し、かたまりの場合は8分以上かかりました。その結果、グアニル酸が多くなったと考えられます。

番組でなすの産地を取材すると、〝かたまり〟で加熱するご当地料理を数多く発見！

なかでも熊本県の農家で出合ったなす料理の大定番「焼きなす」は絶品。熊本県で多く生産されている、大きな「長なす」をかたまりのままコンロで丸焼きにし、焼き上がったら皮に切り込みを入れてバターやしょうゆを落として食べていたのです。

番組では食べ方が小籠包《ショーロンポー》のようなので、「ナスロンポー」と命名しました。家庭でできるフライパンを使ったなすのレシピをご紹介します。

ここがガッテンワザ！

切らないで加熱したほうが、うまみが4割増す！

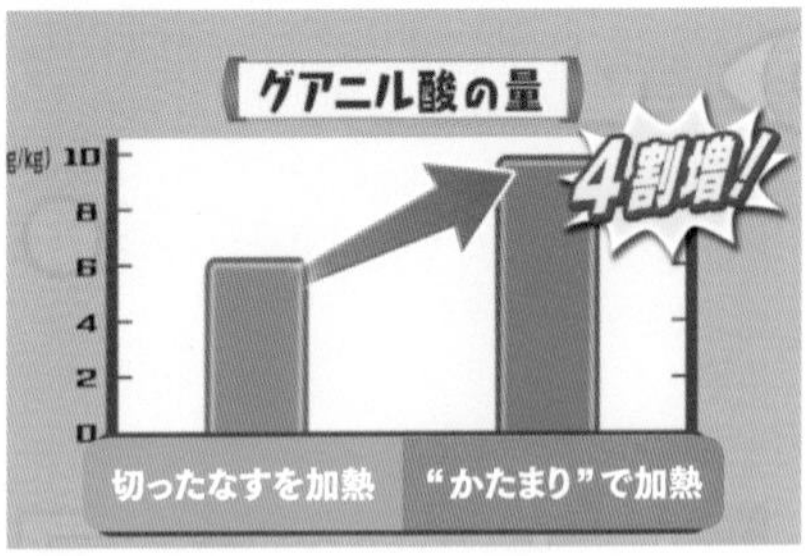

あらかじめ切ったなすを加熱したとき（青）と、なすを切らずに“かたまり”で加熱したとき（赤）の、うまみ成分「グアニル酸」の量の変化を比較。かたまりで加熱したほうがグアニル酸の量が約4割も多く増えていた。

国産のなすの品種は180種類以上あるといわれている。

「旬到来！ 絶品なす最新調理術」（2020年7月1日放送）より

番組紹介レシピ

「ナスロンポー」

1人（本）分の栄養価データ
エネルギー：33kcal
脂質：1.7g　塩分：0.5g

■ 材料

なす……………………………………………人数分
バター……………………………………お好みの量
しょうゆ…………………………………お好みの量

■ 作り方

1 フライパンになすをまるごと入れ、ふたをして強めの中火で3分素焼きする。
2 ひっくり返して反対の面を3分加熱する。4面すべて加熱するが、残りの2面は1分ずつ加熱する。
3 皮の真ん中に切り込みを入れ、お好みでバターとしょうゆを入れる。切らずに皮をむいて、お好みでしょうゆなどをかければ「焼きなす」に。

注意　フッ素樹脂加工などの「空だき禁止」のフライパンは使わないでください。

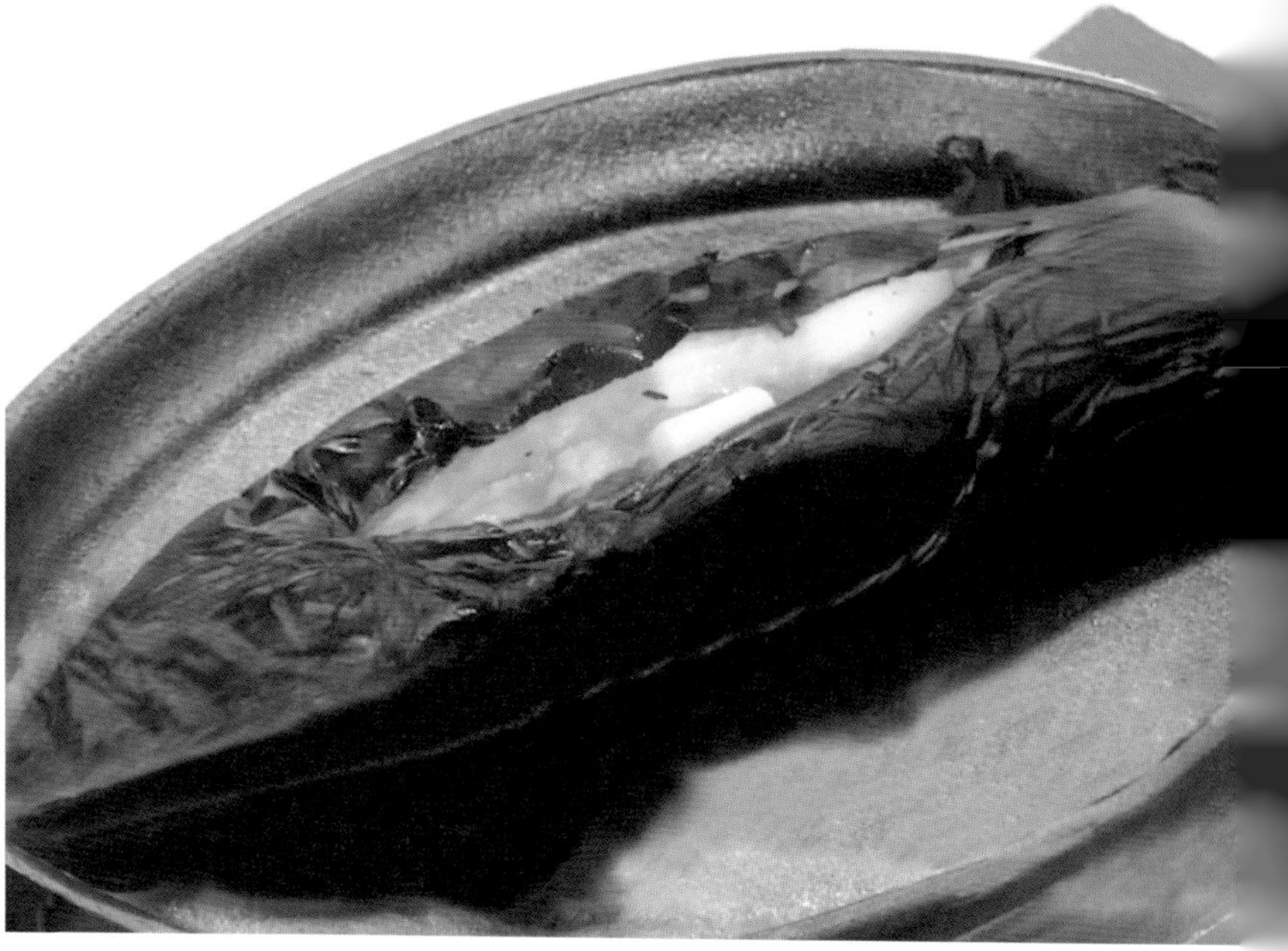

番組紹介レシピ

なすの煮物

■ 材料（2人分）

なす………………………………………………2本
干しえび…………………………………………5g
A［だし…………………………………………300mℓ
　 みりん・しょうゆ………………各大さじ2

■ 作り方

1 鍋に干しえび、Aを入れて加熱する。
2 なすをまるごと入れ、落としぶたをして10分ほど煮込む。

1人分の栄養価データ
エネルギー：60kcal
脂質：0.1g　塩分：2.9g

レシピ協力◎北崎 裕

ピーマン

ピーマンの水分保持力を生かすのがおいしさの決め手

みずみずしさを味わう新感覚ピーマン

青椒肉絲《チンジャオロースー》や肉詰めなど、さまざまな料理に使われ、重宝されているピーマン。とはいえ、魅力の1つでもある独特の苦みが苦手という人もいます。

そんなピーマンが苦手な人はもちろん、好きな人にもためしてほしい調理法が「丸ごと加熱」。これだけであの苦みやえぐみを感じにくくすることができます。

ピーマンには、水分をたっぷりと蓄えられる「巨大細胞」と、それを逃がさないための薄皮、「クチクラ」があります。これらを壊さずに調理すると、食べた瞬間に、閉じ込められていた水分が一気に口の中にあふれ出し、苦み成分を押し流すので、苦みが感じにくくなると考えられるのです。

水分を保持したまま調理すると、ピーマンが本来持つ、みずみずしさも存分に味わうことができます。左ページで紹介している「丸ごと肉詰め」のように、中に具材を閉じ込めるような料理は、食べたときに肉汁が広がる、ジューシーな仕上がりに。シンプルな味つけの「丸ごとホイル焼き」もおすすめです。

またピーマンが好きな人におすすめの、苦みを楽しむ珍しい食べ方もご紹介しましょう。福岡県でおつまみとして親しまれている、その名も「パリパリピーマン」です。

作り方は、ピーマンを丸ごと氷水に2晩浸《つ》けるだけという簡単なもの。巨大細胞が、キンキンに冷えた氷水をたっぷり吸い込み、驚くほどパリパリな食感に仕上がります。

ここがガッテンワザ！

切らずに丸ごと加熱すると甘くジューシーな味わいに

ピーマンを丸ごと加熱したり、中に具材を閉じ込めるような調理をすると、ピーマン独特の苦みを感じにくくなるのに加え、みずみずしさがアップする。

加熱後、ピーマンが冷めると水分が減り苦みが戻るため、苦手な人は熱いうちに味わうとよい。

「うまっ！ 子どもが奪い合う新感覚ピーマン」（2018年10月10日放送）より

番組紹介レシピ ピーマンの丸ごと肉詰め

■ 材料（4人分）

ピーマン……約8個
合いびき肉……150g
玉ねぎ（みじん切り）……50g
A ケチャップ……大さじ2
A 塩……小さじ1
A 砂糖……小さじ½
A こしょう……少々

■ 作り方

1 ピーマンは、縦に切り目を入れる。
2 ポリ袋に玉ねぎと**A**を入れて混ぜ合わせ、ひき肉を加えて袋の上からもんで、よく混ぜ合わせる。
3 **2**の袋の空気を抜いて口をしっかりとしばる。下の角の1か所をはさみで切り落とし、しぼり出すように**1**に詰める。
4 フライパンに**3**のピーマンを並べ入れ、水大さじ2（分量外）を入れる。フタをして強火にかけ、3分半加熱する。火を止め、そのままの状態で2分半余熱で火を通せば、でき上がり。

1人分の栄養価データ
エネルギー：121kcal
脂質：7.0g　塩分：1.8g

1人分の栄養価データ
エネルギー：15kcal
脂質：0.1g　塩分：0.4g

番組紹介レシピ ピーマンの丸ごとホイル焼き

■ 材料（2人分）

ピーマン……4個
かつお削り節……適量
しょうゆ……適量

■ 作り方

1 アルミホイルを30㎝幅に切り、ピーマンを丸ごとのせる。その上にもう1枚同じサイズのアルミホイルをのせ、4辺を合わせて折り曲げ、しっかりと閉じる。
2 両面焼きグリルの奥のほうに入れ、強火で6～7分加熱したらでき上がり。
※片面焼きのグリルの場合は十分に火が通らないため、オーブントースターで加熱を。
3 ホイルを開き、かつお節としょうゆをかける。

オクラ

生で刻み、水を加えるとネバネバ感がアップ

独特の粘りには糖の吸収を抑える働きも

ピンッと天に向かい実をつけるオクラは、ビタミンやミネラルが豊富な健康食材ですが、いちばんの特徴は、なんといってもあのネバネバ！

じつは、あのネバネバには、糖の吸収を抑える働きがあるといわれています。

その理由は、ネバネバが糖を包み込んでくれるため。ネバネバに包まれた状態で胃や腸に入っていくことで、糖が体に吸収されにくくなり、血糖値の上昇がゆるやかになると考えられるのです。

そんなオクラのネバネバをよりたくさん引き出すには、生の状態で刻んで水を加えます。オクラのネバネバの正体は水溶性食物繊維。ふだんは細胞壁に閉じ込められていますが、切ったときに細胞壁が壊れ、中から飛び出します。刻めば刻むほど粘りは強くなり、さらにこれに水を加えると、ネバネバがどんどん水に溶けて、よりたくさんのネバネバを引き出せるのです。

また、オクラはサッとゆでてから使うことが多いですが、熱によってネバネバ成分の一部が壊れてしまうため、生の状態で使うのがおすすめです。

番組ではオクラの原産地※といわれる、ガーナ共和国の乾燥オクラの粉末スープからヒントを得て、粘りを最大限に引き出したオクラを「超ネバネバオクラ」と名づけました。

超ネバネバオクラは、昆布だしのような風味を持ち合わせていて、薬味として使ったり、そのまま白飯にかけたり、サンドイッチの具材や、スイーツとしても活用することができます。

ここがガッテンワザ！

水を加える「超ネバネバオクラ」

生のオクラ5本を水洗いし、縦に数本の切り目を入れて細かくみじん切りにする。フードプロセッサーを使ってもOK。ボウルに刻んだオクラと水大さじ2を入れ、1分ほどかき混ぜる。粘りが出て、ひと塊にまとまるようになったら完成。

※粘りが少ない場合は、水の量を少なめにする。
※密閉袋に入れれば、冷凍保存も可能。

オクラはハイビスカスの仲間で、美しい花が咲く。その花も食べられるが、実と同様で食感はネバネバしているそう。

※オクラの原産地には諸説あります。

番組紹介レシピ ボリュームオクラサンドイッチ

1人分の栄養価データ
エネルギー：266kcal
脂質：14.0g　塩分：1.6g

■ 材料（2人分）

「超ネバネバオクラ」（右ページ左上参照）……50g
食パン（8枚切り）……2枚
キャベツのせん切り……150g
ハム……3枚
マヨネーズ……大さじ2
マスタード……適量
塩・こしょう……各適量

■ 作り方

1 「超ネバネバオクラ」にマヨネーズ、塩、こしょうを加えてよく混ぜ、ここにキャベツを入れて、さっくりと混ぜる。
2 パンは軽くトーストして、お好みでマスタードを塗る。
3 パン1枚に、ハムと1を交互にのせ、最後にパン1枚をのせ、半分に切る。

全量の栄養価データ
エネルギー：139kcal
脂質：3.1g　塩分：0.1g

番組紹介レシピ はちみつレモンオクラのヨーグルト

■ 材料（作りやすい分量）

「超ネバネバオクラ」（右ページ左上参照）……50g
はちみつ……大さじ1
レモン汁……大さじ1
プレーンヨーグルト（無糖）……適量

■ 作り方

1 「超ネバネバオクラ」にはちみつとレモン汁を加え、よく混ぜる。
2 ヨーグルトにお好みの量をかける。
※アイスや白玉あんなどと合わせてもおいしくいただけます。

にら

白い根元と緑の葉で健康効果や調理法に違いが

加熱のタイミングで栄養分やおいしさが変化

バテやすい梅雨《つゆ》から夏にかけての時期。おすすめしたいのが、「スタミナ野菜」の、にらです。実験では、レバーなどビタミンB1を多く含む食材と一緒にとると、疲労回復の度合いが高まることが判明しました。

ビタミンB1が不足すると疲労や夏バテになりますが、じつは単独で摂取しても、大部分が体外へ。ところがにらと一緒にとると、体内への吸収を高める効果が期待できます。それはにらに含まれる「アリシン」とビタミンB1が反応を起こすため。

アリシンは、にらの香りや味のもととなる成分。根元の白い部分に多く含まれます。この特性を生かすには、「切ってから加熱する」ことが大切。切ることで、にらに含まれる物質と酵素が反応を起こし、アリシンが発生するからです。

いっぽう葉の緑の部分には、β-カロテンやビタミンEが豊富。これらを逃さずにとるには、「加熱してから切る」調理法が最適です。

ここがガッテンワザ！

下と上の部分で調理法を変えるワザ

下の部分

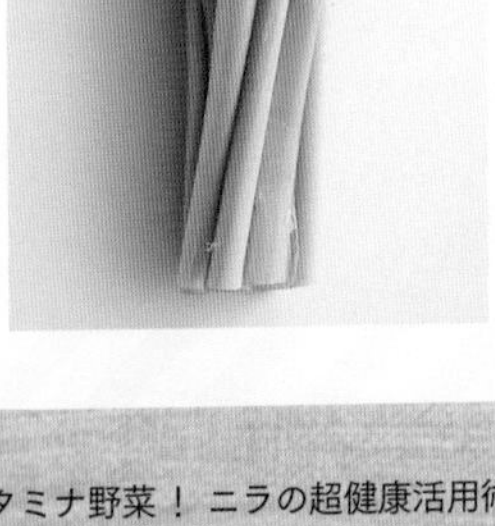

にらの上下の境目の目安は、束をとめたゴムやテープのあたり。アリシンを多く含む下の部分は、切ってから加熱すると、にらのおいしさや健康効果がバツグンに。細かく刻むと、アリシンは長さ5cm程度に切ったときと比べ、なんと342倍も多く発生する。

上の部分

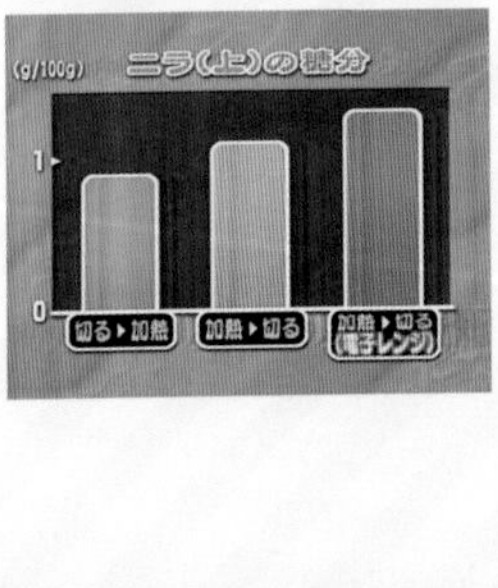

上の部分に豊富なβ-カロテンやビタミンE。これらは、切ってから炒めたりゆでたりすると、流出してしまうので、加熱後に切るのが最適。電子レンジで加熱してから切る方法が、もっとも栄養分を逃さずに、甘みを強くできる（左画像参照）のでおすすめ。

「スタミナ野菜！ ニラの超健康活用術」(2005年7月20日放送) より

番組紹介レシピ ニラノレミ焼き

■ 材料（4人分）

にら（下の白い部分）……75g
豚バラ薄切り肉（7㎝長さに切る）……120g
A［小麦粉・水……各大さじ6
　 塩……小さじ½
ごま油……小さじ1〜2
B［マヨネーズ……大さじ3
　 コチュジャン……大さじ1

■ 作り方

1 ボウルにAを入れ、混ぜ合わせる。小口切りにしたにらを加え、さらに混ぜ合わせる。

2 フライパンにごま油を中火で熱し、豚肉を広げて焼く。1を豚肉の上に流し入れ、ふたをする。火がとおったら、上下を返して反対側も焼く。器に盛り、混ぜ合わせたBのたれを添える。

1人分の栄養価データ
エネルギー：255kcal
脂質：18.7g　塩分：1.3g

番組紹介レシピ レミ流 にらめっこ鍋

■ 材料（4人分）

にら……3束
豚バラ薄切り肉（しゃぶしゃぶ用）……300g
麺つゆ（ストレートタイプ）……¼カップ
A［かつおだし……8カップ
　 だし昆布（5㎝角）……1枚
　 酒……¼カップ
レモン汁（お好みで）……適量

■ 作り方

1 にらは上の緑の部分と下の白い部分に切り分ける。

2 にらの下の部分を細かく刻んで器に入れ、ラップをして電子レンジ（600W）で1分30秒加熱する。麺つゆとともにミキサーにかけて、たれを作る。

3 鍋にAを入れて煮立たせたら、1のにらの上の部分と豚肉を入れてサッと火を通し、2のたれをつけながらいただく。お好みで、たれにレモン汁を加えてもよい。

1人分の栄養価データ
エネルギー：327kcal
脂質：26.8g　塩分：0.9g

レシピ協力◎平野レミ

アボカド

熟し具合で調理法を変えると新発見が！

良質の脂質を生かし、おいしさ変幻自在！

いまや定番食材になりつつあるアボカド。ところが、「切ってみたらアタリハズレがある」という声も聞かれます。そこで番組では、アボカドの特長を生かした食べ方と、熟したアボカドの見分け方をご紹介しました。

アボカドは、脂質を豊富に含み、クリーミーでねっとりとした味わいが特長です。しかも、脂質の大部分は「オレイン酸」。適量であれば、悪玉コレステロールを下げる働きがあるといわれている良質な脂質です。

わさびじょうゆなどをつけて食べるのもおいしいですが、ある食材を組み合わせることで、新たなおいしさを発見しました。なんと「酢と塩」を加えるとマヨネーズのように、「牛乳と砂糖」を加えると生クリームのような味わいに変化します。

ここがガッテンワザ！

切る前にわかる！ 熟したアボカドはヘタで見分ける

アボカドの熟し具合は、ヘタで判断が可能。熟してくるとヘタのまわりに隙間ができる。隙間ができて1～2日以内が食べ頃。何日か保存するときは冷蔵庫へ。

切って失敗でも大丈夫！ 緑のアボカドは加熱でホクホクに

切ってみたら、かたかった……というときは、加熱するとやわらかくなる。天ぷらでは、かぼちゃのようなホクホクとした食感に。スープにしても美味。

「期待の食材！ アボカド スーパー調理術」(2007年6月27日放送)より

番組紹介レシピ

究極アボバター丼

■ 材料（2人分）

アボカド……½個（80g）
ご飯……茶わん2杯分
バター……20g
しょうゆ……大さじ1⅓
レモンの搾り汁……小さじ1

■ 作り方

1 アボカドは種をはずして皮をむき、縦に1〜1.5㎝幅に切る。茶わんにご飯を盛り、アボカドを半量ずつのせる。
2 小鍋にバターを入れて中火にかける。バターが溶けて気泡が小さくなり、薄い茶色になったら火からおろし、しょうゆとレモン汁を加える。
3 **1**に**2**を半量ずつ回しかける。お好みで焼きのりや七味唐辛子（ともに分量外）をかける。

1人分の栄養価データ
エネルギー：411kcal
脂質：16.0g　塩分：1.9g

1人分の栄養価データ
エネルギー：252kcal
脂質：18.9g　塩分：0.3g

サーモンとアボカドのカルパッチョ

■ 材料（2人分）

サーモン（刺身用）……120g
アボカド……½個
玉ねぎ（薄切りにして水にさらす）……30g
ミニトマト（ヘタをとり半分に切る）……6個
スプラウト……15g
A
- オリーブ油……小さじ1
- レモン汁……小さじ2
- はちみつ……小さじ½
- 塩・こしょう……各少々

レモンの皮（せん切り）……少々

■ 作り方

1 サーモンをそぎ切りにする。アボカドを3〜4㎜幅に切る。
2 器に玉ねぎを敷き詰める。その上に**1**とトマトを盛りつけ、スプラウトを散らす。
3 混ぜ合わせた**A**をかけ、レモンの皮を散らす。

レシピ協力◎株式会社サザビーリーグ アイビーカンパニー（上段）、大越郷子（下段）

とうもろこし

ゆで方しだいでシャッキリにも、ジューシーにも

**ゆでてよし焼いてもよし
甘いうまさ丸かじり**

　皮つきのとうもろこしが店頭に並ぶと、いよいよ夏の気分。

　番組では最適な調理法を求め、いろいろためしましたが、糖分の量はどれも生のときと大きく変わりませんでした。とうもろこしは、調理によって甘さが失われない食材だったのです。

　次に、ゆで時間に着目。生産者に聞いて一番多かった答えは「5分」でした。品種で異なりますが、近年、よく出回っている「スーパースイート」では「沸騰後3～5分※」がおいしくいただける目安です。このゆで方は、シャッキリとみずみずしい食感を好む方におすすめです。

　さらに番組では、やわらかく、ジューシーになるゆで方を発見。それはとうもろこしを水からゆでるワザ。ジューシーさがほとばしる絶品の味。おためしを！

番組紹介レシピ

ゆでとうもろこし

■ 材料（作りやすい分量）
とうもろこし…… 2～4本

■ 作り方
1 とうもろこしは皮とひげを除く。
2 大きい鍋に1を入れ、たっぷりの水（分量外）を注ぐ。
3 中火にかけ、沸騰してから3～5分ゆで、ざるに上げて水けをきる。

1本分の栄養価データ	
エネルギー：138kcal	
脂質：2.6g	塩分：0.0g

ここがガッテンワザ！

水からゆでるとぷっくりジューシーに

沸騰した湯に入れて3分ゆでたもの（右）は水に浮くが、水から入れて沸騰後3分ゆでたガッテン流（左）は沈む。これは、ガッテン流は粒が多くの水を吸収し、でんぷんがより多く糊化したため。

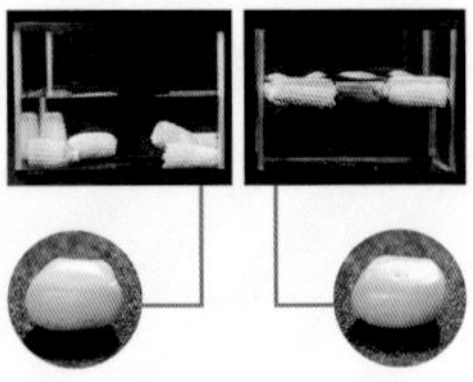

とうもろこしの保存法

収穫後もとうもろこしは呼吸をしていて、エネルギーとして糖分を使ってしまう。購入後はなるべく早く食べて。保存は、皮とひげを取ってポリ袋に入れてから、低温（冷蔵庫のチルド室など）で。

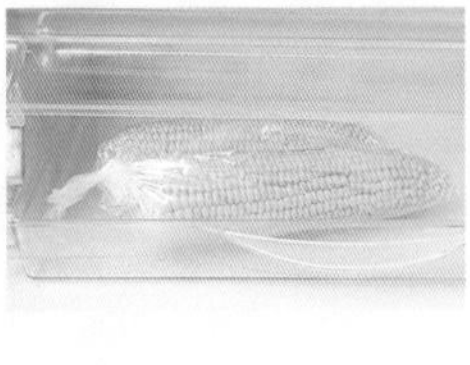

※ゆで時間は、とうもろこしの品種によって調整を。昔ながらの、でんぷんの多い品種は、加熱時間を長くしてください。

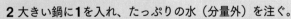

番組紹介レシピ　屋台の味！焼きとうもろこし

■ 材料（作りやすい分量）

とうもろこし（スーパースイート）……………2～4本

しょうゆ・砂糖（お好みで）……………各適量

1本分の栄養価データ

エネルギー：140kcal

脂質：2.6g　塩分：0.4g

※しょうゆ小さじ½を塗った場合。

■ 作り方

1 とうもろこしは皮とひげを除く。

2 グリルに生のままの1を入れる。

●両面焼きグリルの場合

強火で10分焼く。5分焼いたところで90度回転させ、再び5分焼くとまんべんなく焼ける。

●片面焼きグリルの場合

強火で12分焼く。3分ごとに90度ずつ回転させるとよい。

3 全体に焼き色がついたら取り出し、はけでしょうゆを塗り、さらに強火で2分焼く。お好みで、しょうゆと砂糖をよく混ぜたものを塗っても。

※加熱時間は目安です。火力によって調整を。

番組紹介レシピ　しみじみバターコーン

1人分の栄養価データ

エネルギー：169kcal

脂質：12.0g　塩分：1.1g

■ 材料（4人分）

コーン（水煮）……………400g

ベーコン（薄切りのもの）……………3枚

にんにく（薄切り）……………½かけ分

サラダ油……………大さじ1

しょうゆ……………小さじ½

マヨネーズ……………小さじ1

バター……………10g

塩・こしょう……………各少々

パセリ（みじん切り）……………適量

■ 作り方

1 コーンは汁けをきる。ベーコンは3～5㎜幅に切る。

2 フライパンにサラダ油を中火で熱し、にんにくを炒める。香りが出てきたら1のベーコンを入れ、カリカリになるまで炒める。1のコーンを加え、弱めの中火であまり動かさずにじっくり焼きつける。

3 しょうゆ、マヨネーズを入れ、よく混ぜながら炒める。パセリとバターを加えて混ぜ、塩、こしょうで味を調えて器に盛る。

「甘いウマさ丸かじり！ とうもろこし新調理術」（2005年7月27日放送）より

夏の食材

ゴーヤー

苦みをうまみに変身させてビタミンCをおいしく補給

食欲増進効果のある ゴーヤーで夏も元気に

ビタミンCが豊富で、独特の苦みが特徴のゴーヤー。

その苦みは「モモルデシン」という成分によるものです。苦みだけでなく、神経を覚醒《かくせい》させる作用や胃を保護して食欲を増進させる効果があることがわかっています。そのため、夏バテで気分が停滞しているときには、ゴーヤーがおすすめです。

よりおいしく調理するためのコツは「強火で短時間加熱」。弱火で長時間加熱したものと比べると、苦みがさわやかに感じられ、栄養成分が流出しにくいという利点もあります。ゴーヤーチャンプルーも強火の短時間加熱で仕上げれば、ゴーヤーの栄養成分のビタミンCやアミノ酸の一種である「シトルリン」も効率的に摂取できます。

ここがガッテンワザ！

かつお節は ゴーヤーと相性抜群！

ゴーヤーを調理する際にかつお節を加えると、苦みとうまみが合わさり、料理全体のうまみとコクの感じ方が増幅することがわかった。

おいしさのコツ 「強火で短時間加熱」

ビタミンCやシトルリンを逃がさず、しかもおいしく仕上げるには、中華鍋をしっかり予熱して、強火で1分～1分半加熱するのがコツ。

「活かす！ ゴーヤー効果」（2004年6月2日放送）より

ゴーヤーといかのチャンプルー

■ 材料（2人分）

ゴーヤー……………………………1本（300g）
するめいか……………………………½ぱい
長ねぎ……………………………………½本
サラダ油………………………………大さじ1
しょうゆ……………………………大さじ1⅓
かつお節…………………………………少々

■ 作り方

1 ゴーヤーは縦半分に切り、種をスプーンで取り除いて5㎜厚さの薄切りにする。

2 するめいかは胴の部分を短冊切り、足は長い2本の先端を落としてから、4㎝長さに切る。長ねぎは5㎜幅の斜め薄切りにする。

3 フライパンにサラダ油大さじ½を熱し、**1**を強火で1分ほど炒めて取り出す。残りのサラダ油を加えて熱し**2**を中火で炒め、ゴーヤーを戻し入れ、しょうゆを回しかけて、さっと炒め合わせる。

4 皿に盛り、かつお節を散らす。

1人分の栄養価デー
エネルギー：138kc
脂質：6.6g　塩分：2

1人分の栄養価データ
エネルギー：109kcal
脂質：8.2g　塩分：0.9g

ゴーヤーとキャベツの青のりあえ

■ 材料（2人分）

ゴーヤー（薄切りにする）…………⅓本（70g）
キャベツ（ざく切りにする）……2枚（120g）
油揚げ……………………………………½枚（20g）
A
　おろししょうが………………………小さじ1
　しょうゆ………………………………大さじ½
　マヨネーズ……………………………大さじ1
　青のり…………………………………大さじ1

※ゴーヤーは薄く切ると苦みが減って、苦手な人も食べやすくなる。

■ 作り方

1 ゴーヤーとキャベツは、熱湯でサッとゆでる。

2 油揚げはフライパンに油をひかずに、フライ返しで押しつけるようにして、こんがりとした焼き色になるまで焼き、7〜8㎜幅に切る。

3 ボウルに**A**を入れてよく混ぜ、**1**と**2**を加えてあえる。

レシピ協力◎渡辺あきこ（上段）、金丸絵里加（下段）

夏の食材

みょうが

薬味だけではなく主役として存分に楽しむ

余らせてしまいがちな名脇役を大活用！

シャキシャキとした食感と、鼻をくすぐる独特の香り。みょうがは、冷ややっこやそうめんなどの薬味として、夏の食卓に欠かせない名脇役です。とはいえ、3個で1パックなど、まとめて売られていることが多く、薬味として使用するだけではついつい余らせてしまいがちな食材でもあります。

そもそも、みょうがとはどんな野菜なのでしょう？　じつは私たちが日ごろ食べているみょうがは、花が咲く前の「つぼみ」の部分だったのです。小気味いい歯ざわりは花びら1枚1枚の層が織りなすもの。食べたときにふわっとさわやかな香りが広がるのもうなずけます。

今回は薬味として楽しむだけでなく、みょうがを主役として味わえる料理をご紹介します。

みょうがは「つぼみ」だった！

地下茎から芽を出し、地表に伸びるみょうがは、じつは「つぼみ」の部分。強い日に当たると緑色になってしまうため根元に落ち葉を敷いて、ほんのりピンクに色づくように育てられる。

薬味として楽しむ

しらすのみょうがあえ

【材料と作り方】しらす大さじ4に対し、みょうが1個を刻んで混ぜる。

みょうがとトマト

【材料と作り方】トマト1個はへたを取って半月切りにする。みょうが1個を小口切りにして、トマトの上にのせ、ごま油小さじ2と、塩少々をふる。

「？にお答えします～ミョウガ・お好み焼き・体内時計～」（2006年7月26日放送）より

番組紹介
レシピ

みょうがの浅漬けピクルス仕立て

1人分の栄養価データ
エネルギー：303kcal
脂質：1.1g　塩分：10.0g

■ 材料（作りやすい分量）

みょうが……6個
赤ピーマン・黄ピーマン・
カリフラワー……各½個
かぶ……1個
きゅうり……1本

A
- 白ワインビネガー……1カップ
- 砂糖……大さじ3⅓（30g）
- 塩……小さじ2弱（10g）
- にんにく（つぶす）……3かけ
- 赤唐辛子……2本
- シナモンスティック……1本
- 水……2¼カップ

■ 作り方

1 みょうがは縦半分に切る。赤・黄ピーマンとカリフラワーは一口大に切る。かぶは半月切りにする。きゅうりは2㎝幅の輪切りにする。
2 鍋にAの材料を入れ、ひと煮立ちしたら火を止める。
3 1の野菜を2のピクルス液に漬けて、冷蔵庫で一晩おく。

※冷蔵庫で1週間保存可能。

番組紹介
レシピ

ミモザ風バルサミコソース

1人分の栄養価データ
エネルギー：177kcal
脂質：16.3g　塩分：0.9g

■ 材料（4人分）

みょうが……2個

A
- バルサミコ酢……大さじ1
- オリーブ油……大さじ2
- 塩・こしょう……各少々

セルフィーユ……適量

〈スクランブルエッグ〉
卵……2個
バター……大さじ2

B
- 粉チーズ……15g
- 生クリーム……大さじ1
- 塩・こしょう……各少々

■ 作り方

1 みょうがは外側を3～4枚はがしてとっておく。Aの材料をボウルに入れて混ぜ合わせ、残りのみょうがをみじん切りにして加え、ソースを作る。
2 別のボウルに卵を割りほぐし、Bの材料を加えて混ぜる。
3 フライパンを火にかけバターを入れる。バターが溶けたら2の卵液を流し入れ、手早く混ぜて、スクランブルエッグを作り、器に広げて冷ます。
4 1ではがしたみょうがに3のスクランブルエッグを盛り、1のソースをかける。お好みでセルフィーユを飾る。

青じそ

香りを存分に生かす超簡単ワザを発見

葉の裏に光り輝く宝石が!?
青じその香りの秘密を発見

夏は冷ややっこやそうめんの薬味として、日本の食卓に欠かせない青じそ。カロテンやビタミンKなどが豊富で、香り成分「ペリルアルデヒド」には、防腐作用も期待できます。

葉の中から漂ってくると思われていた青じその香り。じつは、葉の裏側に集まっていました。

青じその葉の裏を顕微鏡で見てみると、丸い黄金色の小さな粒が宝石のようにキラキラと輝いています。青じその香り成分は、この「腺鱗《せんりん》」という組織にたっぷり詰まっていて、口の中でつぶれることで、青じその豊かな香りが広がります。

しかし、腺鱗はとても繊細。なんと葉に触るだけで粒がつぶれてしまううえ、揮発《きはつ》性の香りのため、空気に触れると短時間で消えてしまいます。

つまり、調理の際にはいい香りがしても、食べるときには、ほとんど消えていたのです。

番組の調査では8割の人が包丁で刻んでいましたが、葉の裏を何度も触って腺鱗を傷つけてしまうため、香りを楽しみたい人にはおすすめできません。そこで登場するのが、葉に触れずに切れるもの。そう、キッチンばさみです。

実際に調べてみると、刻むよりもはさみで切ったほうが、香りが増え、渋みも減ることが判明しました!

さらに脂分と合わせれば、持続時間もアップ。薬味としてのパワーを存分に発揮してくれます。

また、番組では青じそを長持ちさせる方法を見つけました（右下を参照）。簡単なのでぜひおためしください。

ここがガッテンワザ!

香りが増す切り方

なるべく葉に触れないよう柄の部分を持ち、キッチンばさみで縦に深く切り込みを入れる。そのあと、横にはさみを入れて切る。大きめに切ると、より香りを楽しめる。

※数枚まとめて切っても、「腺鱗」はあまりつぶれません。

青じその保存ワザ

ボウルなどに水を入れ、柄の部分を水につけたまま、先端をはさみで切ったあと、コップに水を少し入れ、柄の部分だけを水につける。ラップなどでふんわりと覆って、冷蔵庫で保存。1週間に一度は水を取り替えるのがおすすめ。

「こりゃ驚き! 青じそにまさかの裏技が!! SP」(2011年9月7日放送)より

番組紹介レシピ しそご飯

■ 材料（2人分）

青じそ……20枚
米……1合（180㎖）
酒・ごま油……各大さじ1
昆布茶のもと……小さじ2
白いりごま……小さじ1

■ 作り方

1 米をとぎ、通常の分量の水と、酒、昆布茶のもとを入れて炊く。
2 青じそは裏を上にして3㎜程度のせん切りにして、手早くごま油であえる。
3 炊き上がったご飯に、2の青じそとごまを入れて、ざっくりと混ぜる。

注意 時間がたつと青じそが変色してしまうので、早めに食べ切るのがおすすめです。

1人分の栄養価データ
エネルギー：335kcal
脂質：7.2g　塩分：1.0g

全量の栄養価データ
エネルギー：637kcal
脂質：57.3g　塩分：1.5g

番組紹介レシピ しその香ソース

■ 材料（作りやすい分量）

A	青じそ	20枚
	絹ごし豆腐	½丁（120g）
	マヨネーズ	30g
	白みそ	15g
	白練りごま・レモン汁	各10g
	なす	2本
	ごま油	大さじ2

■ 作り方

1 ミキサーにAをすべて入れ、なめらかになるまでかくはんする。
2 なすを1㎝厚さに切り、フライパンに入れる。ごま油をかけてふたをし、強火でなすがやわらかくなるまで加熱する。
3 器になすを盛り、1のソースを適量かける。

※ゆでたブロッコリーやにんじんなどにかけてもおいしい。

レシピ協力◎小玉 勉

枝豆

収穫後に減った枝豆の甘みが復活！

ガッテン流ゆでワザでとれたて枝豆の味に！

お盆を過ぎてからが旬といわれる枝豆。難点は鮮度が落ちやすいところです。収穫後、枝豆は呼吸によって蓄えていた糖を消費してしまい、甘みやうまみがどんどん減少してしまいます。

そんな枝豆の甘さに大切なのが、豆を覆う「薄皮（甘皮）」。ゆでるときに枝豆の中から外に出ようとする糖を、薄皮が吸収してくれるのです。ところが、店頭に並ぶ枝豆は豆自体の糖が減っており、甘みが足りません。

この甘みを復活させてくれるのが砂糖。枝豆から失われた糖の代わりに砂糖を入れてゆでると、薄皮が糖を吸収して自然な甘みに。分量は水に対して砂糖2%、これに塩2%が目安です。

さらに、枝豆に干しえびを加えてゆでると、「茶豆」のような豊かな香りを味わえます。

ここがガッテンワザ！

“茶豆風”枝豆のゆで方

① 干しえび4尾に枝豆1袋（200～300ｇ）、水600㎖、砂糖と塩を各12ｇの割合で材料を用意する。

② 鍋を30秒間予熱し、干しえびを香りが出るまでから煎りする。

※鉄製・ステンレス製の鍋を使う場合。

③ 火を止めて、残りの材料をすべて入れる。この際、枝豆は、塩もみやさやの両端切りは不要。

④ ふたをして沸騰したら、さらに3分前後、お好みのかたさになるまでゆでる。ふり塩（分量外）はお好みで。

「秋こそ旬！ 極うま枝豆ゆで方革命」（2014年9月3日放送）、「枝豆！ あなたのゆで方は間違っていた」（2004年7月14日放送）より

番組紹介レシピ 枝豆の夏ご飯

■ 材料（4人分）

温かいご飯……………4杯分（米2合分）
ゆでた枝豆（さやから出したもの）
……………………………………½カップ
梅干し…………………………………大1個
青じそ（せん切り）………………10枚
白いりごま ……………………………適量

■ 作り方

1 ご飯に枝豆、ざっとほぐした梅干し、青じそを加えて混ぜる。

※梅干しの種を一緒に入れて混ぜると、よく混ざる。種は盛るときに除く。

2 器に盛り、白いりごまをふる。

1人分の栄養価データ
エネルギー：285kcal
脂質：2.3g　塩分：0.6g

番組紹介レシピ 三種揚げ

1人分の栄養価データ
エネルギー：196kcal
脂質：14.7g　塩分：0.1g

■ 材料（4人分）

ゆでた枝豆（さやから出したもの）
……………………………………½カップ
桜えび（素干し）……………¼〜½カップ
オクラ（ヘタを切り、半分に切る）
……………………………………5〜6本
小麦粉…………………………………¾カップ
水………………………………………¾カップ弱
揚げ油…………………………………適量

※枝豆はゆでたときの水分が残っていると油はねしやすいので、水分をふき取ること。難しい場合は薄皮をむく。

■ 作り方

1 ボウルに枝豆、桜えび、オクラを入れて混ぜ、小麦粉をふり入れてさっくり混ぜる。様子を見ながら水を注ぎ、よく混ぜ合わせる。

2 鍋に揚げ油を注ぎ、中火にかけ、180℃に熱する。大きめのスプーンで**1**をすくい、形を整えながら静かに油に入れる。菜箸《さいばし》で表面を少し抑えてしばらく待つ。

※火加減は様子を見て調整してください。

3 表面がしっかりしてきたら裏返し、少し火を強める。カラリと揚がったら、よく油をきって器に盛る。好みで塩適量（分量外）をつけて食べる。

 レシピ協力◎小林カツ代

メロン

「赤道切り」で、上下それぞれの甘みを味わって！

お手頃価格のメロンでも「切り方」で高級品の甘さに

ひと口でもほっぺたが落ちそうになる甘〜いメロン。小玉メロンは「味はいまいち」との声もありますが、お手頃なメロンでもガッテン流のワザで、深い甘みと香りが楽しめます。

そのポイントは、メロンの「切り方」と「種の取り方」。

つるにぶら下がって成長していくメロンは、下に甘みが溜まっていきます。一般的にメロンは縦半分に切りますが、番組では極上の甘みを楽しむために、水平に切る「赤道切り」を紹介。下半分は深い甘みと濃厚な香り、上半分はすっきりした甘みの2種類の味が楽しめます。

また、種はハサミを使うと、種のまわりに集まる凝縮された甘みとエキスを味わえます。メロンを丸ごと楽しめるレシピを、左ページでご紹介します。

ここがガッテンワザ！

お手頃なメロンをおいしく楽しむワザ

①
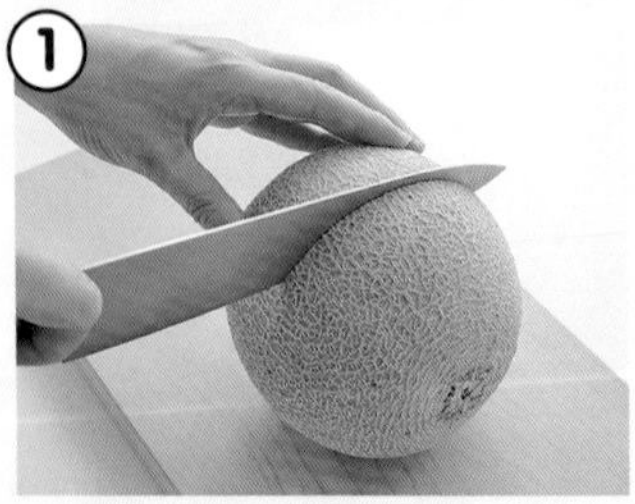

縦に切らず、水平方向に切る。下半分はそのままスプーンですくって食べる。上半分は、種を取ったくぼみに牛乳などを注いで食べるのもおすすめ。

②
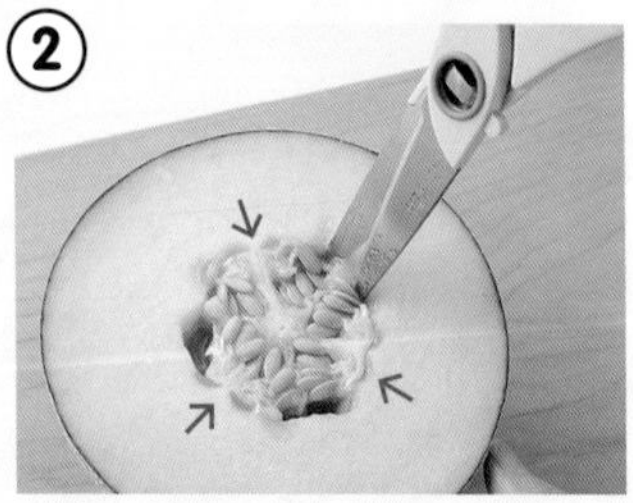

横半分に切ったメロンをよく見ると、種と果肉が筋でつながった部分が3〜4か所ある（矢印の部分）。この接続部分だけをハサミで切る。

食べごろの見分け方

片手でメロンを持ち、耳とほお骨に当てて、もう一方の手の指１〜２本の腹でやさしくたたく。熟したものは「ボンボン」と低い音がする。メロンのおしり周辺を軽く押して、指が少し沈むぐらいも食べごろ。

※メロンをさわる際は必ずお店の許可を得てからにして下さい。

「今日はメロン記念日！ 500円で幸せ家族SP」(2015年4月22日放送)より

番組紹介レシピ

幸せメロンクリームソーダ

■ 材料（4人分）

ハサミで切り取ったメロンの種とわた（右ページ左下を参照）……………………1個分
市販のバニラアイスクリーム・
市販のサイダー・氷 ……………………………各適量

■ 作り方

1 メロンの種とわたを万能こし器やざるに入れ、ゴムべらで果汁をこし取る。
2 グラスに氷を入れ、1の果汁をグラスの¼ほどの高さまで注ぐ。サイダーを注いで混ぜ、お好みの量のアイスクリームをのせる。

1人分の栄養価データ
エネルギー：137kcal
脂質：2.5g　塩分：0.1g

メロンとスモークサーモンのマリネサラダ

■ 材料（4人分）

メロン……………………………………上半分
スモークサーモン ……………………………6枚
玉ねぎ…………………………………………¼個
A［オリーブ油 ……………………………小さじ2
　 レモン汁………………………………小さじ2
塩・こしょう …………………………………各少々

■ 作り方

1 メロンは皮を除き、一口大に切る。スモークサーモンは食べやすい大きさにちぎる。玉ねぎは薄切りにする。
2 ボウルに1を入れ、Aを加えてさっと混ぜる。塩、こしょうをふり、冷蔵庫で30分おいて味をなじませる。

1人分の栄養価データ
エネルギー：74kcal
脂質：2.9g　塩分：0.8g

レシピ協力◎ぬまたあづみ（下段）

長いも

「レジスタントスターチ」をたっぷりとるなら、生食が最適

加熱時間を変えると食感が変化する！

長いもは、じねんじょや、つくねいも、いちょういもと同じ「山いも」※の一種です。これらの違いは水分量。

長いもには温度とともに食感が変わる特徴があります（下囲み参照）。加熱によりでんぷんが変化するためで、これを生かせば食感を操ることができます。

また、長いもなどの「山いも」には腸内細菌を元気にし、便秘改善の効果も期待できるでんぷん、「レジスタントスターチ」が豊富。加熱するとレジスタントスターチは減りますが、長いもは生で食べられるという利点が。ある研究では生の長いものはゆでて加熱した場合に比べ、約7倍多く含まれていました。

ただし、長いものとりすぎは禁物。1日に小鉢1杯分（約100g）を目安にしましょう。

ここがガッテンワザ！

加熱温度で食感を操る！

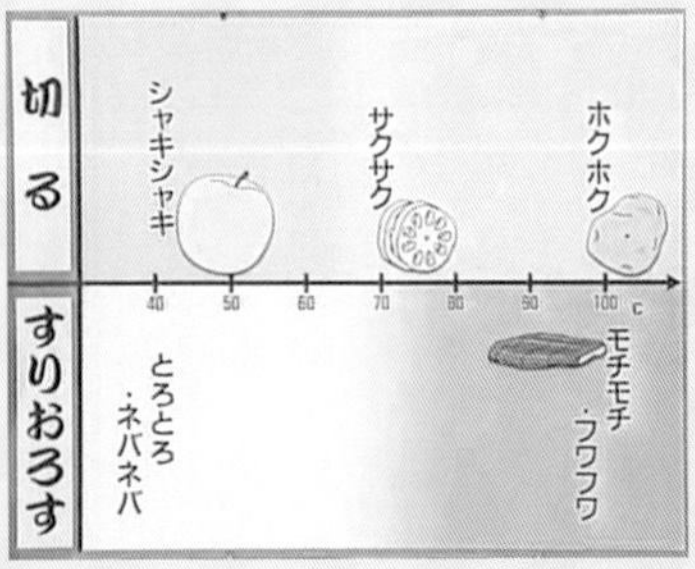

生はまるで梨のようにシャキシャキ、60℃ではれんこんのようにサクサク、80℃以上はじゃがいものようにホクホクに。すりおろしたものは80℃以上で、もちもちふわふわの食感になる。

レジスタントスターチは生の長いもに多く含まれている！

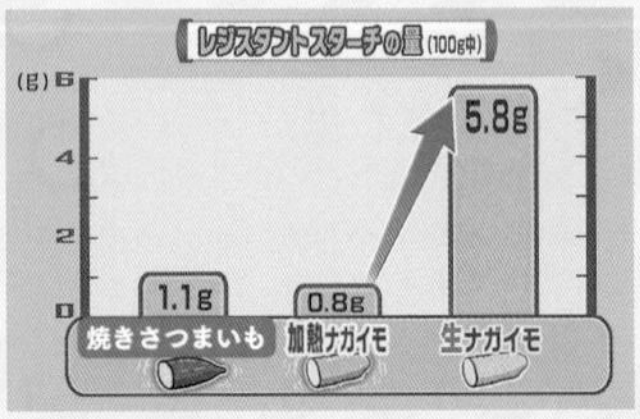

データ提供◎宮城教育大学 亀井 文さん、坂岡優美さん

100gあたりの長いもに含まれるレジスタントスターチの量を調べたところ、ゆでて加熱した場合は0.8gだが、生の状態では5.8gと約7倍も含まれていることがわかった。

注意 レジスタントスターチを含む食材は食べすぎ禁物。適度に食事にとり入れてください。また、人によってお腹がゆるくなる場合があるので、量や頻度を調整してみてください。

※「山いも」といういもはなく、長いも、じねんじょ、つくねいも、いちょういもなど、粘りけのあるいもを総称して「山いも」と呼ばれています。

番組紹介レシピ 長いもジュース

1人分の栄養価データ	
エネルギー：109kcal	
脂質：2.2g	塩分：0.1g

■ 材料（2人分）

長いも（皮つきがおすすめ）……………… 100g
牛乳……………………………………………… 100g
バナナ…………………………………………… 100g

■ 作り方

1 材料全部をミキサーに入れる。よく混ざったら完成。バナナの代わりにリンゴやパイナップルもおすすめ。

注意 時間がたつと味が落ちるので、作りたてを飲んでください。生の長いもを食べてかゆみが出る人は、飲むのをひかえてください。

長いもの ホクホクステーキ

1人分の栄養価データ	
エネルギー：107kcal	
脂質：3.3g	塩分：0.7g

■ 材料（4人分）

長いも ……………………… 20㎝分（約400g）
にんにく（薄切り）………………………… 大2かけ
サラダ油・しょうゆ・みりん ………… 各大さじ1
粗びき黒こしょう ……………………………… 少々

■ 作り方

1 長いもはよく洗い、皮つきのまま半分の長さに切り、縦半分に切る。
※皮の風味を生かすため、むかずに調理する。
2 しょうゆ、みりんを混ぜ合わせる。
3 フライパンにサラダ油とにんにくを入れて中火にかける。油が温まってきたら弱めの中火にし、にんにくが色づき、カラリとするまでじっくり火を通し、にんにくを取り出す。
4 **3**のフライパンに切り口を下にして長いもを並べ入れる。2〜3分強火で焼きつけて裏返し、ふたをして弱火で8〜10分焼く。
5 長いもに竹串を刺して、スーッと通ったら、**2**を回し入れる。中火にして長いもを返しながら、たれにとろみがつくまで煮詰める。
6 器に盛り、煮汁をかける。にんにくを散らし、お好みで粗びき黒こしょうをふる。

レシピ協力◎小林まさみ（下段）

「腸内パワーを引き出す新成分！ あのネバネバ食材で便秘改善SP」（2020年1月15日放送）、「発見！ 意外なおいしさ ヤマイモ健康活用術」（2003年10月29日放送）より

れんこん

シャキシャキだけじゃない！ 調理法で新食感を発見

根元の節はホクホク、先端の節はシャキシャキ食感

れんこんは蓮の地下茎の部分。秋から冬にかけて大きく育ち、たっぷり水分を蓄えます。シャキシャキとした歯触りが持ち味ですが、産地のみなさんは別の魅力も教えてくれました。

茨城県土浦市の達人が大切にしているのはホクホク感。下ごしらえに酢を使わず、れんこんを縦に切って煮るとホックリと甘い、極上の味わいになります。

れんこんの煮物を天ぷらにして、モチモチ感を引き出しているのは、徳島県鳴門市・堀江地区のみなさん。2段階の加熱ででんぷんが糊《のり》のようになります。

また、れんこんには節ごとに異なる特徴があります。根元に近くシュッと伸びた節はでんぷんが多くホクホク。丸くて小さい先端の節はシャキシャキ。ぜひ旬の食感をお楽しみください。

ここがガッテンワザ！

煮て揚げるとモチモチに

れんこんに含まれるでんぷんは、加熱されると糊化する。煮物にしたれんこんを揚げると水分がとんで濃縮され、さらにモチモチ感が高まる。

節の見分け方

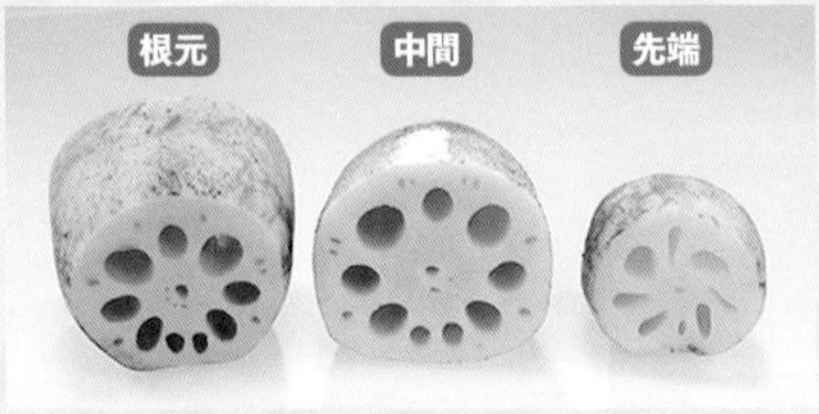

節の形状のほか、断面の色も見分け方の参考に。よりホクホクした食感の根元はクリーム色が濃く、黄みがかった場合も。シャキシャキした食感の先端に近づくほど白さや透明感がアップする。

「シリーズ不思議野菜②不思議野菜！レンコンの実力～」(2004年9月15日放送)、
「ビタミンC＆食物繊維！レンコンが信じられないほど美味になる」(2017年10月25日放送)より

根元の節が最適

ホクホクれんこんのバターしょうゆ煮

■ 材料（4人分）

れんこん……450g
ベーコンの薄切り……2枚
さやいんげん……6本
バター……15g
しょうゆ・みりん……各大さじ1

■ 作り方

1 れんこんは皮をむいて縦に4〜6等分に切り、長さ3㎝程度に切る。ベーコンは3㎝幅に切る。さやいんげんはへたを取り、4㎝長さに切る。
2 鍋にバターの½量を入れて中火にかけ、バターが溶けたられんこんとベーコンを入れて炒める。れんこんが透き通ってきたら水1カップ（分量外）を注ぎ入れ、弱火にしてふたをして30分煮る。
3 しょうゆとみりん、さやいんげんを加えて中火にし、水分をとばすように炒める。煮汁が半分になったら、残りのバターを加えて火を止める。

1人分の栄養価データ
エネルギー：139kcal
脂質：7.0g　塩分：1.0g

どの節でもOK

番組紹介レシピ

れんこんの香り焼き

1人分の栄養価データ
エネルギー：168kcal
脂質：4.9g　塩分：0.8g

■ 材料（4人分）

れんこん……450g
卵……1個
小麦粉……100g
粉さんしょう……小さじ2
サラダ油……適量
マスタード・しょうゆ……各適量

■ 作り方

1 れんこんは皮をむいて50gを薄切りに、残りは乱切りにする。
2 乱切りにしたれんこんをミキサーのカップに入れ、水3½カップ（分量外）を注いで液状になるまでかくはんする。さらしを敷いたボウルに出し、中身を搾り、液体と搾りかすに分ける。
3 **2**の搾り汁1カップと搾りかすの⅓量をボウルに入れる。溶いた卵と粉さんしょうを加えてよく混ぜ、小麦粉を加える。搾りかすと小麦粉の量は、好みで増減してもよい。
4 フライパンにサラダ油を中火で熱し、れんこんの薄切りを並べる。上に**3**の生地を等分にのせて広げ、両面を色よく焼く。マスタードとしょうゆを混ぜて添え、つけながら食べる。

レシピ協力◎ぬまたあづみ（上段）、脇屋友詞（下段）

CHAPTER 1

秋の食材

さつまいも

〝ホクホク〟もいいけれど〝ねっとり〟も見逃せない！

冷凍してペースト状にすると、クリーミーな食感に

秋から冬にかけて旬を迎えるさつまいも。料理によって品種を使い分けると、よりおいしくいただけることがわかりました。さつまいもの品種には大きく分けて2つのタイプがあります。

1つは、近ごろ注目されている〝ねっとり〟タイプ。このタイプの代表的な品種には「べにはるか」や「安納いも」がありますが、水分量が多く、ねっとりとした口あたりと強い甘みが特徴です。加熱すると、さつまいもに含まれるでんぷんが糖に分解され、水分を逃しにくい状態になるため、時間が経って冷めてもかたくならず、長時間おいしさを保つことができます。

こうした特性から、スーパーなどの焼きいも専用の売り場で販売されることが多く、手軽に買えて人気です。

また、このねっとりタイプは、冷凍してもおいしくいただくことができます。そのまま食べてもおいしいのですが、すりつぶしてペースト状にし、アイスやヨーグルトに混ぜても。

いっぽう、「焼きいもといえば、できたてでホクホクの食感がおいしい！」とされ、昔から主流だったのが「ベニアズマ」や「紅赤」といった品種の〝ホクホク〟タイプ。

加熱してもある程度でんぷんが残るため、焼きたてには、ホクホクな食感を味わうことができます。さらに、しっかりとした歯ごたえと、いもらしい風味も魅力です。

天ぷらや大学いもなどの定番料理はもちろん、油で揚げてフライドポテトのようにしても、長所を生かすことができます。

代表的なさつまいも品種一覧

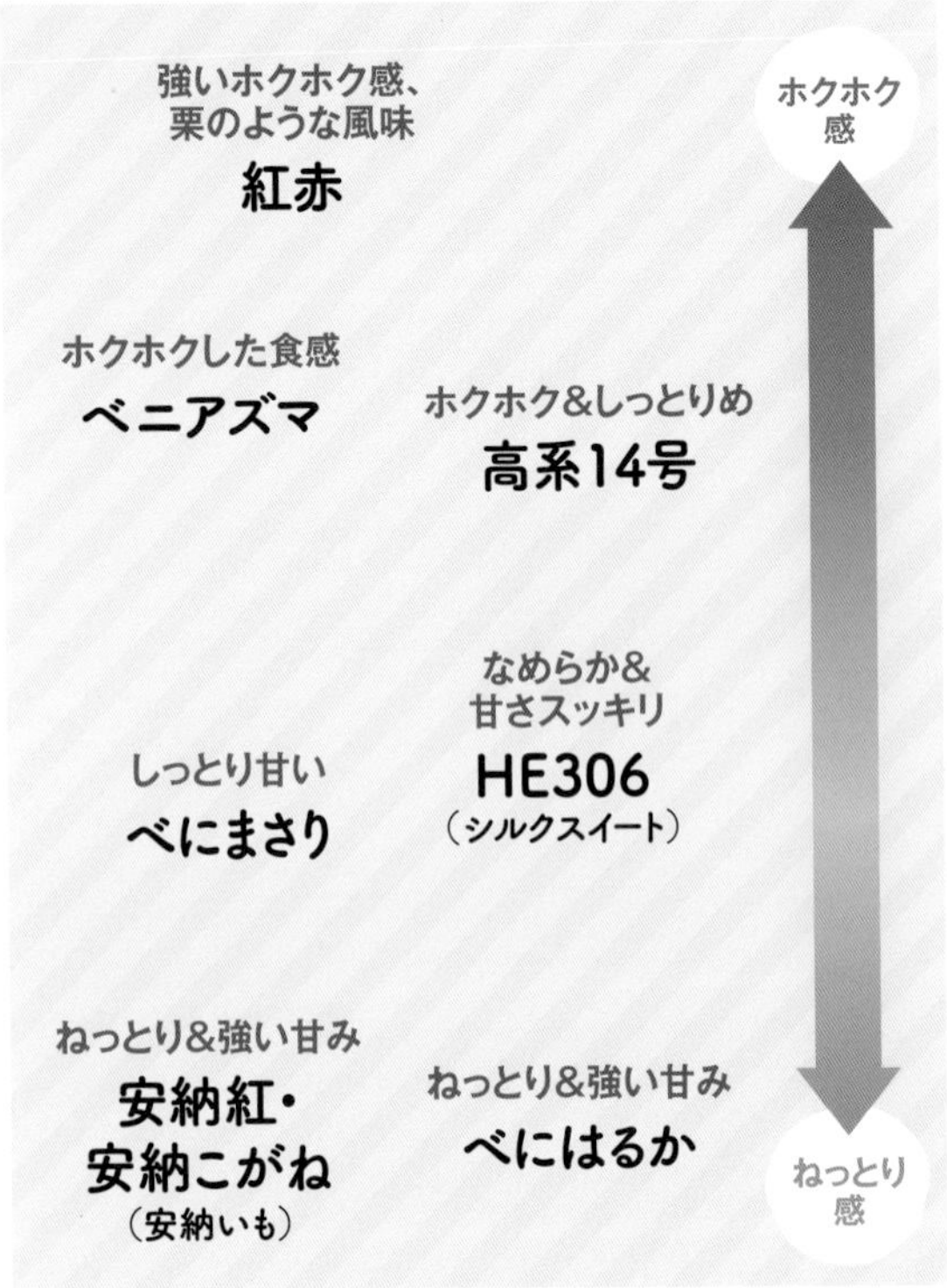

※時期や条件によって食感や甘みは変動します。

「安納いも」の産地、鹿児島県の種子島では、冷凍さつまいもの詰め合わせが商品として売られているくらい、一般的な食べ方。

「さつまいも大革命！ 味の新世界てんこ盛りＳＰ」（2018年9月12日放送）より

番組紹介レシピ

さつまいもペースト

■ 材料（1人分）

さつまいも（ねっとりタイプ）………適量

※市販の焼きいもを使うときは、作り方は**3**を参照。

■ 作り方

1 さつまいもをふかして、粗熱をとる。

2 ラップで包み、一晩冷凍庫へ。翌日、作る前に常温で1時間ほど置いて解凍する。

※冷凍しない場合は省略可。

3 **2**の皮をむき、へらやスプーンでつぶす。季節の果物とサンドイッチに、チーズや生ハムなどと、クラッカーにのせても。

プレーンヨーグルトのトッピングにも

1本分（100g）の栄養価データ

エネルギー：134kcal

脂質：0.2g　塩分：0.0g

さつまいもペーストの白あえ

1人分の栄養価データ

エネルギー：101kcal

脂質：3.6g　塩分：0.8g

■ 材料（2人分）

「さつまいもペースト」……………30g

豆腐……………………………½丁（135g）

ほうれん草・にんじん…………各適量

A
- しょうゆ……………………………6g
- 砂糖…………………………………4g
- みそ…………………………………2g
- 塩……………………………ひとつまみ

■ 作り方

1 ボウルに水きりをした豆腐を入れてつぶし、上段の「さつまいもペースト」を加えてなじませる。

2 **A**を加えて、なめらかになるまで混ぜ合わせる。

3 ゆでて食べやすく切ったほうれん草とにんじんを**2**に加えて、全体をなじませたら、器に盛る。

ごぼう

〝食物繊維の王様〟が料理の風味をアップ！

すりおろして加熱すると万能調味料に変身

食物繊維が豊富に含まれていることから、最近は健康食材としても注目されるごぼう。

食物繊維には水溶性と不溶性の2種類があり、ごぼうにはこの2種類の食物繊維がバランスよく含まれているのです。

栄養面はもちろん、独特の歯ごたえや素朴な風味から、多くの料理で重宝されていますが、なんと番組では、ごぼうを〝万能調味料〟として使う驚きの調理法を見つけました。

その調理法とは〝すりおろす〟こと。すりおろしたごぼうを、お好きな料理にスプーン1杯ちょい足しするだけで、味に深みが出て、コクがアップ。格段においしくなるのです。

これは、ごぼうに含まれる香気成分「メトキシピラジン類」によるもの。同じ成分が一部の赤ワインにも含まれているため、赤ワインを使ったようなコクが生まれると考えられています。

番組では、ちょい足しするのにおすすめな料理として、トマト味のパスタソースやコンソメスープを紹介しましたが、なかでも話題になったのがノンアルコールビール。ノンアルコールがもの足りないと感じる方は、一度ためしてみてください。

また、ごぼうは冷蔵庫で保存すると、ごぼうに含まれる多糖類の「イヌリン」が凍らないように糖を出すため、1か月ほどで甘みが増します。買ったときの袋のままでごぼうを冷蔵庫へ。野菜室とチルド室、どちらでもかまいません。

土付きのごぼうであれば3か月までは保存が可能ですが、洗ったものは1か月を目安に使い切りましょう。いずれも調理前には必ず、傷んでいないか確認してください。

ここがガッテンワザ！

「すりおろしごぼう」の作り方

ごぼう200gを軽く洗って皮はむかずに、おろし器ですりおろす。フライパンに水100mℓとごぼうを入れてよく混ぜたら、フタをして、強火で2分加熱する。火を止めて、全体を混ぜたらでき上がり。

※おろし器は目の細かいものがおすすめ。ミキサーで作るときは、水と一緒にミキサーにかけたあとで加熱しましょう。
※密閉できる袋に入れて、冷蔵で1週間ほど保存可能です。冷凍なら2か月ほど保存できます。

「ザ・食物繊維！ ごぼうがコクだし調味料に早変わり」（2017年6月21日放送）より

1人前につき小さじ1杯が目安

豚汁

豚汁を器に盛り、「すりおろしごぼう」を小さじ１杯ほど加えて、サッと混ぜる。ごぼうの風味に加え、香気成分によってコクやうまみがグッと増す。

ほかにもこんな料理に
足すのがおすすめ！

ハンバーグ
ミネストローネ

味が濃いめの料理に加えると、ごぼうの風味は目立たず、コクと深みだけを引き出すことができる。ハンバーグは種に加えても、デミグラスソースに加えてもOK。赤ワインを入れ、長時間煮込んだような深みのある味が楽しめる。

※ほかに、カレーライス、ハヤシライス、コンソメスープ、ビーフシチューなどもおすすめです。

かぼちゃ

とれたてよりも熟成後に甘みがアップする

皮と身の色でかぼちゃの個体差をチェック！

かぼちゃはほくほくとした食感と甘みが身上ですが、味の当たり外れが大きな野菜。番組のアンケート調査でも「煮ものが上手にできない」という声が。これは、同じ調理法でも、煮くずれたり、ボソボソしたりと個体差で仕上がりが違うため。

生産者に聞くと、解決のカギは皮と身の色にありました。でんぷんが多く、ホクホクしたかぼちゃは皮が黒っぽいのだそう。

また、かぼちゃは収穫直後より、熟成後のほうが甘みが強くなります。熟成が進むにつれ、果肉は赤みを帯びるので、断面が濃いオレンジ色のものを選ぶと外れがありません。

甘さが苦手な人は、西洋かぼちゃを短時間で加熱してペースト状にし、甘さを抑える活用法（右下を参照）がおすすめです。

ここがガッテンワザ！

現代版！かぼちゃの煮もののコツ

もともとは昔の日本かぼちゃを使っていた。現在主流の西洋かぼちゃは、甘みが強いのが特徴。そのため、煮汁を少なめに、煮汁の半量は酒にして砂糖は使わず、強火で10分ほど煮ると、ほどよい甘さに仕上がる。

「万能かぼちゃペースト」の作り方

西洋かぼちゃはペーストにすると調理の幅が広がる。かぼちゃ½個を適当な大きさに切り、フライパンに水250mℓを入れ、ふたをして中火で15分蒸す。火が通ったらふたを取り、強火で水分をとばし、熱いうちにつぶせば完成。

「断然うまい！ かぼちゃ新法則」(2004年9月8日放送)より

番組紹介レシピ　かぼちゃピリ辛肉巻き

■ 材料（2人分）

「万能かぼちゃペースト」……………… 150g
豚薄切り肉………………………………6枚
青じそ……………………………………6枚
A ［酒・みりん・しょうゆ………… 各小さじ2
　 ［豆板醤…………………………………少々
塩・こしょう・小麦粉・ごま油…………各少々

■ 作り方

1 豚肉1枚を広げ、塩、こしょうをふる。青じそ1枚をのせ、「万能かぼちゃペースト」（右ページ下を参照）の⅙量を手前にのせて端からくるくると巻き、巻き終わりに小麦粉をふってしっかりと密着させる。残りも同様にする。Aを混ぜ合わせておく。
2 フライパンにごま油を入れて中火で熱し、1の巻き終わりを下にして並べ入れる。ときどき転がしながら全体を焼き、1のAを回し入れる。ふたをしてフライパンを揺すり、Aを全体にからめる。

1人分の栄養価データ
エネルギー：333kcal
脂質：18.5g　塩分：1.6g

1人分（半量）の栄養価データ
エネルギー：228kcal
脂質：3.3g　塩分：0.3g
※パスタソースを除く。

番組紹介レシピ　かぼちゃのニョッキ

■ 材料（2～3人分）

「万能かぼちゃペースト」………………… 200g
卵（Mサイズ）……………………………1個
塩……………………………………………適量
小麦粉……………………………大さじ6～8
お好みのパスタソース……………………適量

■ 作り方

1 ボウルに「万能かぼちゃペースト」（右ページ下を参照）、卵、塩を入れてよく混ぜる。小麦粉を少しずつ加え、その都度よく混ぜる。ペーストがもったりとして、スプーンで丸められるくらいのかたさになるまで小麦粉を加えて混ぜる。
2 鍋に湯を沸かし、塩適量を加え、1をスプーンで一口大に丸めて落とし入れる。ニョッキが浮かび上がってから、3～4分したら取り出して、よく湯をきる。器に盛り、お好みのパスタソースとあえる。

レシピ協力◎舘野鏡子（P58、P59）

なめこ

ぬめりとシャキシャキの本体は分離できる

ぬめり成分「ムチン」はお菓子作りにも活用できる

なめこの代表料理といえば、なめこ汁。独特のとろみが味わえ、そのおいしさは格別です。

そこで番組では、ぬめりのおいしさを最大限に引き出すべく、なめこ本体とぬめり成分を分離する方法を見つけました。このぬめりは、乾燥や寒さからなめこを守る「ムチン」という成分で、水で洗うくらいでは取り除けません。

番組で紹介した分離方法なら、トロトロのぬめりだけのスープと、シャキシャキの歯ごたえのなめこ本体、それぞれの持ち味を存分に楽しむことができます。

さらにぬめりは、お菓子作りなどの手間のかかる料理でも威力を発揮。ぬめりのおかげでしっとりと仕上がり、ぐっと手軽でヘルシーになります。新たな、なめこの世界をお楽しみあれ。

ここがガッテンワザ！

なめこの新鮮さの見分け方

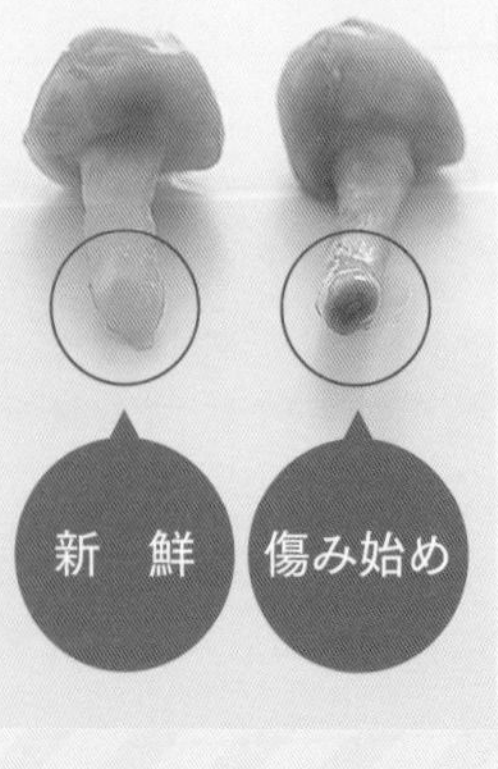

新鮮さは、切り口で判別できる。断面が茶色く変色していたら傷み出した証拠。パックに1本でも見つけたら、雑菌が繁殖している可能性が。番組の実験では、購入後、多くが5〜6日で変色した。また、保存は冷凍がおすすめ。冷凍による食感や味への影響が少ない。約1か月保存可能。

ぬめりと本体の分離方法

なめこは、少量の水で加熱しただけでは、ぬめりと本体は分離しない。加熱しながら水を少しずつ入れてかきまぜることで、なめこの表面がこすれ合い、分離する。

【材料と作り方】

①なめこ1パック（100ｇ）と水½カップを鍋に入れ、強火で加熱する。5分ほどかき混ぜながら、沸騰するたびに水1カップを少量ずつ加える。このとき、水1カップは8回ほどに分けて入れるのが目安。

②なめこ本体をざるに上げたら、分離完了。

「驚異の！ぬめりパワー　ナメコふわとろ百変化」（2015年10月21日放送）より

番組紹介レシピ

ガッテン流 ぬめりスープ

■ 材料（2人分）

なめこ……………………………1パック（100g）
水………………………………………1 ½カップ
塩……………………………………………1.5g

■ 作り方

1 右ページ右下を参考に、なめこを「ぬめり」と「なめこ本体」に分ける。
2 ぬめりの汁に塩を加えて混ぜ、なめこを戻し入れる。

1人分の栄養価データ
エネルギー：8kcal
脂質：0.1g　塩分：0.7g

1個分の栄養価データ
エネルギー：194kcal
脂質：8.9g　塩分：0.1g

番組紹介レシピ

なめこのフォンダンショコラ

■ 材料（8個分）

なめこ……………………………1パック（100g）
チョコレート…………………………………200g
牛乳……………………………………………60㎖
砂糖……………………………………………60g
薄力粉…………………………………………40g

■ 作り方

1 なめこはフードプロセッサーにかけ、なめらかなペースト状にする。
2 チョコレートは粗く砕き、耐熱性のボウルに入れる。牛乳を加え、ラップをして電子レンジ（600W）で2分加熱する。
3 2に、なめこ、薄力粉、砂糖を加えて、なめらかになるまで混ぜ合わせる。型（細いプリン型のものなど）に等分に入れ、オーブントースターで8分焼く。器に盛り、お好みでフルーツやハーブを添える。

レシピ協力◎奥田政行（P60、P61上段）

しめじ

“干す”ことや“冷凍”でうまみを引き出す

「ブナシメジ」のうまみをアップさせるワザ

昔から「香りまつたけ、味しめじ」といわれ、そのおいしさが知られていたしめじ。ところが、実際にうまみの量を測ると、ほかのきのこのほうが多いという結果に。じつは現在流通するしめじは「ブナシメジ」という種類。「味しめじ」で謳《うた》われていたのは、幻のきのこといわれる「ホンシメジ」だったのです。

番組でブナシメジをおいしくする方法を探ったところ、干すとうまみ成分が2倍以上に増えることが判明。干すことでしめじの細胞が壊れ、細胞核の中にあるうまみの材料「核酸」が外に出るためと考えられます。

また、冷凍も効果的。干したときと同様に細胞が壊れてうまみがアップしますが、菌糸の構造は壊れずに残ります。そのため、歯ごたえもよくなります。

ここがガッテンワザ！

【うまみを引き出すワザ1】冷凍する

石づきを取り、使いやすい大きさにほぐし、金属製のバットなどに並べた状態で1日以上冷凍を。凍ったまま調理し、1か月をめどに使いきる。

※冷凍したしめじは、雑味を感じやすくなることがあるため、しっかりした味つけなど、雑味を生かす料理に向きます。

【うまみを引き出すワザ2】60～70℃で加熱

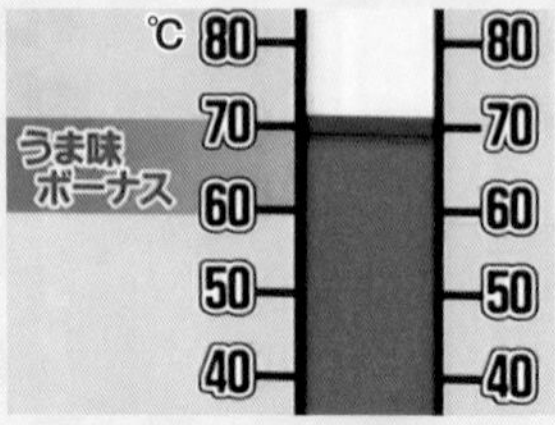

きのこには、うまみを「作る酵素」と「壊す酵素」があり、それぞれ活動する温度が異なる。「作る酵素」だけが働く60～70℃を保って加熱すれば、うまみが増えると考えられる。

「うまさ超UP！ シメジ驚きの調理術」（2007年9月19日放送）より

番組紹介レシピ

しめじ豆乳スープ

1人分の栄養価データ
エネルギー：55kcal
脂質：2.2g　塩分：0.8g

■ 材料（2人分）

しめじ（冷凍したもの）……120g
かつおだし……½カップ
豆乳……180㎖
塩……小さじ¼

■ 作り方

1 鍋にかつおだしとしめじを入れて中火にかける。ひと煮立ちさせ、しめじがしんなりしたら火を止める。
2 ここに豆乳と塩を入れてさっと混ぜ、粗熱をとる。
3 **2**から飾り用のしめじ4～5本を取り出し、残りをミキサーにかける。なめらかになったらミキサーを止めて、器に盛り、飾り用のしめじを散らす。

※熱いままミキサーにかけると、ふき出すことがあるので注意してください。

しめじと春菊の煮びたし

■ 材料（2人分）

しめじ……100ｇ
春菊……60ｇ
A だし汁……½カップ
　薄口しょうゆ……小さじ1
　みりん……小さじ1

■ 作り方

1 春菊は葉と茎に分け、4㎝長さに切る。しめじは石づきを取り、1本ずつほぐす。
2 鍋に**A**を合わせてしめじと春菊の茎を入れて煮立て、弱火で2分煮て冷ます。
3 春菊の葉は熱湯でさっとゆでて水にとる。冷めたら水けを絞り、**2**に加えて軽く混ぜ合わせる。

1人分の栄養価データ
エネルギー：22kcal
脂質：0.3g　塩分：0.6g

レシピ協力◎三宮昌幸（上段）、渡辺あきこ（下段）

まいたけ

加熱＋余熱で天然ものに負けない味に！

うまみ成分が12倍にも急増する温度帯があった！

天然もののまいたけは、幻のきのこと呼ばれ、舞い踊るほどおいしいためにこの名がついたといわれています。

新鮮なまいたけはカサが肉厚で、ぎっしりと密集しているもの。カサも白い茎の部分も乾燥しているように見えます。

とはいえ、ふだん食べている栽培もののまいたけは、ほかのきのこと比べても、うまみはいまひとつな印象……。

ところが、きのこのプロであるマタギの人たちに聞いてみると、「まいたけは最高のだしが出る」と言うのです。

番組で調べてみると、まいたけのうまみには、酵素が関係していることがわかりました。まいたけには、グアニル酸を作る酵素と壊す酵素が含まれています。そして、壊す酵素は60℃付近で、作る酵素は70℃付近で働かなくなりました。つまり、60～70℃の温度帯であれば、グアニル酸はグッと増えるのです。

実際にこの温度帯でまいたけを加熱すると、うまみ成分がそれまでの12倍に！

マタギのみなさんは、ほかの具材を入れて鍋の中が54℃まで下がってから、まいたけを入れていました。汁が沸いてきたら、最適な温度帯になった合図。

まいたけ料理のもうひとつのコツは食感。きのこのおいしさは、食感によっても左右されます。うまみが急増する温度帯でじっくり調理したいけれど、加熱し続けると食感はどんどん悪くなります。

この問題を解決したのが、「強火で短時間の加熱」のあとの「余熱」でした。この余熱調理が、うまみや食感、さらには香りまでもが生かせる究極の方法だったのです。

ここがガッテンワザ！

強火で短時間焼き、余熱するのがベスト！

まいたけのうまみ成分が急増する60～70℃の温度帯は、余熱の最中。この余熱調理により、しっかり加熱しても食感やうまみが損なわれない。焼くときは強火の短時間で火が通る太さになるよう、まいたけの茎の幅を2㎝に切るとよい。

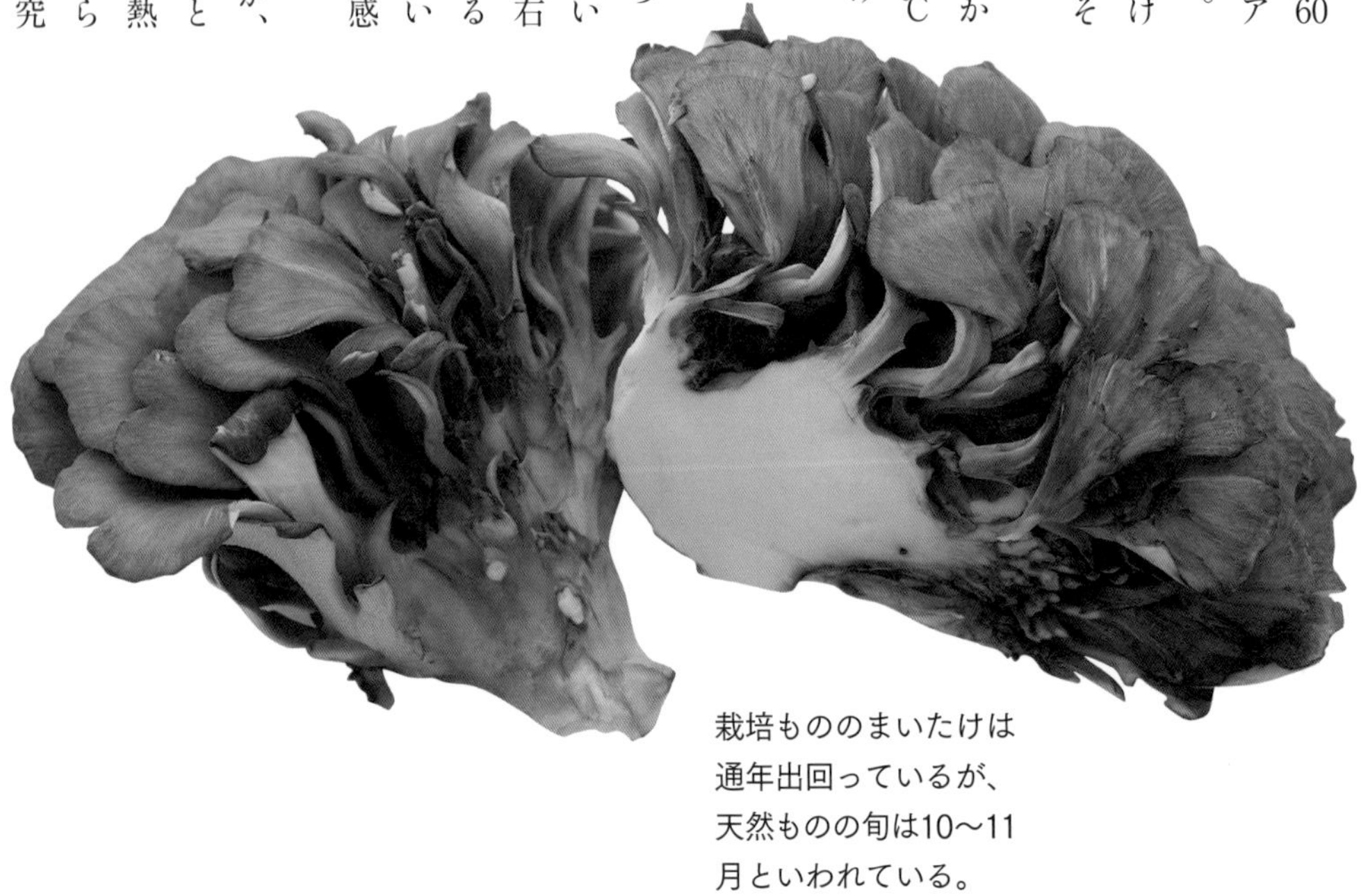

栽培もののまいたけは通年出回っているが、天然ものの旬は10～11月といわれている。

番組紹介レシピ　ガッテン流 まいたけの炒めもの

1人分の栄養価データ

エネルギー：71kcal

脂質：6.3g　塩分：1.3g

■ 材料（2人分）

まいたけ（2㎝幅に切る）……………100ｇ
しょうゆ・酒・油…………………各大さじ1

■ 作り方

1 油をひき、強火でフライパンを1分予熱する。まいたけを並べたら、動かさずに強火で片面30秒ずつ焼く。

2 しょうゆ、酒を加えて30秒混ぜたら火を止め、2分以上余熱で火を通せばでき上がり。

番組紹介レシピ　うまみたっぷりスープ

1人分の栄養価データ

エネルギー：81kcal

脂質：5.2g　塩分：1.2g

■ 材料（4人分）

まいたけのみじん切り…………………140g
豚ひき肉…………………………………90g
鶏ひき肉…………………………………40g
A ┌しょうゆ・酒……………………各大さじ1
　 │塩……………………………………2g
　 └こしょう……………………………少々
水…………………………………………2½カップ

■ 作り方

1 ボウルに豚と鶏のひき肉、Aを入れて手でよく混ぜる。まいたけを加え、さらに全体をよく混ぜ合わせる。

2 1に水を少しずつ加えて、なめらかになるまで菜箸などで混ぜる。

3 鍋に2を入れ、中火にかける。沸騰したら弱火にしてアクを取りながら10〜15分煮る。

レシピ協力◎脇屋友詞

里いも

内側の皮を残せばねっとりとした舌ざわりに

皮のむき方で風味と栄養を残す

里いも独特の「ぬめり」を下ごしらえで取るのは、食感を良くし、味をしみ込ませるためと考えられていました。しかし、じつは同時に〝里いも本来の味〟を消していたのです。

里いもには外側のかたい「外《がい》皮《ひ》」と、内側の薄い「皮《ひ》層《そう》」があります。じつはこの皮層が里いものぬめりやうまみ、栄養を守っていたのです。産地では「芋車」と呼ばれる水車で外皮のみを取り除いて調理していました。そうすると、通常のものよりねばりが30％、食物繊維の量が20％増え、里いも本来の味が楽しめる料理に仕上がります。

つまり、里いもをおいしくする極意は〝皮のむき方〟にあったのです。外皮だけをむく2つの方法をご紹介。作る料理によって使いわけてみてください。

ここがガッテンワザ！

【外皮のむき方1】蒸してむく

洗って泥を落とし、皮つきのまま蒸す（200gで30〜40分。圧力鍋なら15分）。熱いうちに手で外皮をむく。里いもそのものの風味を味わうときにおすすめのむき方。

【外皮のむき方2】ゆでてむく

里いもの泥を落としたら、そのまま熱湯で3分ゆで、冷水にとる。手で簡単に皮がむける。より簡単にむくには、流水にさらしながらむくとよい。たっぷりのだし汁で煮る調理におすすめ。

注意　皮膚が弱い人は、手や腕がかゆくなる恐れがあるので控えてください。かゆくなってしまう場合は、流水の中で皮をむき、その後すぐにせっけんで手洗いを。さらに心配なら、ゴム手袋を着けてください。

「常識大逆転！ サトイモうま過ぎ調理術」（2006年9月27日放送）、「秋！ 根菜に大感謝 とっておき裏ワザ大百科」（2011年11月2日放送）より

里いものグラタン

1人分の栄養価データ
エネルギー：183kcal
脂質：12.1g　塩分：0.4g

■ 材料（2人分）

里いも……………………………6個（240g）

A
- 生クリーム…………………¼カップ
- 牛乳…………………………大さじ1
- おろしにんにく・ナツメグ・塩…………………………各少々

パルメザンチーズ………………大さじ1

■ 作り方

1 里いもは皮つきのまま約30分蒸し、皮をむいて4等分に切る。

2 ボウルに**1**と**A**を入れ、へらなどで里いもを少し崩しながら混ぜ合わせる。

3 耐熱のグラタン皿に**2**を盛りつけ、パルメザンチーズをふる。オーブントースターで約5分、焼き色がつくまで焼いたらでき上がり。

1人分の栄養価データ
エネルギー：135kcal
脂質：0.2g　塩分：1.9g

番組紹介レシピ

里いもの蒸し煮

■ 材料（2人分）

里いも……………………………400g
昆布のだし汁……………………400mℓ
みりん……………………………50mℓ
薄口しょうゆ……………………25mℓ

■ 作り方

1 里いもの泥を落とし、熱湯で3分ゆでる。

2 冷水につけて冷ましてから、かたい外皮を手でむく。

3 耐熱性の深めの器に材料をすべて入れ、器にアルミホイルでふたをして、蒸し器で30分ほど蒸してでき上がり。

※蒸し器がない場合は、そのまま鍋に入れ、ごく弱火で30～40分煮る。

レシピ協力◎石川範子（上段）、野崎洋光（下段）

栗

低温で保存し、土鍋で調理すると糖度が劇的アップ

皮むきがラクになる「圧力鍋」の活用ワザ

お菓子などで大人気の栗。でも、「皮がむきにくい」などの理由で、食卓にのぼらないご家庭もあるのではないでしょうか。

番組は、かたい「鬼皮《おにかわ》」と渋皮をむきやすくする「圧力鍋で加熱10分※」のワザを発見しました。実と渋皮のあいだの空気が、圧力鍋の加圧と減圧で一気に膨らみ、隙間が生まれやすくなるため、するりとむけるように。

また、切り込みを入れ、多めの油を入れたフライパンで揚げる感覚で炒《い》ると、皮がむけやすくなり、渋皮ごといただけます。

さらには、栗の甘さがメロン並みになる方法も。1つは貯蔵法。栗は0℃で貯蔵すると、糖度が3日で2倍、1か月おくと4倍に上昇します。また、土鍋でじっくり栗を蒸すと、ほかの調理法よりも甘くなりました。

ここがガッテンワザ！

【甘さの極意1】冷蔵庫で保存する

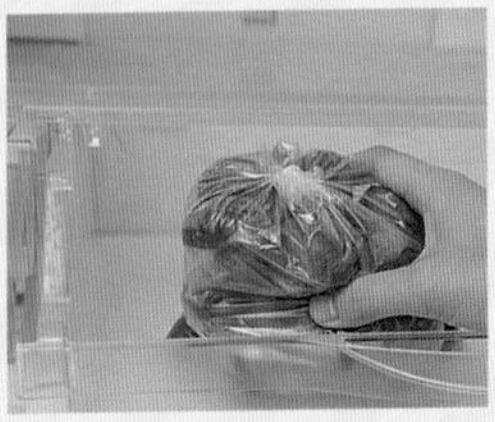

じつは栗は種。そのため、寒くなると発芽のためのエネルギー（糖）をため込む性質があり、糖を作り出す酵素のアミラーゼが大増殖する。家庭では、乾燥しないようにポリ袋に入れ、冷蔵庫のチルド室で保存を。

【甘さの極意2】土鍋で調理する

①土鍋に蒸し皿を敷き、水（栗1kgに対して1ℓ）を入れる。
②火をつけ、土鍋から湯気が出たら栗を入れる。
③ふたをして1分加熱したら火を止め、10分蒸らす。
④再度火をつけ、中火で50分蒸す。

※加熱時間は鍋の種類により若干異なります。

「甘さ6倍！ 栗の感激・新調理術」（2006年10月18日放送）より

番組紹介レシピ 栗の鶏肉炒め

■ 材料（3人分）

栗……………………10個
鶏もも肉………………300g
A［にんにく（すりおろし）……………2かけ
A 酒…………………大さじ1
A 塩…………………小さじ⅓
サラダ油………………大さじ1
しょうが（せん切り）……………大さじ1
赤唐辛子（小口切り）……2本
水…………………………½カップ
しょうゆ………………大さじ1

■ 作り方

1 栗は熱湯（分量外）で2分ゆでて皮をむき、食べやすい大きさに切る。鶏もも肉は一口大に切って、Aをもみ込んでおく。
2 フライパンにサラダ油としょうが、赤唐辛子を入れ、中火で炒める。香りが出てきたら、1の鶏もも肉を加えて炒める。肉が色づいてきたら1の栗を入れてさらに炒める。
3 栗が黄色くなってきたら、水を加え、ふたをして中火で3分ほど煮る。栗が柔らかくなったらしょうゆを回し入れ、煮汁をからめる。

1人分の栄養価データ
エネルギー：407kcal
脂質：18.8g　塩分：1.7g

番組紹介レシピ 栗ときのこのパスタ

1人分の栄養価データ
エネルギー：983kcal
脂質：34.5g　塩分：3.7g

※カロリーが気になる人は、オリーブ油とベーコンを半量に。

■ 材料（2人分）

栗……………………………12個
スパゲッティ………………200g
ベーコン（短冊切り）……100g
しいたけ（3㎜程度の薄切り）…………………4個
まいたけ（乱切り）…………………½パック
オリーブ油……大さじ2
にんにく（みじん切り）……………大さじ1
水……………………1カップ
塩……………………小さじ⅓
パセリ（みじん切り）……………大さじ2

■ 作り方

1 栗は熱湯（分量外）で2分ゆでて皮をむき、食べやすい大きさに切る。スパゲッティは、袋の表示どおりにゆで始める。
2 フライパンにオリーブ油の⅓量とにんにくを入れて中火で炒める。香りが出てきたらベーコンと1の栗を加えて炒める。油がなじんだら、しいたけとまいたけを入れてさらに炒め、水を加えてふたをして、3分ほど煮る。
3 ゆで上がったスパゲッティを2に加える。塩をふって炒め合わせ、残りのオリーブ油を回しかけてパセリをふる。

※レシピで使用している栗は1つ28g程度の大きな栗のため、栗の分量は調節してください。

柿

食感を保ち、料理にも活用しておいしさを再発見！

“柿の呼吸”を操れば歯ごたえをキープできる

秋の風物詩でもある柿。日本にある柿のほとんどは渋柿といわれています。

産地では渋柿を酸欠状態にして渋抜きしますが、その際、柿から「エチレン」という物質が出ます。エチレンは果肉を軟らかくし、柿の呼吸を増加させるため、徐々に水分が抜けるのです。種類にもよりますが、柿は数日たつと中途半端なかたさに。

そこで、食感を保つカギを握るのが「へた」。柿は呼吸のほとんどをへたで行うため、湿らせると呼吸で蒸発する水分を補給でき、エチレン発生を抑えてシャキシャキの食感を保てます。

また、渋抜きした柿でも加熱すると再び渋みが。乳製品や肉、魚などのたんぱく質と合わせると、渋み成分のタンニンと結合し、渋みを感じなくなります。

ここがガッテンワザ！

新鮮な柿の選び方

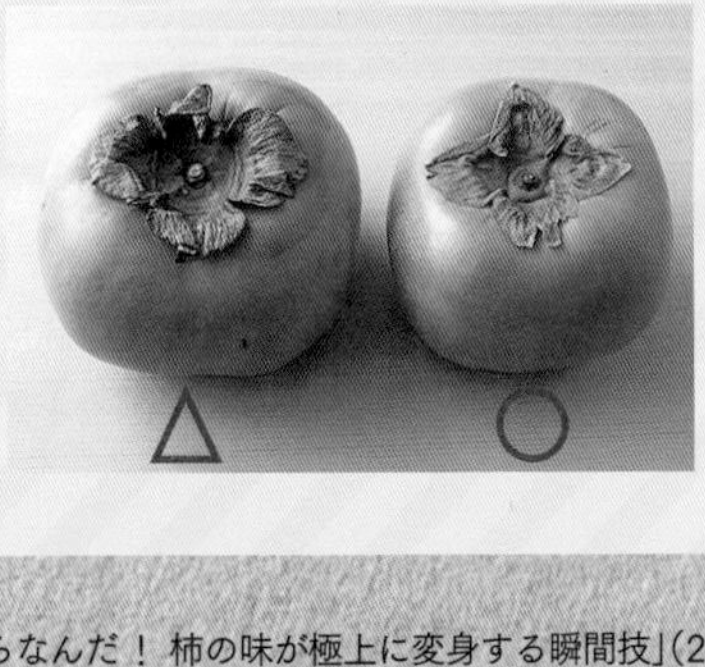

柿の鮮度はへたを見ればわかる。右のように、へたが青々としているもののほうが新鮮。

おいしさを保つコツ

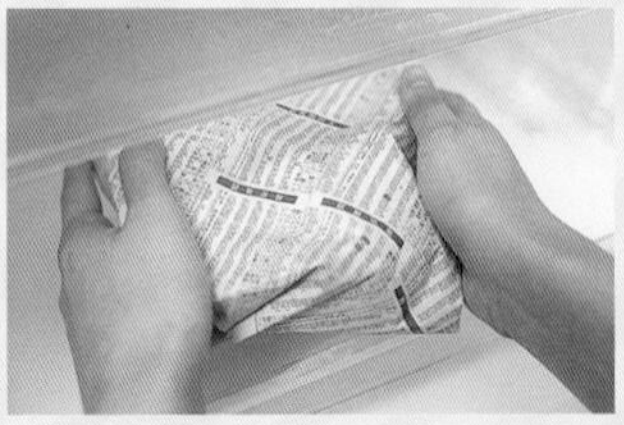

ぬらしたティッシュでへたを湿らせ、へたを下にした状態で新聞紙で包み、冷蔵庫のチルド室へ。梨のようなシャキシャキ感が長く楽しめる。

「知らなんだ！ 柿の味が極上に変身する瞬間技」（2009年10月14日放送）より

番組紹介レシピ

柿と桜えびのかき揚げ

1人分の栄養価データ
エネルギー：372kcal
脂質：27.7g　塩分：0.2g

■ 材料（2人分）

柿……1個（170g）
桜えび（素干し）……8g
溶かしバター……5g
小麦粉・片栗粉……各大さじ2
水……大さじ3
揚げ油……適量

■ 作り方

1 柿は皮をむいて5㎜×3㎝幅の拍子木切りにする。

2 ボウルに柿を入れ、溶かしバターを回しかけ、桜えびを加えて混ぜ合わせる。

3 小麦粉と片栗粉をよく混ぜ合わせ、生地をまとめやすくするため、少量を使って、**2**に薄くふる。

4 残りの粉に水を加えて衣液を作る。**3**に回しかけて、混ぜ合わせる。

5 **4**の適量を木べらにのせる。すべらせるように180℃の油に入れて揚げ、油をきる。お好みで塩を少しふるか、ご飯の上にのせてしょうゆを少しかけていただくとおいしい（ともに分量外）。

柿入りさつまいもようかん

1本分の栄養価データ
エネルギー：882kcal
脂質：2.0g　塩分：0.0g

■ 材料（1本分）

さつまいも……250g
柿……1個
A
- 水……200g
- 寒天……3g
- 砂糖……40g

こしあん……200g

■ 作り方

1 さつまいもの皮をむき、一口大に切る。

2 鍋に湯を沸かし、**1**をゆでる。ゆでたらボウルに取り出し、粗くつぶす。

3 **2**とは別の鍋に、**A**を入れて混ぜながら、1～2分ほど加熱する。

4 **3**に**2**とこしあんを加えて、混ぜ合わせる。

5 **4**を型やバットなどの容器に入れて、表面が固まるまで常温でおく。

6 表面が固まってきたら、皮をむき、一口大に切った柿を埋め込む。

7 **6**を冷蔵庫に入れて、冷やし固める。固まったものを一口大に切り分ける。

レシピ協力◎舘野雄二朗（上段）、大越郷子（下段）

CHAPTER 1

冬の食材

白菜

部位や切り方で食感が変化する万能野菜！

白菜はうまみの詰まった「だしタンク」だった！

冬の食卓で鍋や汁ものに大活躍してくれる白菜。じつはだしがとれるほどうまみたっぷりの野菜であることがわかりました。

うまみ成分のひとつ、「遊離グルタミン酸」をキャベツや玉ねぎと比較すると、白菜はおよそ2倍も豊富だったのです。

その秘密は白菜の育ち方にありました。白菜は中心にある花芽を開花させるため、越冬中、内部に栄養を蓄えて成長します。緑色の外葉には光合成をする役割があり、その内側の白っぽい葉は貯蔵庫となって水分や栄養を保持していました。

この分担が白菜をうまみが豊富な「だしタンク」にしているのです。この特性をうまく活用するには、うまみがたっぷりの「下半分」と、歯ざわりのよい「上半分」を分けて使うこと。さらに「下半分」は切り方でもおいしさに変化があります。

「上半分」は、〝葉物野菜〟として活用するのがおすすめです。また、加熱するとトロトロ食感に変化。お好み焼きのキャベツの代わりに使うと、表面は香ばしく、中はトロふわの新食感がクセになる味わいです。

「下半分」の葉元には水分やうまみがたっぷり。繊維に沿って水の通り道があり、この繊維と並行に切ればうまみを閉じ込めることができます。炒めるときは縦切りに、蒸し煮にするときはくし切りにすると、水っぽくなりません。

反対に繊維と垂直に切れば、水分や栄養が外に。鍋料理ではそぎ切り、煮込み料理は横切りがおすすめです。

部位や切り方を工夫して、いつもと違う白菜料理をぜひご堪能ください。

ここがガッテンワザ！

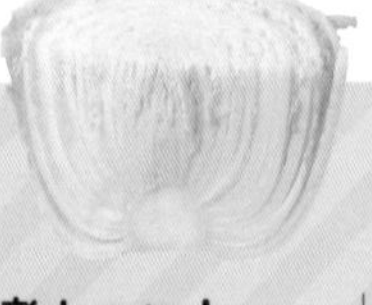

白菜の下半分は「切り方」でおいしさ倍増！

くし切りは蒸し煮に！

根元の芯を残し、かたまりとして放射状に切る方法。切断面が少ないので水分やうまみが出にくい。

縦切りは炒めものに！

水分の通り道と平行に刃を入れる方法。水分が流れ出にくく、火を通してもシャキシャキ食感に。

そぎ切りは煮ものに！

厚みのある葉元は、繊維に対して斜めに刃を入れると、上品な口当たりに。鍋料理にもおすすめ。

横切りは煮込みに！

煮込むときは白菜の繊維を断ち切るよう、横切りにすると、水分が外に出てやわらかな食感になる。

「今が旬のヘルシー白菜　うまみ濃厚！食感自在！激ウマ活用術」（2019年12月4日放送）より

番組紹介レシピ 白菜の煮込み（シュークルート）

■ 材料（4人分）

白菜の葉元
（下側／横切り）… ½個分
ソーセージ……………8本
豚肩ロース
（厚切りスライス）… 100g
メークイン ……………1個
玉ねぎ（くし切り）……… ½個
タイム ……………………2本
ローリエ …………………1枚
塩・こしょう…………各適量
固形コンソメ ……………1つ
白ワイン……………100ml
白ワインビネガー …… 大さじ2

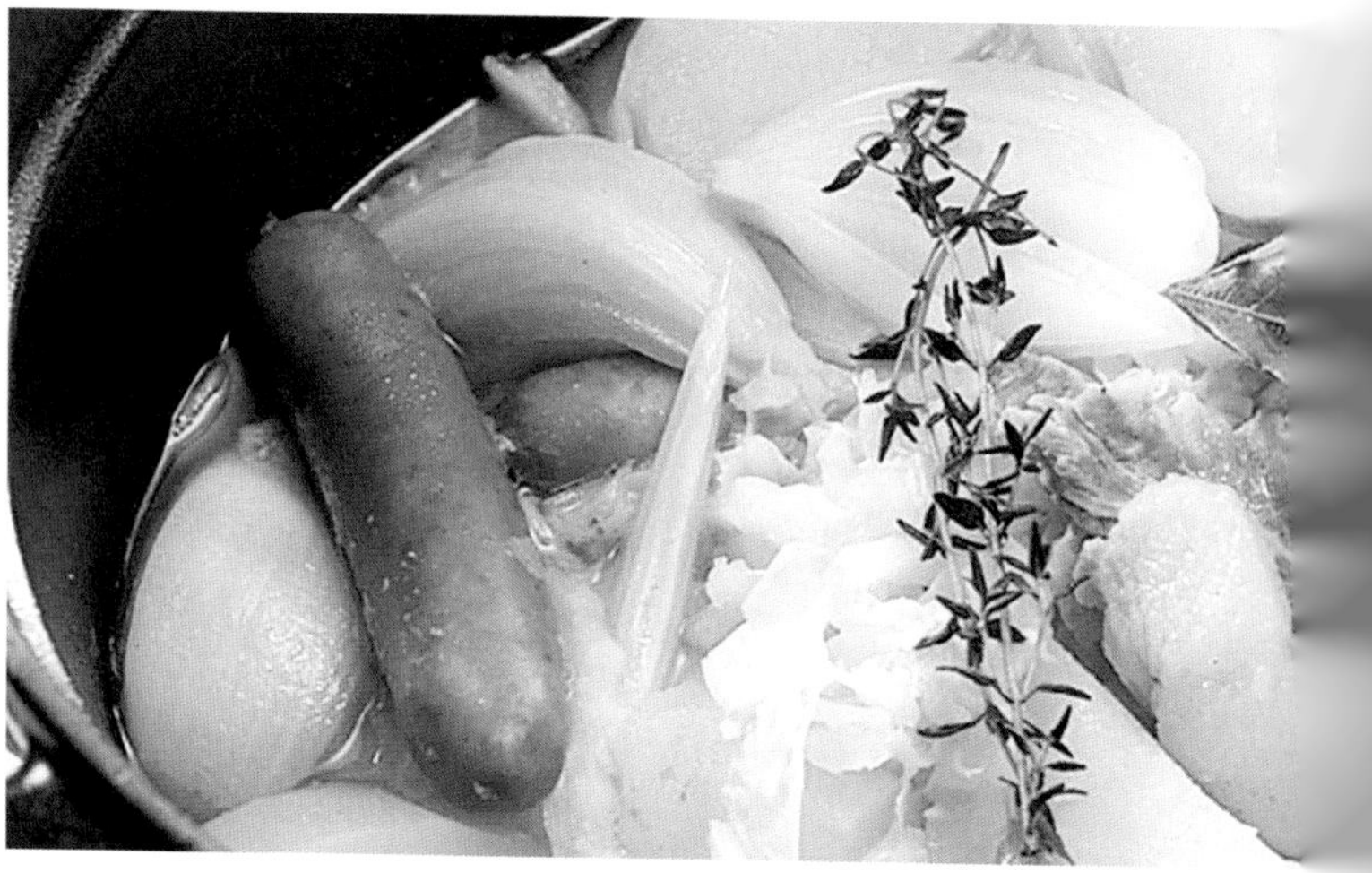

■ 作り方

1 メークインをラップで包み、電子レンジ（500W）で3分加熱してから、3㎝角に切る。
2 鍋を火にかけ、温まってきたらオリーブ油（分量外）を少量入れ、豚肩ロースを入れる。両面を香ばしく焼き、塩とこしょうをふる。
3 白菜と1を入れ、軽く塩をふる。さらにソーセージと玉ねぎ、固形コンソメ、タイム、ローリエを入れ、白ワインをかけ、ふたをして弱火で10分煮る。
4 ときどきかき混ぜ、白菜が十分柔らかくなったら、塩とこしょうで味を調える。最後に白ワインビネガーを加える。

1人分の栄養価データ
エネルギー：274kcal
脂質：16.6g　塩分：1.6g

1本分の栄養価データ
エネルギー：148kcal
脂質：8.1g　塩分：1.6g

番組紹介レシピ 白菜のチンジャオロース風

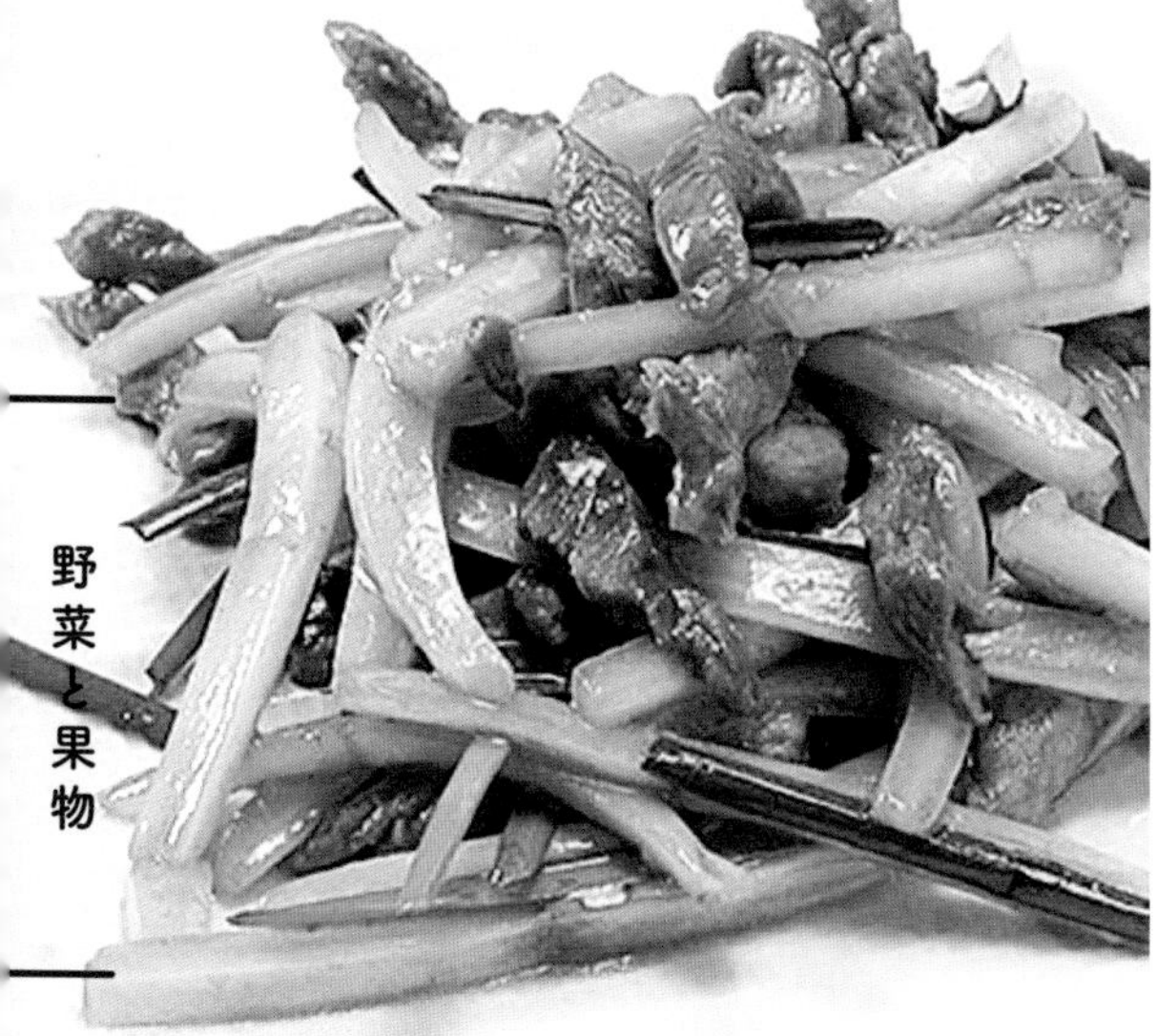

■ 材料（4人分）

白菜の葉元（下側／縦切り）
………………………………¼個分
豚もも肉（細切りにする）
………………………………150g
A
日本酒・サラダ油… 各大さじ1
しょうゆ ……………………小さじ½
かたくり粉 ………………小さじ1
しょうが（みじん切り）…………3g
にら（5cm幅に切る）…………1束
水溶き片栗粉……………………適量
ごま油 ……………………………小さじ1
B
中華スープ ………………30ml
しょうゆ ……………………大さじ1
オイスターソース‥ 大さじ1½

■ 作り方

1 豚肉にAを加えて混ぜ、下味をつける。
2 フライパンに多めのサラダ油（分量外）を入れて火にかけ、油が温まったら、1の豚肉を入れる。ほぐしながら炒め、いったん取り出す。
3 Bを混ぜ合わせておく。フライパンに少量のサラダ油（分量外）を入れてしょうがを炒め、白菜を加えて強火で炒める。2とBを加えて炒め合わせる。
4 水溶き片栗粉を適量入れて全体をざっくり混ぜる。にらを入れてごま油を回しかけ、さっと炒め合わせたら皿に盛る。

レシピ協力◎前田 元

春菊

加熱時間を変えるだけで苦みは自在に変えられる！

自分の好みに合わせて味を変えられるのが魅力

「春に黄色い菊のような花を咲かせる」ことから、その名がついたといわれる春菊。

春菊には独特の「香り」と「苦み」があり、この強い特性は、春菊ならではの魅力であり、苦手になる要因でもあります。

原産地である地中海沿岸では、春菊は観賞用として親しまれ、食材として使う習慣はなかったのですが、じつは近年、美食大国といわれるフランスで、春菊が食材として注目されています。その理由は、春菊の強い「香り」にありました。

春菊の葉は、外側の葉をむしると内側の若葉が出てきます。この若葉は、外側の葉と比べてやわらかく、香り成分が5倍も多く含まれているのです。そのため、フランス料理店では、ハーブのように料理に添えたり、パウダー状にしたものを香りづけに使うこともあります。

とはいえ、春菊が苦手な人にとって、香りや苦みこそが苦手な原因です。

そこで番組では、春菊を意外な方法で調理している、中国料理のプロのワザに注目。なんと、春菊を葉と茎に分け、それぞれ加熱時間を変えて調理していたのです。じつは、春菊の苦みは茎ではなく、葉に多く含まれています。そしてその苦みは、加熱時間によって変化します。10秒を越えると苦みが増し、20秒経つとかなり苦くなるのです。

この春菊の特性を生かし、苦みが苦手な人は10秒の短時間加熱。苦みを感じにくくなるぶん、春菊が持つうまみを感じられるようになります。苦みが好きな人は20秒、じっくり加熱してみては。春菊の香りや苦みを存分に味わうことができます。

ここがガッテンワザ！

茎はしっかりと加熱し、葉は10秒の短時間加熱に

あらかじめ、春菊の葉と茎を分けておく。調理時に葉と茎で加熱時間を変えると、好みに合わせて苦みを調節できる。茎はしっかり加熱。葉は10秒ほど加熱してとり出す。春菊の苦みは、加熱時間10秒を越えると一気に増し、20秒経つとかなり苦くなる。

「今夜は鍋！ あの春菊が香り苦味自由自在で大変身！」（2015年1月14日放送）より

番組紹介レシピ

春菊とたいとりんごのサラダ

1人分の栄養価データ
エネルギー：115kcal
脂質：2.9g　塩分：1.1g

■ 材料（2人分）

春菊の葉……½袋（約80g）
たいの刺身……60g
りんご……⅙個
きゅうり……½本
A
- 酢・砂糖……各大さじ1
- みそ・コチュジャン……各大さじ½
- おろししょうが……4g
- 白すりごま……小さじ1

■ 作り方

1 春菊の葉を4～5㎝長さに切る。たいはそぎ切り、りんごは皮つきで細切りに。きゅうりは縦半分に切ってから、斜め薄切りにする。
2 Aをよく混ぜ合わせ、コチュジャンだれを作る。
3 ボウルに、1の春菊の葉ときゅうりを入れ、やさしく混ぜる。
4 器に3を盛り、1のりんごとたいをのせ、2のたれを回しかける。

番組紹介レシピ

春菊と豚肉のフライパン蒸し

1人分の栄養価データ
エネルギー：306kcal
脂質：25.8g　塩分：2.3g

■ 材料（2人分）

春菊（茎と葉に分ける）……1袋（約150g）
豚ばら肉……100g
しめじ……1パック
A
- おろしにんにく……1かけ分
- しょうゆ……小さじ1
- 酒……小さじ½

B
- 白いりごま・ごま油……各大さじ1
- しょうゆ……小さじ2
- 粗びき黒こしょう……少々

ゆずの皮……適量

■ 作り方

1 春菊は4～5㎝長さに切る。しめじは石づきをとり、ほぐしておく。豚肉は3等分に切り、Aに漬けて5分おく。
2 フライパンに水50mℓと塩小さじ¼（各分量外）を入れて混ぜる。豚肉を広げ入れ、春菊の茎としめじをのせ、ふたをしたら強火で3分蒸す。
3 火を止めたらBを入れて混ぜ、春菊の葉を加えたらふたをし、余熱で10秒蒸す。
4 全体をなじませ器に盛り、せん切りにしたゆずの皮を散らす。

レシピ協力◎コウケンテツ

CHAPTER 1

冬の食材

ねぎ

青い部分まであますことなく味わう

ねぎの香り成分、「アリシン」は生食が大事

昔から、「風邪気味のときにはねぎ」と言われます。

じつはこれ、ねぎの香りに含まれる「アリシン」という成分の働きによるもの。ツーンとする香りには、血管の拡張や血流アップの効果があるといわれています。アリシンは生の状態で細かく刻むと多く発生します。

冬は、生のねぎを細かく刻んだり、よく噛んで食べてはいかがでしょうか。

西日本では青い葉の部分が長い「青ねぎ」、東日本では白い部分が長い「白ねぎ」がよく食べられています。調理の際、東日本では白い部分をおもに使い、青い部分の使い道に困ることも。

そこで、番組では、ねぎを愛してやまないイギリス・ウェールズ地方の伝統料理などを参考に青い部分を使う料理を考案しました（左下「〝青ねぎ〟みそ」、左ページ下段を参照）。

なお、保存するときは冷蔵庫に入るようにねぎを半分に切り、新聞紙に包んでからチルド室に入れておくと、ねぎ自体の水分が比較的キープできます。

ここがガッテンワザ！

“青ねぎ”みそ

かたく青い部分をすりつぶした万能調味料・“青ねぎ”みそは、ご飯や常備野菜にのせて味わって。ねぎの青い部分を細かく刻み、すり鉢などですりつぶしたら同量のみそを加え、よく混ぜ合わせるだけ。

ガッテン流

“ねぎ巻き”の作り方

「風邪をひいたらねぎを首に巻く」というのは迷信ではなく、血流促進効果が関係する。アリシンが多く発生するよう、細かく切り込みを入れ、汁でかぶれないよう手ぬぐいやタオルで巻く。

「インフル・肺炎・がんに効く　世界で発見！　驚異のネギパワーSP」(2016年12月14日放送)、
「知らないことだらけ！　ネギの潜在能力！」(2004年1月28日放送)より

番組紹介レシピ　ねぎの丸焼き

■ 材料（2人分）

長ねぎ（白）……………………………2本
粗塩…………………………………………適量

■ 作り方

1 長ねぎは、できるだけ長い状態（魚焼きグリルに入る長さ）に切り、グリルに入れる。
2 両面グリルの場合はそのまま、片面グリルの場合は表面が焦げてきたらひっくり返し、全体に焦げ目がつくまで焼く。かなり黒くなってもOK。
3 食べやすい大きさに切り分け、器に盛る。外側の焦げた部分をむき、中の白い部分を塩でいただく。

1人分の栄養価データ
エネルギー：28kcal
脂質：0.1g　塩分：1.0g

1人分の栄養価データ
エネルギー：468kcal
脂質：22.0g　塩分：3.1g

番組紹介レシピ　“青ねぎ”ウェルシュレアビット

■ 材料（2人分）

長ねぎ（青い部分と白い部分の両方）…………200g
食パン（好みの厚さのもの）……………………3枚
バター……………………………………………10g
小麦粉……………………………………………大さじ1
牛乳………………………………………………½カップ
ピザ用チーズ……………………………………100g
塩…………………………………………………小さじ¼
こしょう…………………………………………少々

■ 作り方

1 ねぎは小口切りにする。フライパンにバターを中火で熱し、ねぎを炒める。しんなりしたら小麦粉をふり入れ、粉っぽさがなくなるまでしっかり炒める。牛乳を3回に分けて加え、そのつど木べらでだまができないようによく混ぜる。弱火にしてピザ用チーズを入れ、塩、こしょうをふって混ぜる。
2 1を⅓量ずつパンにぬり、オーブントースターで4〜5分、きれいな焼き色がつくまで焼く。

レシピ協力◎舘野鏡子（上段）

ほうれん草

えぐみを消して豊富な栄養をおいしく摂取

カルシウムや油で「シュウ酸」をブロック

ほうれん草は冬が盛り。栄養豊富で、ビタミンCやカリウムのほかにも葉酸、カロテン、鉄分などさまざまな栄養が含まれている優良野菜です。しかし難点は「シュウ酸」が多いこと。シュウ酸はアクの成分で、強いえぐみを残すほか、尿路結石の原因物質でもあります。

ゆでてアク抜きをするのが効果的ですが、ビタミンC、カリウム、葉酸などの水に溶けやすい栄養素も流れ出てしまいます。栄養を残すためには、アクを残しつつ、えぐみを感じさせないよう調理することが大切。

カギを握っているのは「カルシウム」と「油」です。ほうれん草を調理するとき、この2つを一緒に使えば、えぐみをブロックしたり、コーティングしたりする役割を果たします。

ここがガッテンワザ！

【えぐみを消すカギ1】カルシウム

生のほうれん草に、ふつうの水、ミネラル水、牛乳を混ぜた際のシュウ酸の値の変化を比較。カルシウムを多く含むミネラル水に溶かし込むと95%、牛乳に溶かすと93%が消失した。おひたしなら、カルシウムが豊富なかつお節と合わせるのも、理にかなった食べ方。

【えぐみを消すカギ2】油

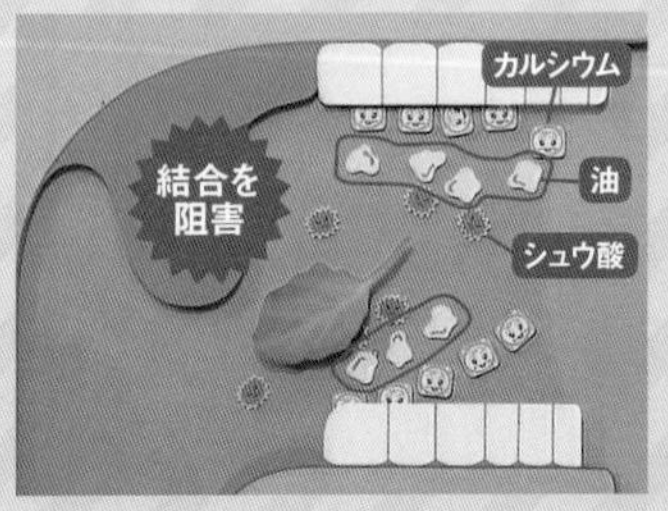

※油のとりすぎにはご注意ください。

カルシウムの多い食品と一緒にとらない場合、シュウ酸と唾液のカルシウムが結合して口の中に残り、えぐみを感じる。油と調理すると唾液のカルシウムと結合するのを防げる。

「栄養革命！ ほうれん草 新発想調理術」(2006年11月29日放送)より

番組紹介レシピ ほうれん草のひすい麺

1人分の栄養価データ
エネルギー：238kcal
脂質：8.7g　塩分：5.0g

※栄養価データはスープを⅘残した数値です。

■ 材料（2人分）

ほうれん草（根を落とす）……200g
ちりめんじゃこ……150g
粒さんしょう……小さじ½
※乾燥したさんしょうの実
サラダ油……大さじ4
鶏ガラスープ……2ℓ
A しょうゆ……大さじ1
A 紹興酒……大さじ1
A 塩……小さじ1
A こしょう……少々

■ 作り方

1 ほうれん草はよく洗って水けをきる。
2 土鍋にサラダ油、ちりめんじゃこ、粒さんしょうを入れて中火にかける。木べらでときどき混ぜながら香ばしく炒める。鶏ガラスープを加え、5分ほど加熱したらAを入れる。
3 ほうれん草を1株ずつ、さっとスープにくぐらせる。火が通ったら、じゃことともに取り皿に取り、いただく。

番組紹介レシピ ほうれん草とししゃもの春巻き

1人分の栄養価データ
エネルギー：208kcal
脂質：14.3g　塩分：0.7g

■ 材料（4人分）

ほうれん草……250g
ししゃも（素揚げしたもの）……4尾
春巻きの皮……4枚
薄力粉……大さじ1
水……小さじ2
揚げ油……適量

■ 作り方

1 ほうれん草は15秒ほどゆでて水けを切る。2cm幅に切り、塩小さじ¼（分量外）を混ぜる。
2 春巻きの皮に1を広げ、ししゃもをのせて巻く。巻き終わりの端に、薄力粉と水を混ぜたものを塗ってとめる。
3 2を140〜160℃の油でゆっくり揚げ、きつね色になったら引き上げ、油をきる。

レシピ協力◎脇屋友詞

冬の食材

トマト

じっくり加熱で新発見のうまみ成分を最大限にアップ

トマトの〝お尻〟を見れば甘さがわかる！

夏野菜のイメージがありますが、じつはトマトは冬に味が濃くなります。夏のものに比べ、甘さはなんと1・5倍に！

店頭で甘いトマトを選ぶときは〝お尻〟のサインを確認しましょう。放射線状の白っぽい線があればそれが甘いトマトです。トマトは水が足りない環境で育つと、果実に糖分を蓄えます。白い線は水の通り道で、くっきりして長いほど甘いというわけ。

最近の研究で野菜にほとんどないと思われていた、きのこと同じうまみ成分「グアニル酸」が含まれていることが判明。また50～60℃で加熱すると最大限増加しました。この性質を生かして、弱火でじっくり加熱し、絶品のトマトソースを作ってみては。これなら甘みの少ないトマトもおいしく仕上がります。

ここがガッテンワザ！

「極うまトマトソース」の作り方

トマト6個のヘタを取って八つ切りにし、ミキサーにかけ、こし器でこす。フライパンに入れ、弱火で20～30分煮詰め、木べらで底に線が書けるくらい、とろみをつける。

※約4～6人分になる（トマトの大きさによる）。

自分好みのトマトの見分け方

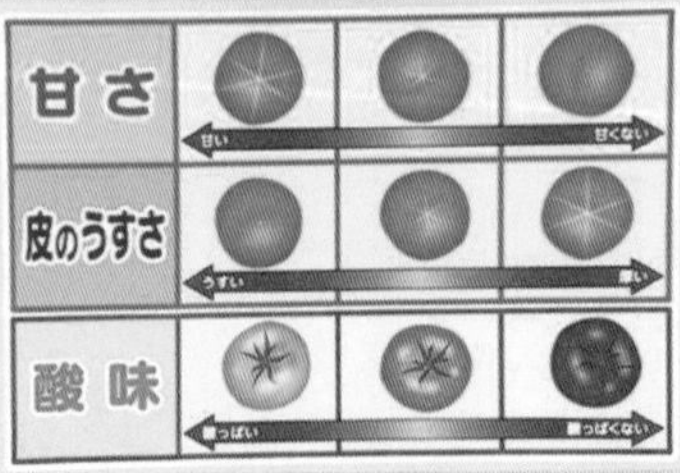

ヘタの反対側にある“お尻の線”がくっきりして長いのが甘いトマト。また、この線がくっきりしたトマトは皮が厚め。色は糖度とは関係はなく、収穫後も時間がたつと赤くなり、酸味が抜けていく。

※選ぶ際にはお店やほかのお客さんに迷惑がかからないよう、ご注意を。
※皮の厚さは品種によるもので、皮が全般的に薄い品種もある。

番組紹介レシピ

イタリア風豚しゃぶ

■ 材料（2人分）

「極うまトマトソース」（右ページ下参照）……大さじ5
豚バラ薄切り肉……120g
塩……少々
オリーブ油……小さじ2
フレッシュバジル……適量

■ 作り方

1 豚肉を熱湯でさっとゆで、肉の色が変わったらざるに上げて、ペーパータオルで水けをしっかり取る。
2 ボウルに1の豚肉を入れて、塩をふり、オリーブ油とからめる。
3 器に「極うまトマトソース」を敷いたら、その上に2を盛る。バジルの葉をちぎってのせ、お好みでオリーブ油適量（分量外）をかける。

1人分の栄養価データ
エネルギー：281kcal
脂質：25.3g　塩分：0.3g

トマトソースのスパゲッティ

1人分の栄養価データ
エネルギー：333kcal
脂質：7.2g　塩分：1.0g

■ 材料（2人分）

「極うまトマトソース」（右ページ下参照）……1カップ
スパゲッティ……120g
しょうが……1かけ（20g）
青じそ……4枚
オリーブ油……大さじ1
塩……適量

■ 作り方

1 しょうがは皮をこそげ取り、せん切りにする。青じそもせん切りにする。
※青じそは柄の部分を持ち、キッチンばさみで切ると香りをより楽しめる。
2 フライパンにオリーブ油を熱し、1のしょうがを入れて軽く炒め、「極うまトマトソース」を加えて混ぜる。
3 スパゲッティは塩を入れた湯で袋の表示どおりにゆで、湯きりする。
4 3を2に入れて、全体になじむようフライパンをゆすりながら手早く混ぜ合わせる。器に盛り、1の青じそをちらす。

レシピ協力◎武田正宏（上段）、林 幸子（下段）

冬の食材

ブロッコリー

ゆでるよりも「蒸し煮」にして栄養素の流出を防ぐ

栄養が凝縮されたつぼみが1株あたり4万個以上

彩りが少なくなる冬の食卓に映える緑色のブロッコリー。

ブロッコリーは栄養面でも優等生。ビタミンCやビタミンB1、ビタミンB2、葉酸の100g当たりの含有量は、数ある野菜の中でもエース級です。

小さな粒の中を調べると、おしべとめしべ、花びらが入っていました。粒のひとつひとつが、栄養が凝縮されたつぼみだったのです。その数なんと、1株当たり4万個以上。栄養満点の秘密は、ここにありました。

ところがふつうにゆでると、ビタミンなどの水溶性の栄養素はゆで汁に溶け出て減少します。

そこでおすすめなのが、「蒸し煮」。栄養素がほとんど溶け出さず、ビタミンCが96%も残ります。味も濃く感じられるのでおためしください。

ここがガッテンワザ！

0℃で保存し、鮮度と栄養を保つ

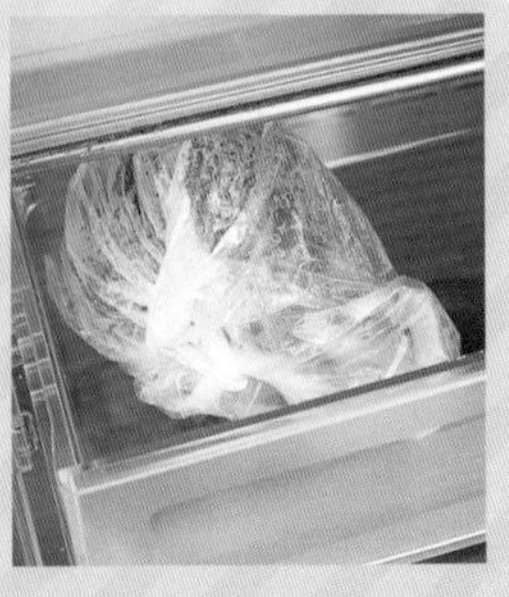

鮮度が落ちやすいブロッコリー。収穫後、常温に置いておくと、甘み成分は1日でおよそ半分、ビタミンCも3日後にはおよそ半分に。0℃なら栄養素はほとんど減らないので、乾燥予防にポリ袋に入れ、冷蔵庫のチルド室で保存を。

栄養素が96%残る調理法

一般的な「ゆでる」方法だと、ゆで汁に栄養素が流れ出てしまうことに。そこでおすすめは「蒸し煮」。1株当たり大さじ3の水をフライパンに入れ、ふたをして強火で2分加熱。火を消して2分余熱を入れればでき上がり。ビタミンCも96%残る。

「新体験！ ブロッコリー超活用術」（2005年1月12日放送）、「暑さも光熱費も激減！ 時短ミラクル料理革命」（2011年7月27日放送）より

番組紹介レシピ

ブロッコリー入りクリーム焼きうどん

1人分の栄養価データ

エネルギー：458kcal

脂質：20.1g　塩分：2.2g

■ 材料（2人分）

ブロッコリー（一口大に切る）……½株

ゆでうどん……2玉

A
- いかの塩辛……20g
- 酒・水……各大さじ1

B
- 生クリーム……20mℓ
- 調整豆乳……180mℓ
- バター……10g
- 白みそ……小さじ2弱

塩・こしょう……各少々

粉チーズ……大さじ1弱（5g）

オリーブ油……大さじ1

刻みのり……適量

■ 作り方

1 ブロッコリーをフライパンに入れ、**A**を混ぜたものを加える。中火にかけ、ふたをして2分ほど蒸し煮にする。

2 うどんは電子レンジなどで20～30秒ほど温めて、あらかじめほぐしておく。

3 **1**のフライパンに**B**を混ぜたものを加え、**2**のうどんを入れる。塩、こしょうをふって粉チーズを加え、火を止めてからオリーブ油を回しかける。全体を混ぜて器に盛り、のりを散らす。

番組紹介レシピ

ブロッコリーの芯！ 和風サラダ

1人分の栄養価データ

エネルギー：130kcal

脂質：10.9g　塩分：0.7g

■ 材料（2人分）

ブロッコリーの芯（茎の部分）……½株分

にんじん・きゅうり・大根（それぞれ柱状に切ったもの）……各2本

薄焼き卵（半分に切る）……卵1個分

焼きのり（半分に切る）……1枚

みそ……小さじ1弱（5g）

マヨネーズ……20g

■ 作り方

1 ブロッコリーの芯は表面のかたい皮を切り落とし、四角く形を切りそろえてから縦半分に切り、柱状にする。

2 容器にみそとマヨネーズを入れて混ぜておく。

3 薄焼き卵の上に、**1**と野菜3種類を1つずつ重ね置き、きっちりと巻く。同じものをもう1つ作る。

4 のり全体に**2**のみそマヨネーズを半量塗り、手前に**3**をのせて端からきっちりと巻く。同じものをもう1つ作り、一口大に切る。

レシピ協力◎加藤道久

カリフラワー

「生」で食べるとおいしさ新発見

つぼみ部分と茎の部分を分けて食べると新食感！

「白い宝石」とも称えられるカリフラワー。意外にも「生」が抜群においしいのです。

ゆでたり、煮込む調理法が一般的なのは、そのかたさゆえに煮くずれしないから。それなのに生で食べられる秘密は、つぼみにありました。カリフラワーは、つぼみ部分を食べる「花《か》菜類《さいるい》」という野菜。じつはつぼみには、さらに小さな「花芽《はなめ》原基《げんき》」とよばれる、つぼみの赤ちゃんが集まっているのです。

花芽原基の1つ1つはとてもやわらかく、生で食べるとプチッと弾ける歯ごたえを楽しめます。番組では、コリッとした食感のつぼみの部分を「コリフラワー」、茎の部分を花が落ちたあとのように見えることから「枯れフラワー」と命名。それぞれに合ったレシピをご紹介します。

ここがガッテンワザ！

カリフラワーは「生」で魅力を発揮！

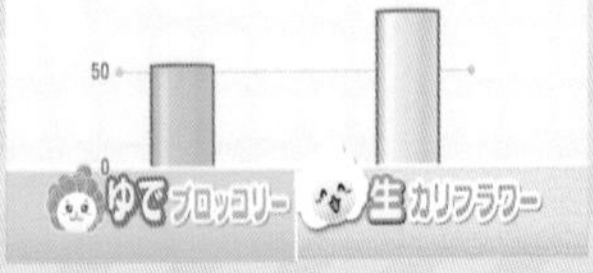

同じ花菜類の、カリフラワーとブロッコリー100gあたりのビタミンCの量を比較。両者とも生の状態だとブロッコリーに軍配が上がるものの、おいしさを発揮する「生」のカリフラワーと、一般的な食べ方である「ゆで」ブロッコリーでは、カリフラワーのほうがビタミンCが豊富。

出典◎日本食品標準成分表2015年版（七訂）

簡単快感！上下に分けるワザ

カリフラワーの小房を片手で持ち、親指に少し力を入れると、ポキッと簡単に分けられる。番組では上の房部分を「コリフラワー」、下の茎部分を「枯れフラワー」と命名。

野菜と果物

「おいしくって超楽しい！ カリフラワー新調理術」（2014年11月5日放送）より

番組紹介レシピ

「枯れフラワー」と葉っぱのかきあげ

■ 材料（2人分）

「枯れフラワー」
（カリフラワーの茎・太い部分がおすすめ）……30g
カリフラワーの葉……70g
A ［小麦粉……大さじ2½
　 ［片栗粉……大さじ1½
水……大さじ2
サラダ油・塩（お好みで）……各適量

■ 作り方

1 「枯れフラワー」は、薄い輪切りにしてからせん切りにする。カリフラワーの葉は薄切りにする。器にAを入れて、よく混ぜる。
2 ボウルに1の枯れフラワーとカリフラワーの葉を入れ、Aをまぶす。全体になじんだら水を加えて混ぜ合わせる。
3 フライパンにサラダ油を深さ1㎝ほど注ぎ、中温に熱する。2を大きめのスプーンで落とし入れ、薄く広げる。きれいに色づいたら上下を返し、両面を揚げ焼きにする。油をきって器に盛り、お好みで塩をふる。

1人分の栄養価データ
エネルギー：215kcal
脂質：15.2g　塩分：0.0g

番組紹介レシピ

「コリフラワー」のベーコンお酢炒め

■ 材料（作りやすい分量）

「コリフラワー」
（カリフラワーの房部分）……150g
ベーコン……½枚（10g）
サラダ油……大さじ1
酢……大さじ½
塩……1g

■ 作り方

1 ベーコンは7～8㎜幅に切る。フライパンにサラダ油を中火で熱し、ベーコンが少しカリッとするまで炒める。
2 1にコリフラワー、酢、塩を加え、強火にして30秒サッと炒める。
※コリコリの食感を楽しむなら、早めに食べるとよい。

全量分の栄養価データ
エネルギー：193kcal
脂質：16.1g　塩分：1.2g

レシピ協力◎小玉 勉（上段）

大根

大根おろしの辛さは自由自在に変えられる

中と外。使う場所で自分好みの大根おろしに

日本人にとってなじみ深い大根。霜が降りるころになると、みずみずしさが増します。この季節は「大根おろし」にするとおいしさもひとしお。

大根は「（葉に近い）上が甘く、下のほうが辛い」という説が一般的。好みや用途で使い分ける人もいるのではないでしょうか。

でも、その理解では不十分です。じつは、辛さのもとである酵素は、大根の皮のすぐ下の「形成層」に集中しています。形成層は大根の下のほうが厚いので、下にいくほど辛くなるというわけなのです。

そのため、激辛大根おろしは下の部分を皮ごと、甘い大根おろしは上の部分の中心部のみをすりおろすとよいのです。また加熱すれば、さらに甘い〝極甘〟大根おろしも作れます。

なお大根の鮮度を保つには、根元の部分から切り落として。

ここがガッテンワザ！

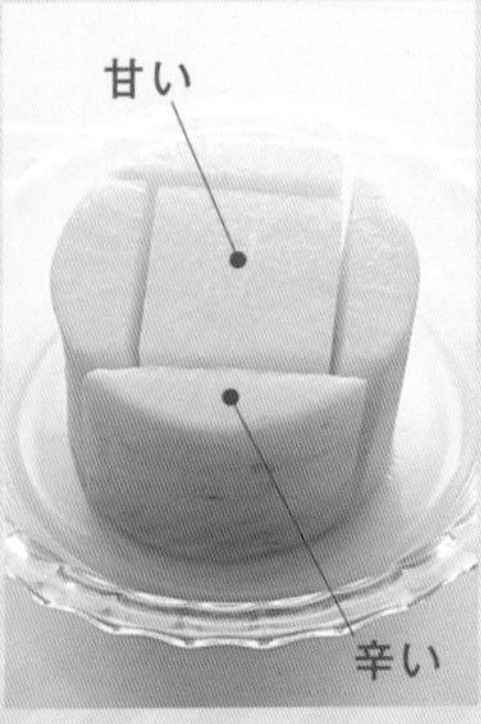

辛さ別 大根おろし

【激辛】
大根の下の部分の外側を皮ごとすりおろす。

【甘】
大根の上の部分の中心部のみをすりおろす。

加熱すると、さらに甘い“極甘”の大根おろしに

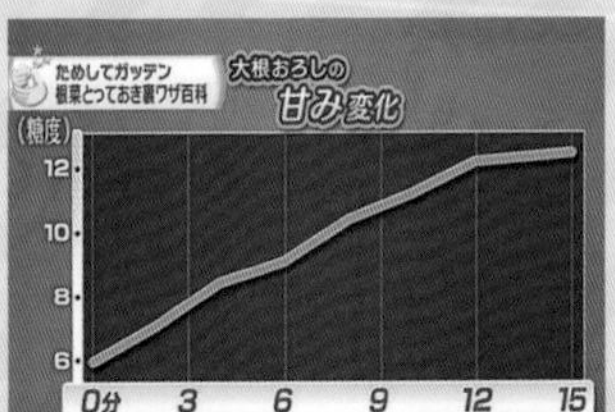

大根の上の部分の中心部をすりおろし、すぐに弱火で加熱する（左ページ下参照）。大根の甘みを作る酵素は、50～70℃で働く。ゆっくり加熱するとその温度帯を長く保つことができ、糖度が上昇する。

番組紹介レシピ みぞれ豚しゃぶ

■ 材料（4人分）

大根……1本
水……2カップ
豚バラ肉（しゃぶしゃぶ用）……400g
長ねぎ（薄い小口切り）……1本
〈みかんポン酢〉
みかん（皮をむいて粗みじん切り）……正味120g
しょうゆ……120mℓ
酢（穀物酢）……80mℓ
ごま油……大さじ1

■ 作り方

1 ボウルにみかんポン酢の材料をすべて入れ、混ぜ合わせる。
2 土鍋に水を入れて中火にかける。湯を沸かしているあいだに大根をおろす。沸騰したらおろしたての大根をすぐに加え、再び煮立ったら長ねぎを入れる。
3 豚肉を汁にくぐらせ、好みの煮え具合になったら大根おろしと長ねぎをくるみ、ポン酢をつけていただく。

1人分の栄養価データ
エネルギー：521kcal
脂質：38.7g　塩分：5.1g
※汁とみかんポン酢、1人分全量を含む。

1人分の栄養価データ
エネルギー：9kcal
脂質：0.1g　塩分：0.0g

番組紹介レシピ “極甘”大根おろし

■ 材料

大根（上の中心部）……適量

■ 作り方

1 大根の上の部分の中心部をおろし、すぐに鍋に入れて弱火にかける。
2 ゆっくり10分、加熱して火を止めれば完成。だし巻き卵や天つゆにあわせるとおいしい。

レシピ協力◎野崎洋光（上段）

冬の食材

かぶ

2回に分けて加熱すると、みずみずしく食感アップ

外側はサクッと、内側はジューシーで上品な味わいに

形や色、味から、大根と比べられることが多いかぶ。果たしてかぶ本来のおいしさとは？番組で調査してみました。

畑に足を運んでみると、かぶの球状の根のほとんどは土から顔を出していました。大根は、土を掘って育つ必要があるため、傷つく身を守るために、辛み成分の酵素を作りますが、かぶはその必要がありません。そのため辛みが弱く、細胞もやわらか。

このおいしさを引き出すためには、加熱方法を工夫して、煮くずれないようにするのが大切です。番組では外側と内側を二段階で加熱するという方法をご紹介しました。

外側はサクッとした歯ごたえ、内側は水分と甘みをたたえた、極上の味わいになります。

ここがガッテンワザ！

かぶ本来のうまみを生かす ガッテン流 かぶの下ごしらえ

① 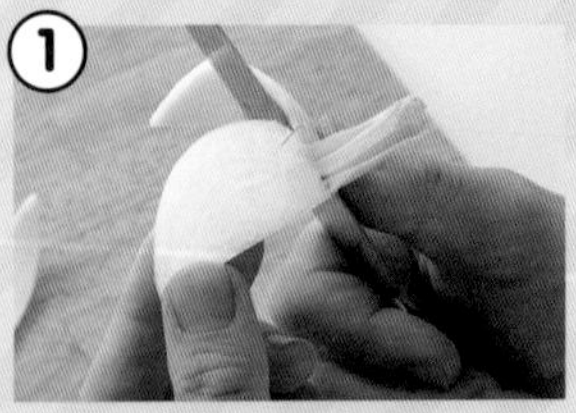

かぶは茎を2cmほど残して葉を切り落とし、8等分のくし形に切って厚めに皮をむく。

② 

鍋に水と塩を入れて中火にかける。かぶ2個につき、水1ℓ、塩小さじ2が目安。沸騰したらかぶを加え、50秒加熱する。

③ 

かぶを取り出し、ペーパータオルを敷いたバットに重ならないように並べて5分おく。

※冷たい皿に置くと、かぶの温度が急に下がり、食感が悪くなるので注意してください。

④ 

重ならないように耐熱皿に並べる。ふんわりとラップをして600Wで1分10～20秒、1000Wの場合は50秒～1分加熱する。

※かぶの大きさやかたさによって加熱時間の調整を。

「たった50秒！ 旬のカブ激うま大作戦」（2009年11月11日放送）より

番組紹介レシピ

かぶの簡単バターソース

1人分の栄養価データ

エネルギー：127kcal	
脂質：12.2g	塩分：0.5g

■ 材料（2人分）

かぶ（右ページ下の下ごしらえをする）……2個分
バター……30g
水……大さじ2
粗びき黒こしょう……少々

■ 作り方

1 中火で加熱した鍋にバターを入れる。半分ほど溶けたら水を加え、バターが焦げないように鍋を回しながらゆっくり残りのバターを煮溶かす。バターと水がよく混ざり、ほどよく乳化したらソースの完成。

※ブクブクと煮立たせないように注意してください。

2 1にかぶを加え、軽く混ぜてソースをからめる。器に盛り、粗びき黒こしょうをふる。

番組紹介レシピ

かぶとハムのスパゲッティ

1人分の栄養価データ

エネルギー：696kcal	
脂質：31.0g	塩分：3.5g

■ 材料（2人分）

かぶ（右ページ下の下ごしらえをする）……2個分
かぶの皮（食べやすく切る）……2個分
かぶの葉（みじん切り）……100g
スパゲッティ……200g
ハム（せん切り）……4枚分
にんにく（みじん切り）……1かけ分
赤唐辛子（種を取って半分に）……1本
オリーブ油・白ワイン・水……各大さじ3
しょうゆ……小さじ1
A［バター……20g
　 塩・黒こしょう……各少々

■ 作り方

1 スパゲッティを、袋の表示時間どおりにゆでる。ゆで上がる30秒前にかぶの葉を入れる。

2 ゆでているあいだに中華鍋にオリーブ油を入れて中火にかける。赤唐辛子、にんにくを入れ、混ぜながら炒める。

3 にんにくがきつね色になり、香りが立ったらかぶの皮とハムを加え、さっと炒める。白ワインを入れてアルコールをとばし、水を加える。ひと煮立ちさせ、しょうゆを鍋肌から回し入れる。

4 1の湯をきり、3に入れて炒め合わせる。Aを入れて混ぜ、最後にかぶを加えて器に盛る。

レシピ協力◎北岡飛鳥

ゆず

香りを最大限に生かすのは「皮をつぶす」搾り方だった！

仕上げの〝南半球搾り〟で香りが17倍にアップ

冬が旬のゆずは皮を削《そ》ぎ、煮ものや椀ものの香りづけに使われています。今回は、ゆず本来の香りをさらに引き出し、果汁を活用する方法をご紹介します。

ゆずの香りを決める重要な香り成分は、1個につき100万分の1gしか含まれていないものの、とても強い香りがします。

じつは、この香り成分、ゆずの皮の中のカプセル「油胞《ゆほう》」に包まれています。産地では特別な道具で皮ごとつぶしながら搾り、香りの強いゆず果汁を生み出していました。

番組では、家庭でもできる香り成分を引き出す搾り方を〝南半球搾り〟と命名（下で紹介）。南半球搾りの果汁はふつうに搾ったものと比べ、香りに17倍の差がでました。今までにないゆずの風味を堪能してください。

ここがガッテンワザ！

ゆずの冷凍保存法

搾ったあとでも、皮はこれまでどおりの香りづけに利用できる。保存用袋などに入れて、冷凍保存を。

香り成分を引き出す“南半球搾り”

横半分に切った皮つきゆずを通常どおり搾ったあと、切り口を上にして搾る。「香り成分」が下に飛び散り、香り豊かなゆず果汁になる。

「香り17倍！ ゆず大革命」（2008年11月26日放送）より

番組紹介レシピ ゆず香るカンタン五目ずし

1人分の栄養価データ
エネルギー：359kcal
脂質：1.9g　塩分：1.1g

■ 材料（4人分）

米……………………………2合（360㎖）
水……………………………300㎖
甘塩鮭………………………1切れ
れんこん（薄いいちょう切り）……120g
ごぼう（ささがきにする）………70g
しめじ（石づきを取って小房に分ける）
……………………………100g
〈合わせ酢〉
ゆず果汁……………………大さじ2
米酢…………………………大さじ1½
塩……………………………4g
砂糖…………………………18g
ゆず皮（4～5㎝長さのせん切り）………適量

■ 作り方

1 炊飯器に米と水を入れ、れんこん、ごぼう、しめじ、鮭を入れて炊く。
2 炊けたら、鮭の皮と骨を取って身をほぐす。
3 ボウルにご飯と具を移し、合わせ酢を回し入れてかき混ぜる。器に盛り、ゆず皮を散らす。

ゆず風味のれんこん入りわらびもち

1人分の栄養価データ
エネルギー：124kcal
脂質：2.3g　塩分：0.1g

■ 材料（4～5人分）

れんこん（できれば根元の節）………150g
A 牛乳…………………………300g
A 片栗粉………………………大さじ5
砂糖…………………………大さじ1
B ゆず果汁……………………1個分
B ゆずの皮……………………少々
C 片栗粉・砂糖………………各適量

■ 作り方

1 鍋に、すりおろしたれんこんとAを入れて、よく混ぜ合わせる。
2 1を加熱し、絶えず混ぜながら煮る。
3 全体にとろみがつきはじめたら、さらに2～3分ほど加熱する。
4 3にBを加えて混ぜ合わせる。
5 Cをバットなどの容器に広げ入れて、その上に4を流し込み、全体をなじませる。
6 5を一口大にちぎって、器に盛り、ゆずの皮（分量外）を添える。

レシピ協力◎舘野雄二朗（上段）、大越郷子（下段）

キウイ

すっぱいときは〝ゴツン〟とたたきつければ熟していく

食べごろかどうかは「タテ押し」でチェック

キウイは適度な酸味が持ち味ですが、ときにかたすぎたり、すっぱいことも。これは木の上でも収穫後もそのままでは熟さないキウイの性質によります。

そんなキウイを一気に完熟させるワザが、机などに〝ゴツン〟とたたきつけるというもの。衝撃により、熟成を促す「エチレン」を放出するので甘みが増し、1週間ほどで完熟に。1個衝撃を加えれば、まわりのキウイがエチレンを吸収して熟していくので、同じ袋で保管を。たたく目安は軽くへこむくらい。皮が破れないよう要注意です。

食べごろかどうかは、へたのわきを押す「タテ押し」でわかります。耳たぶくらいのやわらかさになれば、完熟したしるし。かたいキウイをすぐ食べたいなら、料理に活用するのも手です。

ここがガッテンワザ！

甘いキウイの見分け方

キウイは、種が多いほど甘い。見た目で判別するには、きれいな卵形より、いびつな形を選ぶと、甘い確率が高くなる。いびつな形のものは、木の幹の近くに実っていたもので、栄養分や水分が集まりやすく、種がたくさんできる。その結果、甘みのもととなるでんぷんが増えて実がパンパンになり、いびつな形に。

「キウイの万能ソース」の作り方

かたいキウイを使用した、万能ソースの作り方をご紹介。料理のほか、炭酸を加えて飲み物にするなど、いろいろな用途でおためしを。

【材料と作り方】

①キウイ（かたいもの）4個は皮をむいて粗く切る。
②ミキサーにかけてペースト状にしたら、小鍋に移し、砂糖70gを加える。
③中火で2～3分加熱したら、完成。

「キウイの帝王が伝授！ 極甘＆瞬間完熟ワザ」（2014年1月29日放送）より

番組紹介レシピ キウイの万能ソースで牛きのこ炒め

■ 材料（4人分）

牛バラ肉（焼肉用）………150g
えのきたけ・ぶなしめじ
（石づきを取る）……各100g
絹さや（筋を取る）…………8枚
長ねぎ（5㎜幅の斜め切り）
……………………………………40g
赤唐辛子（種を取り半分に切る）
……………………………………2本
しょうゆ……………………小さじ1
酒・サラダ油…………各大さじ2
〈合わせ調味料〉
「キウイの万能ソース」
（右ページ下参照）
……………………………大さじ3
しょうゆ…………………大さじ2
ごま油……………………大さじ½

1人分の栄養価データ
エネルギー：280kcal
脂質：22.5g　塩分：1.6g

■ 作り方

1 牛肉は縦半分に切り、しょうゆをまぶす。えのきは長さを半分に切り、しめじは小房に分ける。器に合わせ調味料を混ぜ合わせる。

2 フライパンにサラダ油を熱し、強火で赤唐辛子と1の牛肉を炒める。肉の色が変わったら、1のきのこと、野菜をすべて加え、1分ほど炒める。酒をふり入れてさらに炒め、全体にしんなりしたら、合わせ調味料を加えて混ぜる。

番組紹介レシピ 焼きほたてのつぶつぶソース

1人分の栄養価データ
エネルギー：159kcal
脂質：7.5g　塩分：1.2g

■ 材料（4人分）

キウイ（かたいもの）……………………½個
ほたて貝柱……………………8個（約240g）
エリンギ………………………………………2本
ミックスハーブ…………………………適量

〈合わせ調味料〉
「キウイの万能ソース」（右ページ下参照）
・水………………………………各大さじ3
粗びきマスタード…………………大さじ2
オイスターソース…………………大さじ⅔
しょうゆ……………………………大さじ½

■ 作り方

1 キウイは皮をむいて7㎜角に切り、ボウルに入れる。合わせ調味料を加えて混ぜ、湯せんにかける。

2 エリンギは1㎝厚さの輪切りにする。

3 フライパンにサラダ油大さじ2（分量外）を中火で熱し、ほたて貝柱と2を並べ入れる。それぞれ両面を2〜3分焼き、焼き色がついたら取り出す。器にミックスハーブを敷き、ほたてとエリンギを並べて1のソースをかける。

レシピ協力◎長坂松夫

「スライド切り」で野菜がシャキシャキに！

野菜の細胞がつぶれにくく、食感やうまみ、新鮮さを保つことができる、プロの料理人の包丁ワザ。番組では「スライド切り」と名づけ、家庭でも実践できるコツをご紹介しました。ポイントはひじを大きく使って、包丁を滑らせるように動かすこと。野菜のかたさや質に合わせた「スライド切り」をご紹介します。

きゅうり

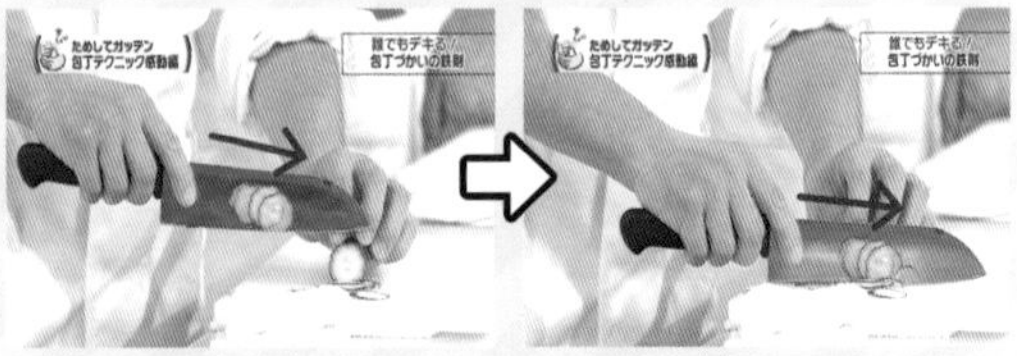

きゅうりや根菜など、かための野菜では、包丁の刃先を下に向けて、刃先のほうから食材に入れ、向こうに突き出すようにしながら、刃を根元まで滑らせて切る。1回の動きで刃先から根元まで動かすように意識する。

トマト

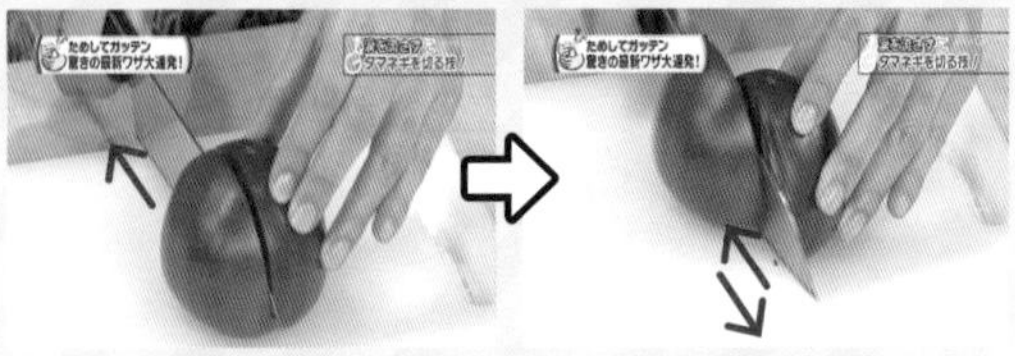

皮の下の果肉がやわらかく、つぶれやすいトマト。やわらかい食材は、まな板の手前のほうに置く。包丁の刃先を上に向け、根元を食材に当ててから、手前に引きながら刃先をおろしていく感じで、刃先まで滑らせて切る。

玉ねぎ

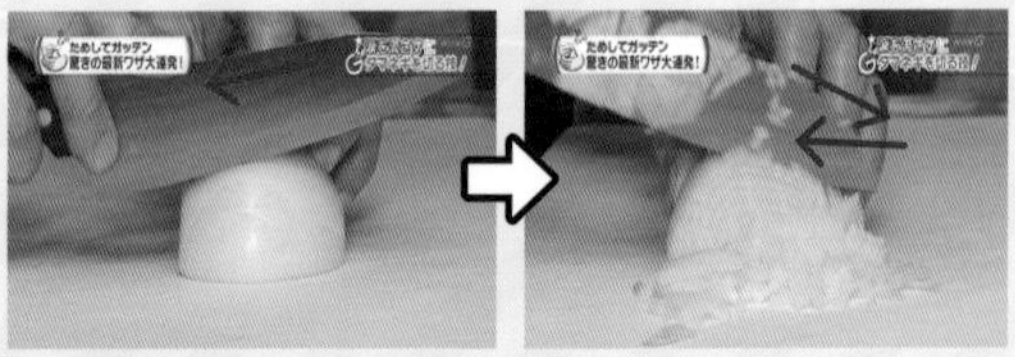

基本的には根元から刃先へ向かって滑らせて切るが、右の写真のようにみじん切りをする場合は、刃先から入れて滑らせて切ると切りやすい。

「スライド切り」の基本

包丁の持ち方

ポイント！

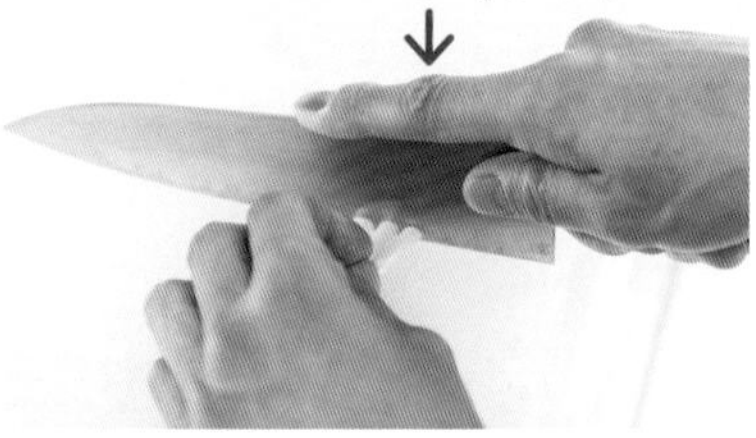

包丁の柄を握り、親指は刃の根元近くに、人差し指は刃のみねに添える。切るときは、ひじを大きく前後に動かして包丁をスライドさせる。刃の根元から先までを使い、包丁の重みだけで切る。

立ち方

ひじを前後に動かしやすいよう、まな板に対して、体の利き手側を外45度に開いて立つ。まな板と体とのあいだは、こぶし１つ分あける。

ひじが大きく動くので包丁を持つほうの足を後ろにひき、まな板に対して斜めに立つのがポイント。

「驚きの最新ワザ大連発ＳＰ」(2014年2月26日放送)、「研がなくても切れた！ 包丁テクニック感動編」(2012年7月11日放送)より

CHAPTER 2

「科学の知恵」でいつもよりおいしい！

肉と魚の「新常識」おかず

CHAPTER 2

肉類

鶏もも肉

肉の色がピンクから白になる瞬間を見極める

「伝導熱」だけで焼いて、火が通った瞬間を目で確認

　鶏もも肉料理として、家庭でも出番の多いものに「鶏肉のソテー」があります。プロによれば、ソテーは上級者向けの料理で、鶏もも肉は厚みがあるため、ほどよく火を通すのがとても難しいのだそう。生焼けだったり、反対に焼きすぎて身がパサついたりすることも。

　鶏肉は、内部温度が60℃を超えたあたりからたんぱく質の変性が始まって、75℃付近で火が通り、もっともジューシーな状態に。しかし、加熱し過ぎると、肉はかたくパサパサに。

　じつは、この火が通った瞬間は肉の色を見ればわかります。肉の色が〝ピンク〟から〝白〟に変わったタイミングが、火が通った瞬間なのです。

　一般的にフライパンでは3種類の熱が発生します。1つは予熱による「放射熱」。2つ目は、炎から肉に伝わる「伝導熱」、3つ目は、フタをした際に発生する「対流熱」があります。

　放射熱や対流熱があると、肉の表面があっという間に白くなってしまい、内部の肉の変化がわかりません。ところが、フタをせずに伝導熱だけで弱火で焼くと、鶏もも肉の色がピンクから白に変わる様子が、肉の底から白い線となって現れ、次第にのぼっていきます。この線が身の半分まで達したら返して、上下のラインが出合ったら焼き上がり。番組では、この線を「ジューシーライン」と命名！

　このラインは、弱火でじっくり焼くことで、くっきりと現れることもわかりました。

　鶏肉をおいしく焼くポイントは、予熱ナシ、フタナシ、ずっと弱火。この3つさえ守れば、極上のソテーをいつでも失敗なく焼くことができます。

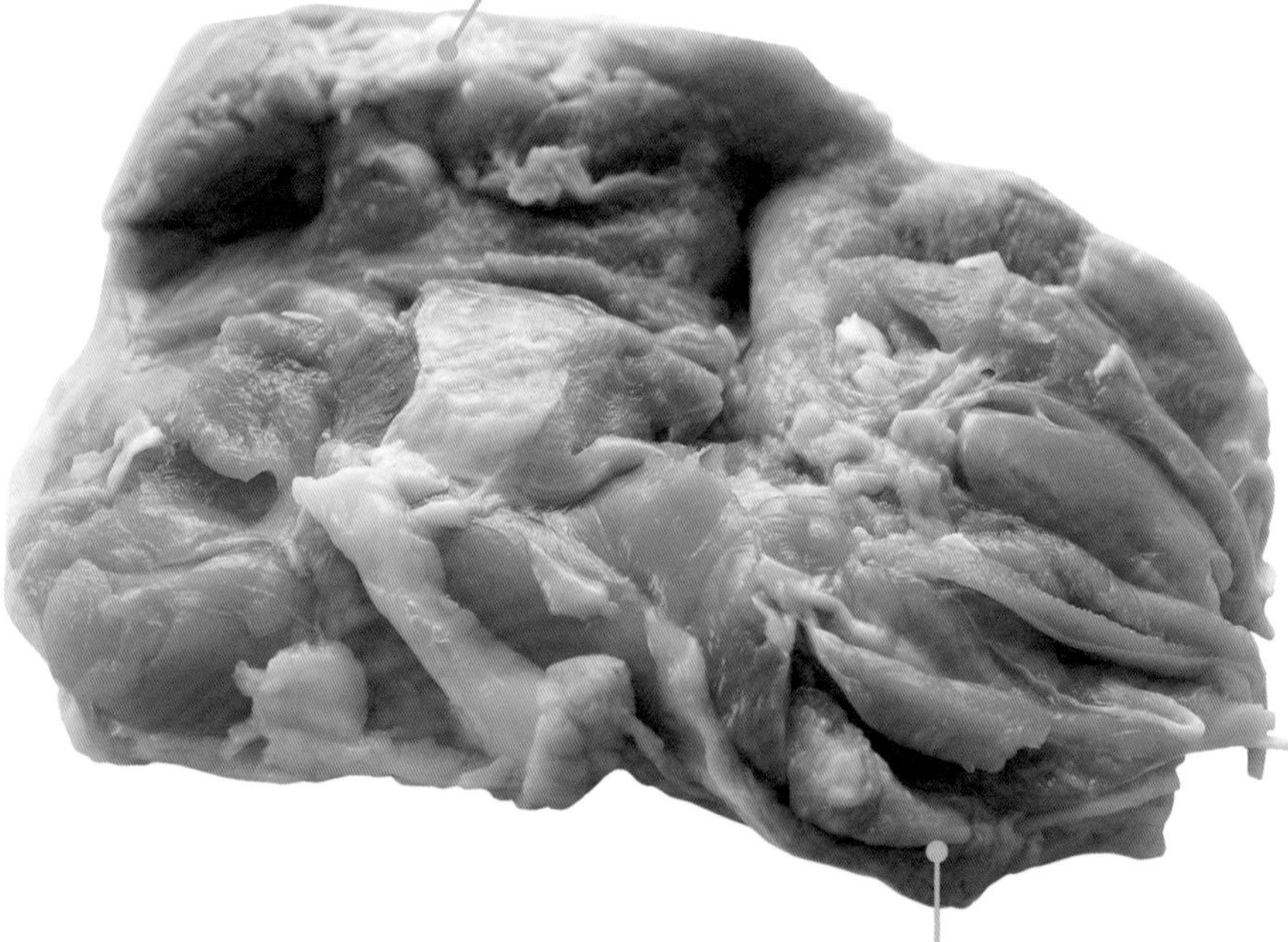
肉にツヤとハリがあるもの。
パックされているものは、
ドリップが出ていないもの。

肉と魚

「新技発見！ フライパン驚きの調理術」(2007年11月21日放送)より

ここがガッテンワザ！

鶏もも肉のジューシーラインを見分けるワザ

肉を入れてから、火をつける

フライパンに油を入れ、鶏肉の皮目を下にして入れてから火をつける。

ポイント

火は弱火

炎の先がフライパンの底につかない程度が目安。

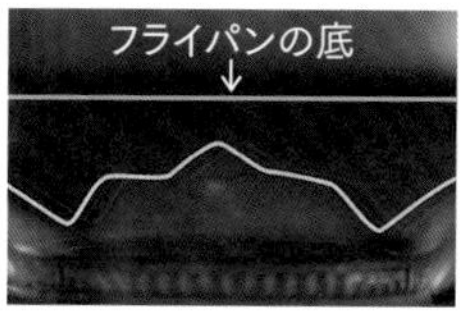

フタをせず肉を観察

約1分後に鶏肉から出てくる細かい泡が静かに出続けるよう弱火を保つ。泡が大きく音を立てる場合は、火を弱める。

ジューシーラインが身の半分まできたらひっくり返す

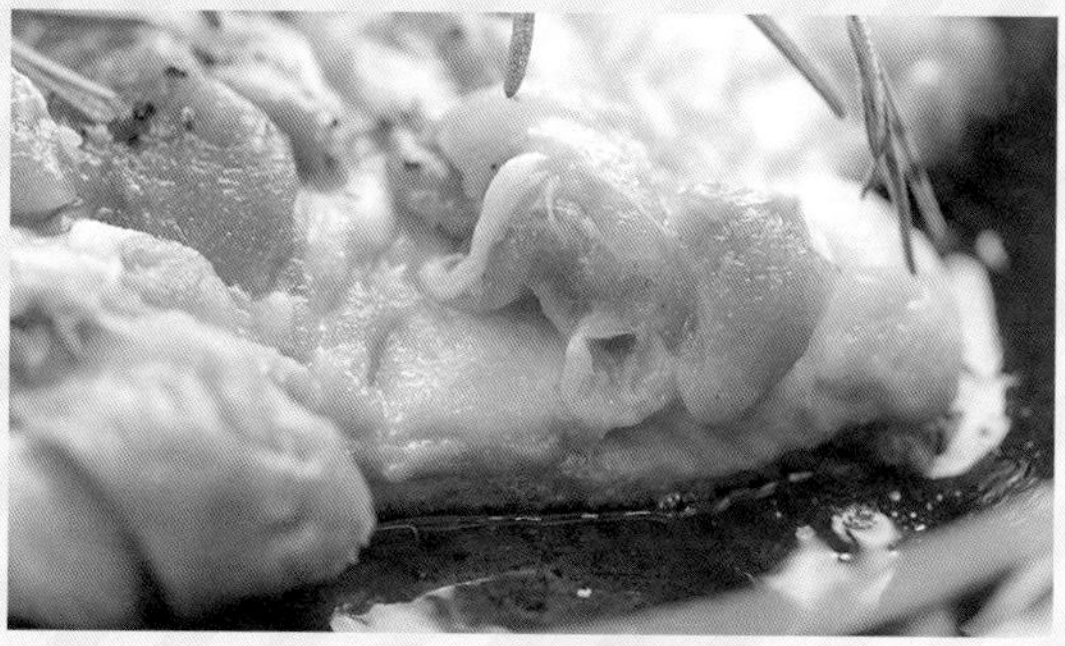

生でピンクの部分と、鶏肉に火が通った白い部分との境目のラインが、身の半分くらいまで上がってきたら、皮目の焼き色をチェックして、ひっくり返す。

ポイント

皮もチェック！

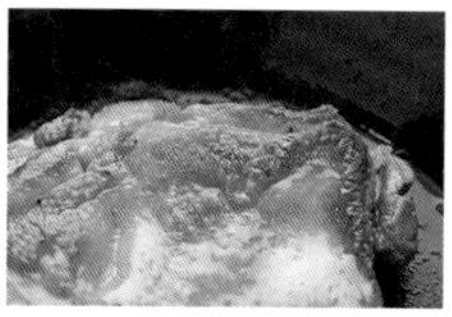

皮全体が香ばしい色になっていたらOK！

注意 ジューシーラインを見る際にフライパンをのぞきこまないこと。しっかりチェックしたい場合は、肉をフライパンから持ち上げて側面を見てください。

番組紹介レシピ

＼ガッテン流／

鶏もも肉のソテー

■ 材料と作り方（2人分）

1 鶏もも肉1枚は肉の厚さが均等になるように筋切りをし、塩、こしょうをふる。
2 上の手順でフライパンに適量のオリーブ油、皮目を下にした肉を入れる。にんにく½かけとローズマリー2枚を加えてから点火し、じっくりと焼く。
3 上下のジューシーラインが合体したらでき上がり。好みのつけ合わせとともに器に盛る。

番組紹介レシピ

＼ガッテン流／

鶏もも肉の直火焼き

■ 材料（2人分）

鶏もも肉……………………………………1枚
塩・ゆずこしょう…………………………各適量

■ 作り方

1 鶏肉は筋切りをして、塩をふる。
2 ガスコンロに網をのせ、強火にかける。1分間、網を動かしながら、網全体を熱する。
3 中火にして、鶏肉をのせる。何度もひっくり返し、1分半かけて皮を重点的に両面を焼く。
4 肉を取り出して、まな板の上に皮を下にしておき、1cm厚さに切り分ける。
5 予熱していないフライパンに4を並べ、中火にかけ、上下を返しながら3分半焼いたらでき上がり。器に盛り、ゆずこしょうを添える。

1人分の栄養価データ
エネルギー：286kcal
脂質：19.9g　塩分：1.5g

注意　炎が大きく上がるので、衣服への着火に気をつけてください。ガスコンロが汚れるので、掃除は早めにすることをおすすめします。

鶏もも肉のスパイス煮

1人分の栄養価データ
エネルギー：310kcal
脂質：17.3g　塩分：1.1g

■ 材料（2人分）

鶏もも肉……………………1枚
ミニトマト（半分に切る）
……………………………………5個
にんじん（半月切り）‥¼本
かぼちゃ（5mm幅の薄切り）
……………………………………60g
玉ねぎ（薄切り）………½個
しょうゆ…………小さじ2
A
- ローリエ…………1枚
- クローブ…………2個
- ガラムマサラ※
………………小さじ2
- カレー粉……小さじ1

パセリ……少々

※ガラムマサラがない場合は、カレー粉を少し増やす。

■ 作り方

1 鶏肉は皮目を下にしてフライパンにのせ、弱火で10分焼く。皮目全体に焼き色がついたら取り出し、半分に切る。
2 1のフライパンに鶏肉を戻し入れ、ミニトマト、にんじん、かぼちゃ、玉ねぎとA、水1カップ（分量外）を入れて中火で20分煮込む。
3 鶏肉に火が通ったら、しょうゆを加え、とろみがつくまでさらに煮込む。器に盛りつけ、刻んだパセリを振る。

鶏もも肉のおすすめレシピ

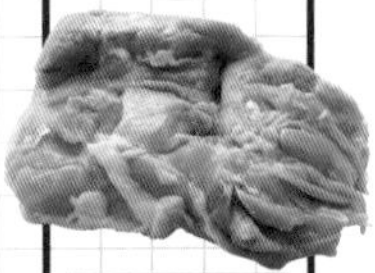

「焼く」というシンプルな調理法だからこそ、ガッテン流の方法は鶏もも肉のジューシーなおいしさが引き立ちます！

鶏むね肉

加熱前のひと手間でジューシーでやわらかな仕上がりに！

パサパサが下ごしらえで、しっとり食感に！

ほかの肉類と比べて低カロリーで、お手ごろ価格の鶏むね肉。良質なたんぱく質や、抗疲労物質の「イミダゾールジペプチド」などの栄養素に加え、うまみ成分のイノシン酸をたっぷりと含む優秀食材でもあります。

ところが、同じ鶏肉でも、ジューシーでプリプリ食感のもも肉に対して、むね肉はパサパサとした食感で、味気ないイメージも。ですが、うまみ成分「イノシン酸」をより多く含んでいるのは、むね肉の方なのです。

この違いは、脂が少なく、水分を失いやすいというむね肉の性質にありました。番組では、むね肉ともも肉を同時に加熱し、出てきた肉汁の量を比べました。すると、ほぼ同量の肉汁が出てきたのですが、もも肉は水分以外に脂も含まれていたのに対して、むね肉はほとんどが水分。

じつは、うまみ成分は水分に含まれているため、むね肉は加熱によりどんどんうまみ成分を逃がしていたのです。さらに、もも肉と比べ、筋肉の膜が薄いため、保水力が弱く、より水分を逃しやすいと考えられます。

ここで番組は「水分が逃げやすいなら、吸収しやすくもあるはず」と逆転の発想。加熱前にフォークなどで肉全体に穴をあけ、塩と砂糖を混ぜた水をもみ込んだところ、肉が水分をたっぷりと吸い込みました。さらに、塩と砂糖の作用で水分の流出を防ぐため、加熱調理をしても、ジューシーでやわらかな食感に。

また、おいしさは食感とも大きく関係。むね肉の弱点でもある線維のモソモソ食感は、加熱前に包丁を使って徹底的に断ち切ることで解消できます。

この2つのワザで、安価な鶏むね肉が絶品に変わります！

皮の部分が肉厚で、毛穴がしっかりとしているもの。
身の部分が淡いピンクがかった肌色で、皮の部分は少し黄色いもの。
光沢があり、ツヤがあるもの。

「あの鶏むね肉が絶品に変わるウルトラ技発見」(2012年6月13日放送)より

ここがガッテンワザ！

鶏むね肉をジューシーにする下ごしらえ

〈そのまま調理するとき〉

水分を事前に染み込ませる

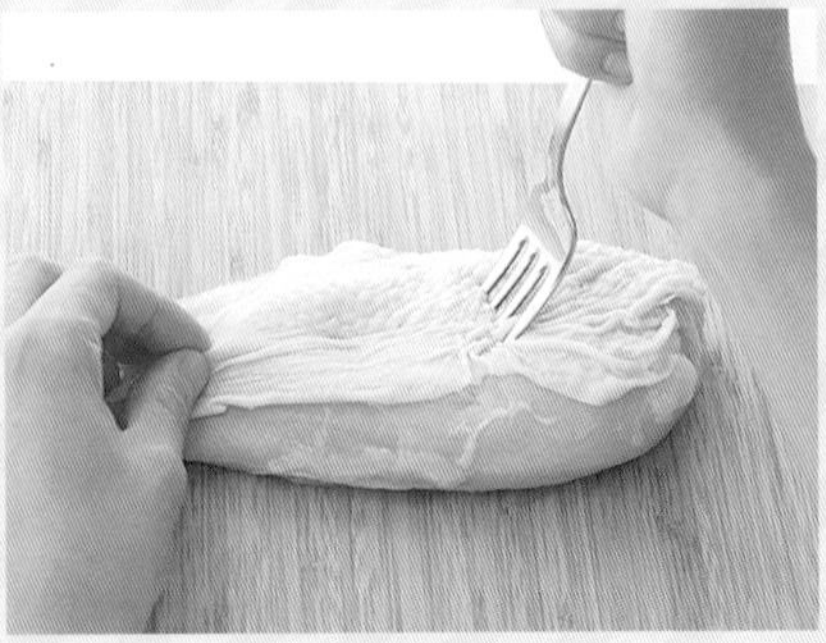

肉の厚い部分は包丁でそぐようにして厚みを均等にし、フォークで肉全体をまんべんなく刺して穴をあけておく。

↓

ポリ袋などに肉の重さの10％の水と、肉の重さの１％の砂糖と塩をそれぞれ加えて溶かす。鶏むね肉を入れて袋の口を軽くしばり、肉になじませるように１分ほどもみ込む。

番組紹介レシピ

鶏むね肉のソテー

■ 作り方

1 下ごしらえをした鶏むね肉小１枚の水けをふいて、お好みで塩、こしょうをしておく。

2 熱したフライパンにサラダ油適量を入れてなじませ、1を入れて両面を香ばしく焼く。肉が厚い場合は、ふたをして弱めの中火で焼き、中まで火を通す。お好みでエリンギのソテーやクレソンを添えて。

〈切って調理するとき〉

肉の表面を格子状にたたく

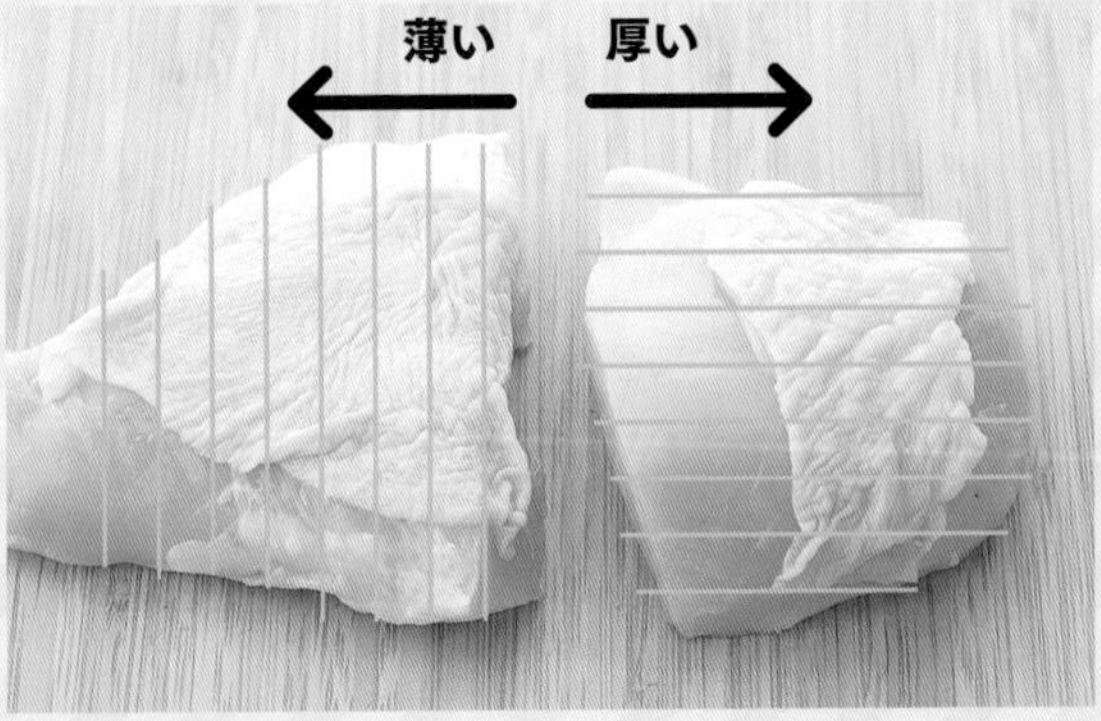

鶏むね肉の厚いほうを右にして置き、線維の向きが変わる境目で、２つに切り分ける。線維を断ち切るように、線維に対して直角に切る。肉の厚いほうは横に、肉の薄いほうは縦に、いずれも１cm幅に切る。

→

1cm幅に切ったら、包丁の峰で１切れずつ両面を格子状にしっかりたたく。その後、手で軽く形を整える。このひと手間で肉汁が外に流れ出すため、逃げたうまみをほかの食材が吸い込むような、炒めものや蒸しもの向き。

鶏むね肉のおすすめレシピ

やわらか＆ジューシーな鶏むね肉は、蒸してもソテーにしても絶品！　安価な鶏むね肉で極うまレシピを実現できます。

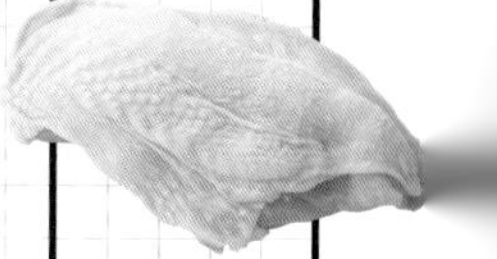

番組紹介レシピ　鶏むね肉とキャベツの蒸しもの

■ 材料（4人分）

鶏むね肉（皮なし）…… 1枚（250g）
玉ねぎ（薄切り）…………………… 160g
にんじん（斜め薄切り）…………80g
セロリ（斜め薄切り）……………80g
キャベツ（大きめにちぎる）
……………………………………………100g
水……………………………………大さじ4

A
- 塩…………………………………………7g
- 砂糖………………………………………4g
- こしょう ………………………………少々

B
- イタリアンパセリ・
- オリーブ油・粒マスタード
- ………………………………各適量

1人分の栄養価データ
エネルギー：141kcal
脂質：4.7g　塩分：1.9g

■ 作り方

1 鶏肉は線維に直角になるように1㎝幅に切り、両面を包丁の峰で格子状にたたいておく。
2 ボウルに玉ねぎ、にんじん、セロリ、**A**を入れてもみ込み、水分が出てきたら**1**の鶏肉を加えてさらにもみ、冷蔵庫で20分ほどおく。
3 フライパンにキャベツをしいて、**2**をのせる。
4 水を加えてふたをして強火で2分、弱火で6分加熱して火を止める。器に盛り、お好みで混ぜ合わせた**B**をかける。

番組紹介レシピ　鶏むね肉のソテー 枝豆とトマト添え

1人分の栄養価データ
エネルギー：190kcal
脂質：9.0g　塩分：0.7g

■ 材料（4人分）

鶏むね肉（皮なし）……………… 1枚（250g）
枝豆（ゆでてさやから出す）……………80g
トマト（1cm角に切る）…………………100g
乾燥パン粉（手で細かくつぶす）…………適量

A
- バジル（細かくちぎる）…………………2枚分
- オリーブ油 …………………………………適量
- 塩…………………………………………………少々

塩・こしょう ……………………………………各少々
サラダ油……………………………………大さじ1～2

■ 作り方

1 鶏肉は線維に直角になるように1㎝幅に切り、パン粉をつけたあと両面を包丁の峰で格子状にたたいておく。
2 ボウルに枝豆、トマト、**A**を入れて合わせる。
3 フライパンにサラダ油を熱し、**1**の鶏肉の両面を強火でこんがりと焼く。
4 **3**をキッチンペーパーの上に置いて余分な油を除き、塩、こしょうをふったら器に盛りつけ、**2**をのせる。お好みでオリーブ油（分量外）をたらす。

レシピ協力◎濱﨑龍一（P100、P101）

CHAPTER 2

肉類

豚のかたまり肉

スライス肉より"かたまり肉"で豚肉のうまみを存分に引き出す

うまみを引き出すには50〜60℃をゆっくり通す

牛肉と比べ、お手ごろ価格で使い勝手のいい豚肉。疲労回復効果が期待されるビタミンB1を豊富に含んでいて、味も栄養価も申し分なしの優秀食材です。

そんな豚肉は、店頭では部位ごとにスライスされて売られているので炒めものや煮もの、汁ものなど、幅広く使えます。番組はよりおいしく食べるためのコツを、豚肉料理の達人にうかがいました。すると、「スライス済みの豚肉ではなく、かたまり肉を蒸してからスライスする」ことが、豚肉のおいしさを生かす方法だというのです。

その理由は、加熱する際の温度帯。豚肉には、うまみのもと「ペプチド」を作り出す酵素が含まれています。この酵素は、50〜60℃の温度帯で活発に働き、それ以上の温度になると、効力を失います。そのため、いかにこの温度帯をゆっくりと通過するかが、豚肉のおいしさを引き出すポイントなのです。

スライス肉は熱が伝わりやすく、50〜60℃の温度帯を通過する時間は30秒程度。これではおいしさを引き出せません。

かたまり肉を蒸すと、肉内部の温度がゆっくりと上がるので、50〜60℃の温度帯を通過する時間が長くなり、ペプチドが増えやすくなります。スライス肉とかたまり肉の蒸し豚を使った炒めものの、ペプチドの量を比較すると、かたまり肉のほうが、約30％も多く含まれていました。

このワザはバラ肉やもも肉、ヒレ肉など、どの部位の豚肉にも応用できます。蒸し豚を作り置きしておけば、炒めものやスープ、サラダなど、いろいろな料理に使えて便利。また、冷蔵保存すれば、4〜5日は日持ちするので、おためしください。

みずみずしく、きれいなピンク色をしているもの。
赤身と脂身の境目がはっきりとしていて、脂身は色が白く、ツヤがあるもの。

注意　寄生虫がいなくても、食中毒対策などのため、必ず加熱は必要です。とくに、表面はしっかり加熱するようにしてください。

「別次元の味！ 豚肉革命」(2006年1月11日放送)より

ここがガッテンワザ！

「蒸し豚」のスライスでおいしさアップ！

かたまり肉を蒸す

豚かたまり肉（どの部位でも可）300ｇを2つ用意し、酒大さじ2、塩ひとつまみをもみ込む。耐熱容器に、大根200ｇとにんじん100ｇを棒状に切ったものを並べて肉をのせ、水をはった蒸し器に入れる。沸騰後、中火で30分ほど蒸す。

30分後

野菜と一緒に蒸すことで、肉の臭みが抑えられるほか、スープや野菜としても楽しめる。

冷ましてから薄切りにする

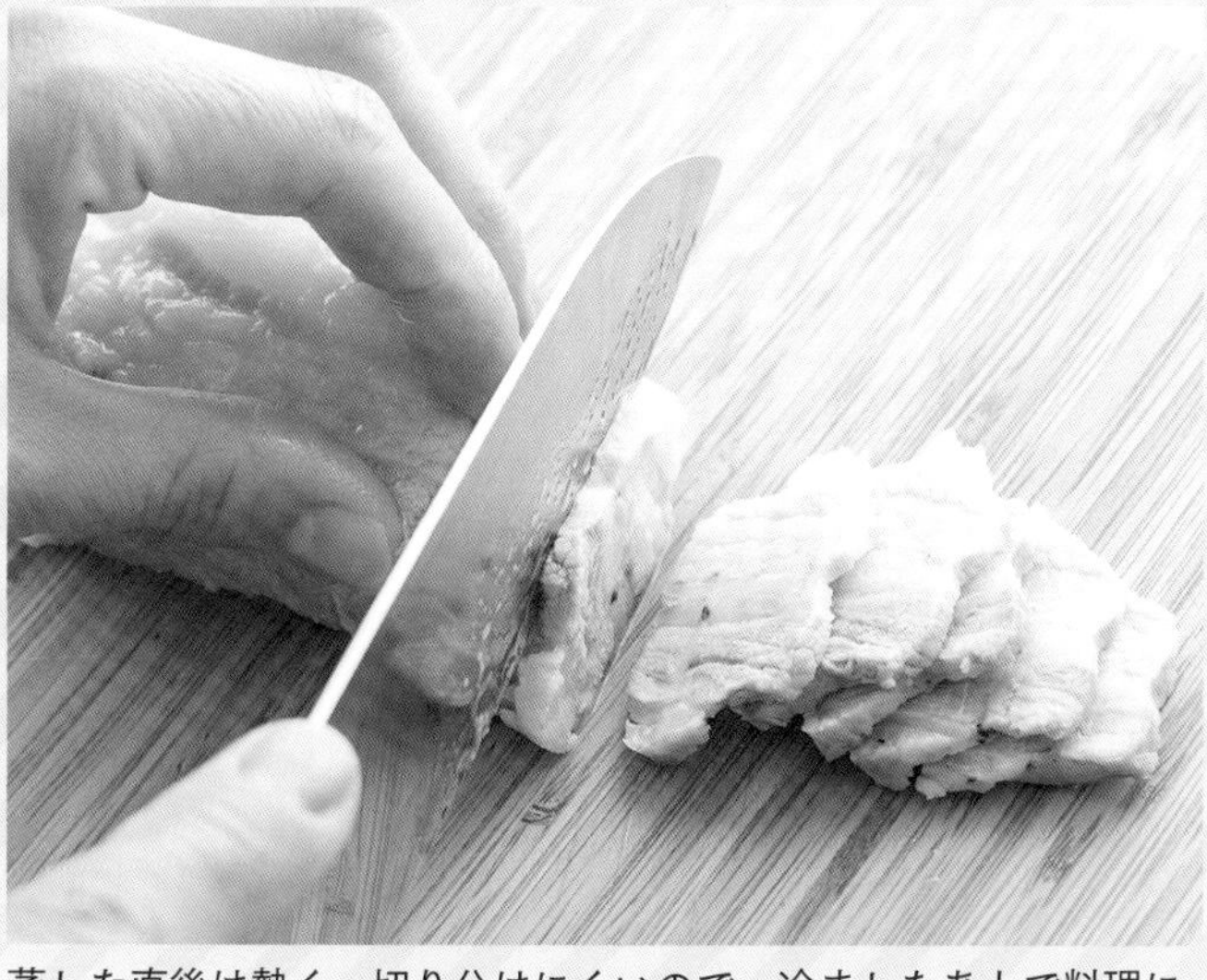

蒸した直後は熱く、切り分けにくいので、冷ましたあとで料理に合わせた厚みに切り分ける。

ポイント

蒸し器がないときは？

適当な大きさの蒸し器がない場合は、下の写真のように中華鍋とバットを使ってもOK。中華鍋に水を入れて沸騰させ、豚肉や野菜を並べたバットをのせ、ふたをして中火で蒸す。蒸した野菜は、そのまま食べても、豚肉と一緒にスープにしてもおいしくいただける。

豚のかたまり肉のおすすめレシピ

豚肉料理の常識をくつがえす絶品レシピをご紹介！
肉汁やふんわりとした食感を、ご堪能《たんのう》ください。

番組紹介レシピ 蒸し豚のサラダ 四川ソース

■ 材料（4人分）

「蒸し豚」（前ページ参照）……………… 200g
A ┌ はちみつ・しょうゆ………… 各大さじ3
　 │ ラー油………………………………… 大さじ1
　 └ おろしにんにく …………………… 小さじ1
お好みの生野菜
（レタス、水菜、ラディッシュなど）
………………………………………… 合わせて200g

■ 作り方

1 「蒸し豚」は2㎜厚さに切って、皿に並べる。
2 お好みの生野菜を食べやすく切り、真ん中に盛る。
3 ボウルにAを入れてよく混ぜ合わせ、1に回しかける。

1人分の栄養価データ
エネルギー：268kcal
脂質：15.5g　塩分：2.2g

番組紹介レシピ 黒酢スブタ風

1人分の栄養価データ
エネルギー：356kcal
脂質：22.0g　塩分：1.8g

■ 材料（4人分）

「蒸し豚」（前ページ参照）……………… 300g
長いも・ブロッコリー……………… 各100g
赤ピーマン………………………………… 1個
A ┌ 砂糖・しょうゆ・酒………… 各大さじ2
　 │ 黒酢………………………………… 大さじ4
　 │ おろししょうが・おろしにんにく
　 │ ………………………………… 各小さじ2
　 │ 長ねぎのみじん切り………………… 適量
　 └ こしょう …………………………… 少々
サラダ油………………………………… 大さじ1

■ 作り方

1 「蒸し豚」は5㎜厚さに切る。長いも、ブロッコリー、赤ピーマンは食べやすく切り、電子レンジ（600W）で5～6分程度加熱する。ボウルにAを入れ、混ぜ合わせる。
2 フライパンにサラダ油を熱し、1の豚肉を片面10秒ずつ焼く。
3 2に1の合わせ調味料を回し入れてよく混ぜ、1の野菜を加えて炒める。
4 水溶き片栗粉（分量外：水大さじ5、片栗粉小さじ2）でとろみをつけ、全体によくからめたら火を止める。

ラム肉

下処理ひとつで、食わず嫌いも納得の一品に！

苦手なにおいを最小限に抑えるワザ

仔《こ》羊の肉であるラム肉は、ヘルシーでうまみも強く、フランスでは最高級の食材のひとつとされています。

栄養価にもすぐれ、必須アミノ酸や不飽和脂肪酸、鉄分などが豊富。さらに、脂肪と結合して燃焼をうながす働きがあると考えられる「Lーカルニチン」という成分も含まれています。

羊の肉は、生後3か月までを「ミルクラム」、1年未満を「ラム」、1年を超えると「マトン」と、呼び名が変わります。成長するにつれて、独特なにおいも強くなりますが、ラム肉を敬遠する原因になることも……。

羊の肉が持つにおいは、じつは食べ物に由来しています。エサの草に含まれる葉緑素が体内に入ると、「フィトール」という成分が生まれます。この成分が独特なにおいのもとに。

ところが、同じように食用として育てられている牛や豚などの草食動物は、草以外に配合飼料も与えられているため、ほぼにおいはありません。つまりラム肉は、「野性味のある香り」を楽しむための肉なのです。

でも、ラム肉の香りがどうしても苦手という人におすすめの調理法が、脂を焼き切るワザ。ラム肉の香り成分の多くは、脂身に多く含まれています。そのため、脂身に切り目を入れてから加熱すると、香り成分が脂とともに出ていくので、においを抑えることができます。

また、ラム肉はほかの動物の肉と比べ、筋肉をつなぐかたい結合組織が少ないことや、市場に出回る際の年齢が生後3か月からと若いため、肉質がやわらかいのも特徴。この機会に、ラム肉の魅力を味わってみてはいかがでしょうか。

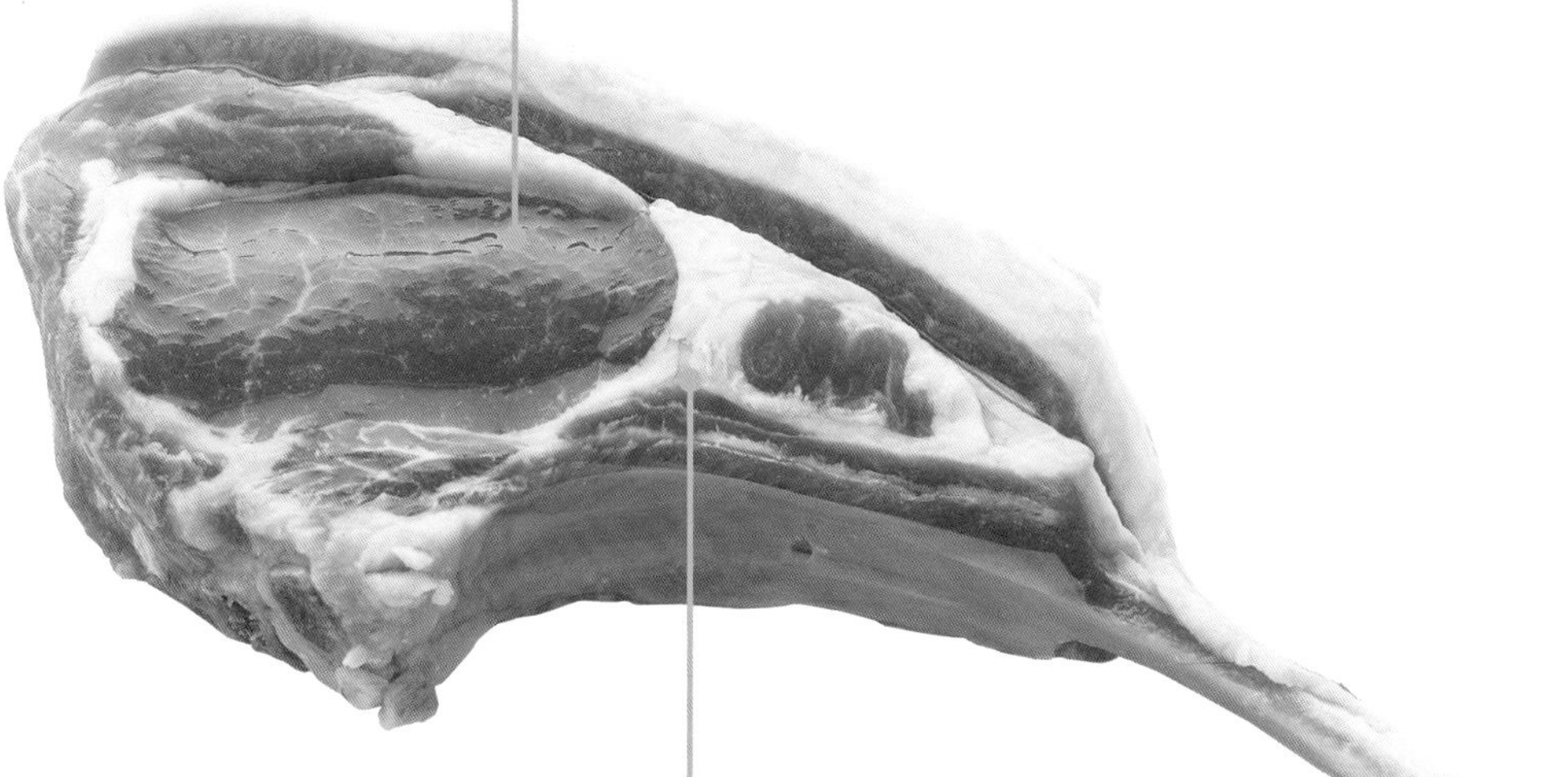
表面にツヤがあり、赤身の色が鮮やかなもの。
脂身が白く、赤身との境がはっきりしているもの。

「超美味！ ラム肉の魅力新発見」(2008年12月17日放送)より

ここがガッテンワザ！

ラムチョップがおいしくなるワザ

脂身に切り目を入れる

加熱時に脂が落ちやすいよう、事前に、脂身に細かく格子状の切り目を入れる。

ポイント

苦手な人はミルクラムから！

ミルクラムは乳離れ前の羊のことで、においがほとんどない。羊の肉は、草を食べた期間が長くなるほど、においや味が強くなっていく。

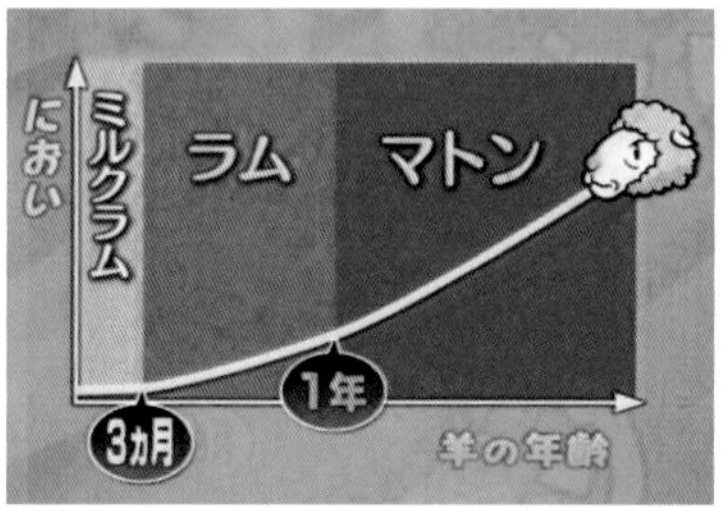

脂身からじっくりと焼く

ポイント

出てきた脂は捨てる

脂身から出てきた脂は、香り成分を含んでいるため、一度捨て、新しい油をひく。その後、肉の表面を焼く。

脂身を下にした状態で、きつね色になり、脂が出てくるまで、3～5分ほど加熱する。

ラム肉のおすすめレシピ

ラム肉が好きな人も、苦手な人もおいしく味わえる、贅沢《ぜいたく》レシピをご紹介します！

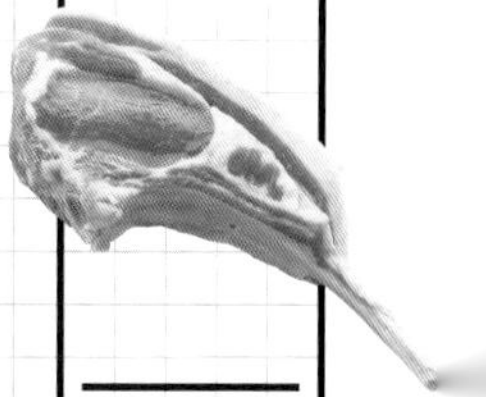

番組紹介レシピ ラムチョップのソテー

1人分の栄養価データ
エネルギー：394kcal
脂質：35.2g　塩分：1.9g

■ 材料（2人分）

ラムチョップ……………………4本
塩・こしょう・オリーブ油・
バジルソース（市販品）……………各適量
添え野菜（ミニトマトとベビーリーフをオリーブ油とレモン汁と塩であえたもの）
……………………………………適量

■ 作り方

1 右ページの手順で脂身に切り目を入れたラムチョップに、塩、こしょうをまぶす。フライパンをしっかりと熱し、オリーブ油を少量なじませ、ラムチョップをじっくり焼いてから取り出す。フライパンにたまった脂は捨てる。
2 新たにオリーブ油を入れ、肉の両面を２～３分かけ、こんがりと焼く。
3 焼けた肉の脂をキッチンペーパーでふき取る。添え野菜とともに器に盛りつけ、仕上げにバジルソースをかける。

番組紹介レシピ ラム肉のトマト煮込み

1人分の栄養価データ
エネルギー：392kcal
脂質：27.7g　塩分：1.8g

■ 材料（4人分）

ラム肩肉……………………500ｇ
玉ねぎのみじん切り……………1個分
にんじんのみじん切り…………½本分
にんにくのみじん切り…………１かけ分
トマトホール缶（ざるでこす）…………300mℓ
A［カレー粉・パプリカ粉………各小さじ１
B［タイム・ローリエ……………各適量
　 塩…………………………小さじ½
水……………………………100mℓ
オリーブ油……………………適量

■ 作り方

1 ラム肉は脂身に格子状の切り目を入れたら、３～４cm角に切り、塩、こしょう各少々（分量外）をふっておく。
2 鍋にオリーブ油とにんにくを入れて温める。玉ねぎとにんじんを加えて、弱火でしんなりとするまで炒める。
3 フライパンに**1**を入れ、脂身から焼く。その後、全体に焼き色がつくまで焼いたら、一度ざるにあけて余分な脂をきる。
4 **2**に**3**、**A**を入れて軽く炒める。トマトホール缶、水、**B**を加える。沸騰したらアクを取り、ふたをして弱火で１時間半～２時間ほど煮込む。

レシピ協力◎菊池美升

お得でウマい！

ひき肉 新活用レシピ

さまざまな料理に使えるうえ、火が通りやすいので調理時間も短く、価格も手ごろな“ひき肉”。じつはちょっとした工夫でもっとおいしくなるんです！

ここがガッテンワザ！

＼超ジューシー／

「ひき肉」基本ワザ

砂糖と塩の作用で保水力がアップし、ひき肉料理がふっくらやわらかに！

ひき肉100gとなじませて10分おくだけ！

■ 作り方

①水に砂糖と塩を合わせて混ぜ、溶かしておく。

②①をひき肉にかけてなじませ、10分ほどおく。ひき肉は練らずに、全体に水が触れるようになじませる。

※どんなひき肉にも対応した方法です。

※ひき肉に下味がつくので、調理の際は味付けに気をつけてください。

ひと手間でパサパサ解消 シニアにも食べやすく

使い勝手がよく、ご家庭で大活躍のひき肉。でも、どんな部位の肉で作られているのか、意外とご存じないのでは？

調べてみると、豚のひき肉は、前脚の付け根の「ウデ肉」を多く使用。スジが多くかたいものの、ほかの部位と比べ「グルタミン酸」などのうまみ成分が豊富。牛のひき肉も、うまみ成分が豊富な「スネ肉」などが主原料でした。

つまり、ひき肉はうまみたっぷりでお得な肉だったのです。

そんなひき肉ですが、ほかの形状の肉と比べると、加熱で水分が抜けやすく、かたくてパサパサした食感になりがちです。

そこで、番組ではしっとりジューシーにするためのワザを考案。それは調理前に、砂糖、塩を混ぜた水をひき肉に加えてなじませ、10分おくこと。糖の保水力と、塩の「たんぱく質変成力」によって肉の保水力が保たれ、やわらかくジューシーに。

実験では、ひき肉１００ｇをふつうに炒めると68ｇになるのに対し、ガッテン流で下ごしらえしたひき肉は86ｇと、18ｇ多いという結果に。水分が多いとグルタミン酸をより多く感じるので、おいしさもアップします。

また、ひき肉料理は噛《か》みやすいので、シニアにもおすすめ。歯が弱り、肉を食べなくなると、たんぱく質が不足しやすくなります。ぜひひき肉料理を、元気な体作りに生かしてみては。

豚ひき肉の場合

おもな原料になっているのは「ウデ肉」。100ｇあたりの平均価格は138円と、モモの167円に比べても安め（番組調べ）。

牛ひき肉

ごちそうの一品も、ひき肉で超手ごろに！

牛そぼろの「すき焼き風」

■ 材料（1～2人分）

牛ひき肉……100g
A ┌水……大さじ2
　 │砂糖……小さじ2
　 └しょうゆ……大さじ1½
春菊（ざく切り）……適量
にんじん（ピーラーでそぐ）……適量
ねぎ（白髪ねぎ）……適量
卵黄……1個分

■ 作り方

1 前ページの〈基本ワザ〉の手順でAをひき肉になじませて10分おき、熱したフライパンに薄く広げる。さわらずにそのまま強火で1分加熱し、全体に火が通るようにヘラで30秒ほどほぐし炒める。肉の色が変わったら火を消し、30秒ほど余熱を入れる。

2 野菜、卵黄とともに器に盛り、ほぐした卵黄にからめていただく。

1人分の栄養価データ
エネルギー：410kcal
脂質：28.1g　塩分：4.2g

薄切り肉より食べやすい！

番組紹介レシピ

ひき肉「牛丼」

1人分の栄養価データ
エネルギー：317kcal
脂質：21.2g　塩分：2.9g
※ご飯を除く。

■ 材料（1～2人分）

牛ひき肉……100g
A ┌水……大さじ2
　 │砂糖……小さじ1
　 └しょうゆ……小さじ1½
玉ねぎ（薄切り）……30g
ご飯……適量
紅しょうが……適量

■ 作り方

1 前ページの〈基本ワザ〉の手順でAをひき肉になじませて10分おき、玉ねぎを加えて混ぜる。

2 熱したフライパンに1を薄く広げ、さわらずにそのまま強火で1分加熱し、全体に火が通るようにヘラで30秒ほどほぐし炒める。肉の色が変わったら火を消し、30秒ほど余熱を入れる。

3 器にご飯を盛り、2をのせたら、紅しょうがを添える。

見た目は違えど、味はそっくり！

ひき肉で「しょうが焼き」

豚ひき肉

■ 材料（1～2人分）

豚ひき肉……100g
A 水……大さじ2
A 砂糖……小さじ1
A しょうゆ……小さじ2
しょうが（粗みじん切り）……5g
お好みの付け合わせ（キャベツなど）……適宜

■ 作り方

1 108ページの〈基本ワザ〉の手順でAをひき肉になじませて10分おく。そこにしょうがを加えて混ぜあわせる。
2 熱したフライパンに1を薄く広げ、さわらずにそのまま強火で1分加熱し、全体に火が通るようにヘラで30秒ほどほぐし炒める。肉の色が変わったら火を消し、30秒ほど余熱を入れる。付け合わせの野菜とともに器に盛る。

1人分の栄養価データ
エネルギー：279kcal
脂質：17.3g　塩分：1.8g

シンプルな味付けで、肉感しっかり

番組紹介レシピ　コクうまミートソース

1人分の栄養価データ
エネルギー：209kcal
脂質：14.8g　塩分：1.3g
※スパゲッティを除く。

■ 材料（1～2人分）

豚ひき肉……100g
A 水……大さじ2
A 砂糖……1g
A 塩……1g
玉ねぎ（みじん切り）……100g
トマト缶……150g
スパゲッティ……適量
塩……小さじ¼
オリーブ油……大さじ1

■ 作り方

1 108ページの〈基本ワザ〉の手順でAをひき肉になじませて10分おく。
2 フライパンにオリーブ油を熱し、強火で玉ねぎを4分炒め、1を加える。ひき肉の色が変わったら、トマト缶を加えて中弱火で7分ほど煮込む。
3 塩を加えて味を調え、ゆでたスパゲッティと合わせる。

ぶり

照り焼きは小麦粉をはたいて短時間加熱！

ぶりの脂肪は、5分以上の加熱で一気に流出

成長によって名前を変える出世魚のぶりは、縁起物の魚として親しまれています。

成長段階のぶりは、食べたエサを脂肪として体内に蓄えます。さらに、この脂肪をエネルギーに変えることで、日本中を回遊できるようになります。

エサの豊富な北海道周辺の海で栄養を蓄えると、冬、産卵のために南下を始めます。このときのぶりは、まさに「霜降り」状態に。これが寒ぶりがおいしいといわれるゆえんです。

しかしこの脂分は、加熱時間が5分以上になると流出量が一気に増加。これは、脂をつなぎとめるコラーゲンが比較的低温で溶けることと、筋肉が収縮し脂肪を押し出すためと考えられます。さらに、加熱しすぎると、たんぱく質が変性してかたくなってもしまいます。

身がしまっている天然のぶりはなおのこと、加熱するほどかたく、パサパサ感が増します。

これを防ぐには、加熱時間を短くする必要があります。けれども、それではぶりは生焼け状態になる可能性が。しかし、強火ではたれが焦げてしまいます。たれを最後にかけても、流出した脂がたれをはじいて味がしみ込みません。

これを解決してくれるのが、小麦粉。全体にまぶすことで、加熱時に脂やうまみ成分が流出するのを防ぎ、たれもしっかりと吸収できます。小麦粉をつけた場合とつけない場合で、脂分の変化を調べると、小麦粉なしは52％しか残らなかったのに対し、小麦粉をつけると80％も脂分を残すことができました。

短い加熱も余熱で補うことで、やわらかくてジューシーな照り焼きに仕上がります。

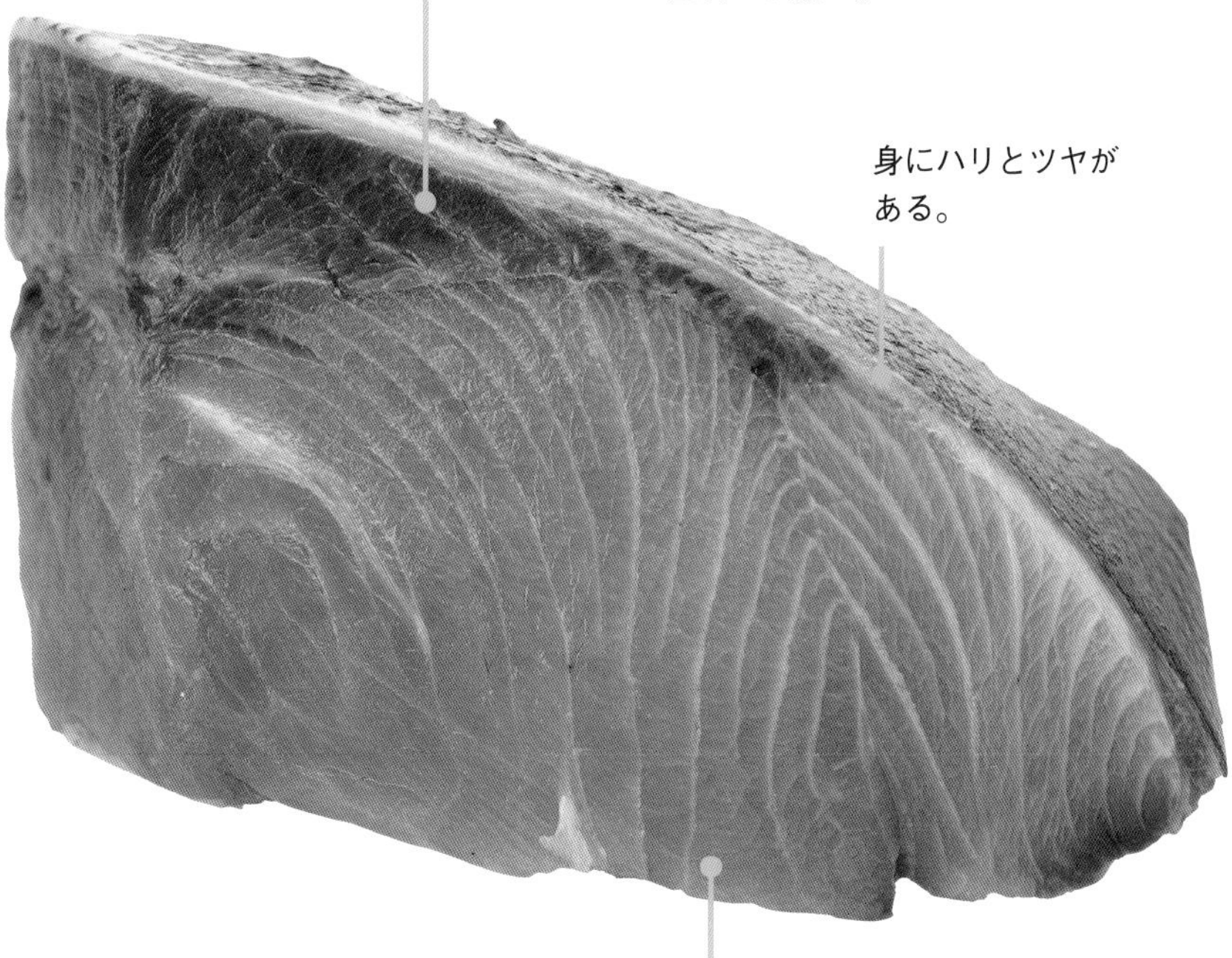
血合いが濃い。
パックに入っている場合は、ドリップのないもの。

「ブリ！ 驚異のおいしさＵＰ術」(2006年12月13日放送)より

ここがガッテンワザ！

ぶりの照り焼きをジューシーに仕上げる小麦粉ワザ

小麦粉をはたく

茶こしに小麦粉を入れて、ふるいながらつけると、ぶり全体にまんべんなくつく。

→

強火→中火で火を通す

火加減は、最初は強火で焼き、ひっくり返したら中火にしてふたをする。これによって短時間で焦がすことなく、中まで火を通すことができる。

ポイント

たれは弱火でからめる

たれを回しかけるときは、弱火で。ぶりはひっくり返さず、スプーンなどでたれをすくってからめる。

番組紹介レシピ

ガッテン流 ぶりの照り焼き

1人分の栄養価データ	
エネルギー：263kcal	
脂質：14.2g	塩分：2.7g

■ 材料（2人分）

ぶり（天然）………2切れ（1切れ80～100g）
小麦粉………………………………………適量
〈たれ〉
しょうゆ…………………大さじ2（お好みで）
みりん……………………大さじ2（お好みで）
酒…………………………大さじ2（お好みで）

■ 作り方

1 ぶりは両面に小麦粉をはたく。
2 フライパンを強火で1分予熱し、ぶりを入れて1分加熱。
3 ひっくり返したらふたをして、中火で1分30秒加熱する。
4 弱火にしてたれを回しかけ、30秒からめる。器に盛って、3分おいて余熱を入れる。

ぶりのおすすめレシピ

脂がたっぷりの養殖ぶり。そのこってり感を上手に生かした料理をご紹介します！

番組紹介レシピ ぶりの刺身 ポン酢大根おろし

1人分の栄養価データ
エネルギー：122kcal
脂質：6.7g　塩分：1.2g

■ 材料（4人分）

ぶりの刺身（養殖）……12切れ
大根おろし……1カップ
赤唐辛子（小口切り）……1本分
ゆず（せん切り）……5㎝角分
クレソン……適量

たれ
- ポン酢……¼カップ
- みりん……小さじ2
- ごま油・しょうが汁……各小さじ¼

■ 作り方

1 大根おろしに、赤唐辛子とゆずを混ぜ合わせる。
2 たれを合わせておく。
3 器にぶりを並べた上に**1**を盛って**2**を回しかけ、クレソンを添える。

番組紹介レシピ ぶりのさわに椀

1人分の栄養価データ
エネルギー：118kcal
脂質：7.1g　塩分：0.8g

■ 材料（2人分）

ぶりの切り身（養殖）……1切れ
昆布だし……1カップ
水菜（4㎝長さに切る）……60g
にんじん（せん切り）……10g
生しいたけ（薄切り）……2枚
塩・こしょう……各適量

■ 作り方

1 ぶりは、重さの5％の塩をふって30分おいたら、塩水でさっと洗う。皮に細かな隠し包丁を入れ、2つに切って皮目から焼く。
2 鍋で昆布だしを温め、焼いたぶりを30秒ほど煮て、ぶりを取り出す。
3 水菜とにんじん、しいたけを加え、沸騰したら塩少々で味を調える。
4 お椀にぶりと**3**をよそって、好みでこしょう少々をふる。

レシピ協力◎舘野雄二朗（P112、P113）

たら

「2%の塩」と「4分加熱」で外はプリッ、中はふわっと食感に

塩をなじませることで たらの欠点が長所に！

魚に雪と書いて、鱈《たら》。寒くなればなるほどおいしくなる、冬が旬の魚です。

たらは、水深550m、水温2~3℃の深海に生息します。深海の水圧から身を守るために、たらには「トリメチルアミンオキシド」という成分が多く含まれているのですが、じつはこれがニオイのもと。寒い深海に住むたらにとっては、冷蔵庫の中でも温かいため、この成分が分解されてニオイが出ます。

また、このたら、「たらふく食べる」の語源になっているほどの大食漢。にもかかわらず、ほとんど動かないので、脂肪を蓄える必要がなく、身は水分ばかり。そのため、低脂肪ではあるものの、加熱しすぎると体内から水分が抜けてボソボソに。

でも、この2つの欠点を一度に解決できる方法がありました。それは「塩」をなじませること。

たらに塩をふるのは一般的によくやっていることのようですが、ふるだけでなく、きちんと全体に「まぶしてなじませる」ことがポイントです。身の2%の塩なら、塩辛さを感じることもありません。

塩の作用で切り身から出てくる水分には、ニオイ物質も含まれているため、臭みが抑えられます。また、塩をなじませることで、表面のたんぱく質が溶けてなめらかになり、加熱するとプリプリの食感になるのです。

さらに加熱時間もポイント。身の中まできちんと火が通り、なおかつふわっとした食感のもとになるコラーゲンを閉じ込めておけるのは4分間。それ以上加熱すると、コラーゲンが流出してしまいます。

「2%の塩」と「4分加熱」が新次元のおいしさの秘訣《ひけつ》です。

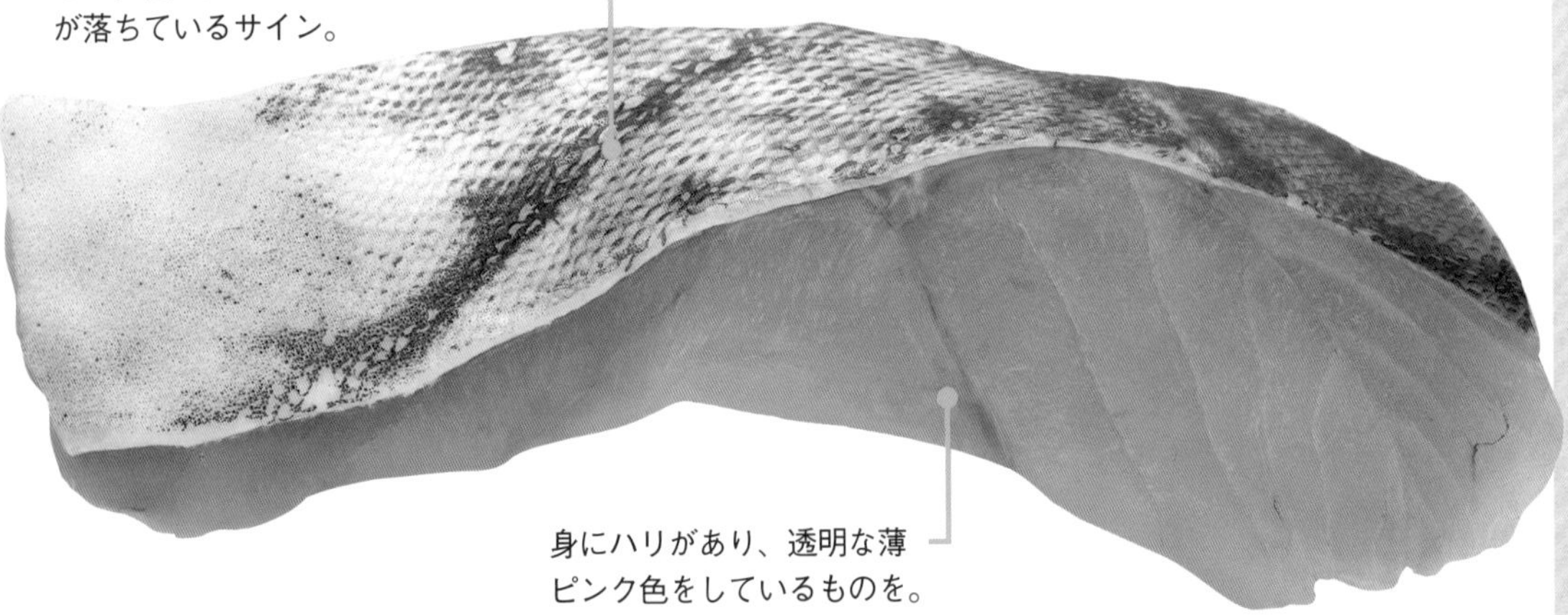
切り身は皮が濃い色をしているもの。皮が白っぽいものは鮮度が落ちているサイン。

ここがガッテンワザ！

プリッふわ！たらの新次元の下ごしらえワザ

身の重さに対し 2％の塩をなじませる

100gの切り身で塩は2gほど。料理に使う大きさに切って、塩をなじませ、網を敷いたバットにのせたら、温度の低い氷温室やチルド室で15〜20分おく。ニオイ物質を含んだ水分が出てくるので、必ず網を敷く。

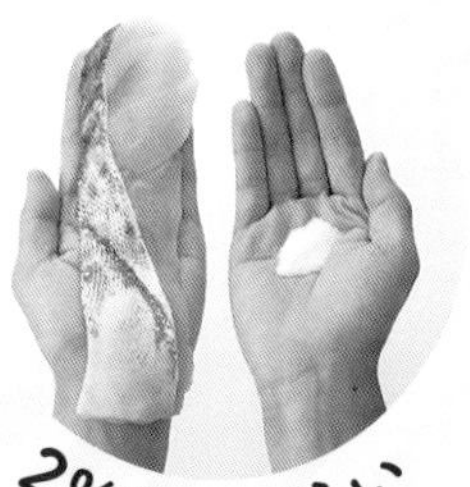

2％はこのくらい

4分間ゆでたら すぐに引き上げ！

熱湯でないと、ふわっとした身にならないため、お湯をしっかりと沸騰させてから入れること。たらちりのときも、沸騰した鍋に入れること。たらちりのだし用昆布は沸騰前に取り出す。

※4分間は厚さ2.5cmの切り身のときの目安時間です。

＼完成／

ポイント

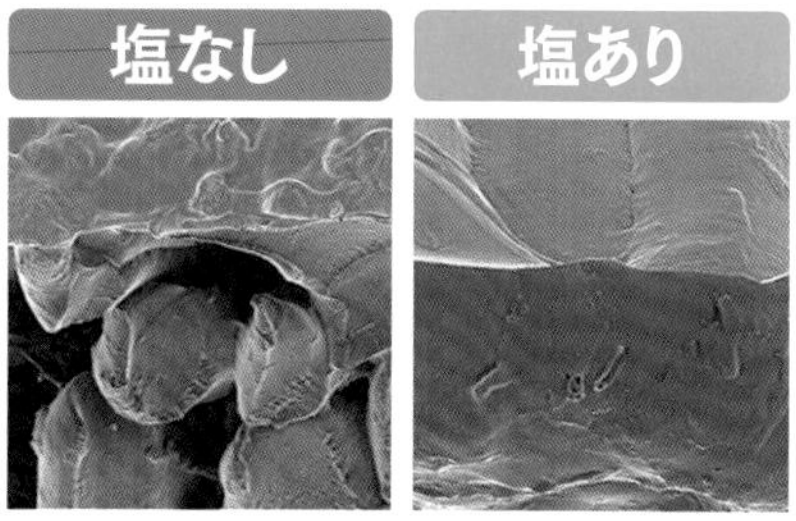

映像提供◎北里大学医学部バイオイメージング研究センター　根本典子さん

塩の効果で 表面がプリプリに！

顕微鏡で塩あり、塩なしでそれぞれ加熱した切り身を比較。塩なしの切り身に映っている繊維は、食感がボソボソしている証拠。塩ありの切り身は膜で覆われていてなめらかでプリプリ。

たらのおすすめレシピ

臭みが抜けてプリッとなると、和洋中、どんな味つけにもなじむ万能食材になります！

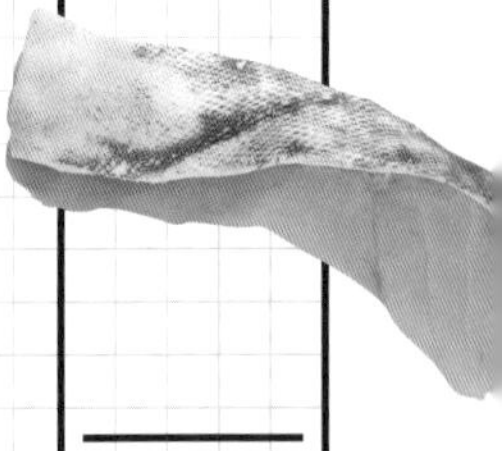

番組紹介レシピ　たらと三つ葉のたらこあえ

1人分の栄養価データ	
エネルギー：47kcal	
脂質：0.5g	塩分：1.1g

■ 材料（4人分）

たら（皮なし）……150g
塩……3g
三つ葉……2束（約100g）
たらこ……½腹
昆布……10㎝
しょうゆ……少々

■ 作り方

1 たらは2.5㎝幅に切り、2％相当（3g）の塩をなじませ、15分おく。
2 三つ葉はさっとゆでて、2㎝の長さに切る。たらこは焼いてほぐす。
3 鍋に昆布と適量の水を入れて火にかけ、沸騰直前に昆布を取り出し、**1**のたらを4分ほどゆでて取り出す。昆布は2㎝長さの細切りにする。
4 ボウルに**2**と**3**を合わせ、しょうゆで味を調える。

番組紹介レシピ　たらのチリソース炒め

1人分の栄養価データ	
エネルギー：183kcal	
脂質：6.0g	塩分：2.6g

■ 材料（4人分）

たら（皮つき）……300g
塩……6g
A［卵白……½個分
　片栗粉……大さじ2
玉ねぎ……½個
ピーマン（赤・緑）……各1個
B［にんにく……½かけ
　しょうが……5g
　赤唐辛子……2本
C［ケチャップ……60㎖
　酒・砂糖……各大さじ1
　しょうゆ……大さじ½
　鶏ガラスープ……1カップ
水溶き片栗粉……（水・片栗粉各大さじ1）
油……適量

■ 作り方

1 たらは3㎝幅に切り、塩をなじませ15分おく。
2 玉ねぎとピーマンは乱切り、**B**はみじん切りに。
3 ボウルに**1**のたらと**A**を入れてよく混ぜ、170℃の油で揚げる。
4 フライパンで油を温め、**B**を炒める。香りが出たら野菜と**C**を加える。
5 **4**のソースが沸騰したら**3**のたらを加え、水溶き片栗粉でとろみをつける。

かれい

コラーゲンを生かすなら「煮つけ」ず短時間加熱！

コラーゲン豊富でヘルシーなかれい

かれいは、たんぱく質が豊富で脂肪分が少ない、ヘルシーな白身魚。種類や地域によってさまざまですが、まこがれいやいしがれいなどは夏が旬といわれています。淡泊な味わいで、消化吸収もいいので、小さな子どもからお年寄りまで幅広く親しまれている食材です。

海底で生活するかれいは、進化の過程で、多くの魚が持っている器官、「浮き袋」を退化させました。代わりに全身の筋肉を使って泳ぐようになったかれいの身は、じつはうなぎに近いのです。かれいもうなぎも、全身の筋肉を使い身をくねらせて泳ぐため、筋肉のつながりを強化するコラーゲンが豊富。

そのため、かれいのコラーゲン比率は、かつおの倍以上、ひらめと比べても3割ほど高く、全身の筋肉に細かく入り込んでいるのです。

豊富なコラーゲンは、刺身など生の状態で食べる場合は、歯ごたえにつながります。しかし煮つけなどで長時間煮込むと、コラーゲンはどんどん流出し、身がかたくなる原因に。実験によれば、加熱後5分でもっとも身がやわらかくなりますが、それ以降はどんどんかたくなってしまいました。加えて、そもそもかれいは、味のしみ込みにくい魚であることがわかりました。むしろ、煮れば煮るほど、コラーゲンが流れ出し、おいしさまで失ってしまいます。

そこで番組が編み出したのが「かれいは煮つけず、煮汁をつけて食べる」という方法。次のページのように、霜降りで表面を固めてコラーゲンの流出を防いでから、短時間加熱で仕上げれば、しっとり、ふわふわの食感のかれいを楽しめます。

身がぷっくりとして、肉厚なもの。
表面にぬめりがあるもの。

［裏側］
裏側がきれいな白い色のもの（黒ずんでいたり黄色っぽいものは鮮度が落ちる）。

「超ヘルシー魚！ カレイ新調理術」（2005年4月20日放送）より

ここがガッテンワザ！

かれいの身がふわふわになる煮つけ方

さっと湯通しして、冷水につけ、「霜降り」をする

80℃ぐらいのお湯にさっとくぐらせて、コラーゲンの流出を抑える。引き上げたら、すぐに冷水につけて、うろこやぬめりを取る。

ポイント

卵は先に出しておく

卵は火が通るまで時間がかかるので、湯通し前に身から取り出して、身と一緒に直接煮汁で煮る。

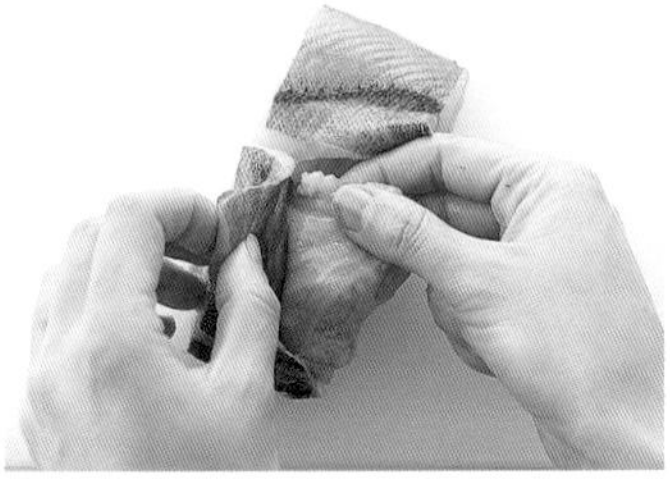

↓

冷たい煮汁から煮る

水1カップに調味料など（酒1カップ、しょうゆ60mℓ、砂糖大さじ1、昆布5cm角）を加えた冷たい煮汁にかれいを入れて、火にかける。強火で7～8分加熱後、火を止めて5分余熱する。

ポイント

落としぶたをして加熱

最初から落としぶたをして加熱し、火を止めたあとも落としぶたをしたままの状態で、余熱で火を通す。きせぶたはしない。

※かれいは4切れ程度までなら、調味料は左記の分量でOK。
※強火で5分たっても沸騰しない場合は、加熱時間を1～2分延ばしてください。

肉と魚

かれいのおすすめレシピ

短時間加熱のガッテン流ならコラーゲンの流出が少ないので、煮つけも蒸し料理も身がしっとり、ふんわり仕上がります。

番組紹介レシピ かれいの野菜煮つけ

1人分の栄養価データ
エネルギー：194kcal
脂質：6.4g　塩分：3.8g

■ 材料（2人分）

かれいの切り身		2切れ
A	水・酒	各1カップ
	しょうゆ	60mℓ
昆布		5㎝角
長ねぎ（斜め切り）		½本
ゆでたけのこ（乱切り）		80g
生しいたけ（半分に切る）		2枚

■ 作り方

1 かれいは、右ページ上段のように霜降りにする。
2 鍋に**A**と昆布、**1**のかれいと残りの具材を入れて落としぶたをし、強火にかける。
3 7～8分加熱したら火を止め、余熱で5分おく。

番組紹介レシピ かれいの姿蒸し

1人分の栄養価データ
エネルギー：155kcal
脂質：6.8g　塩分：5.5g

■ 材料（2人分）

かれい		1枚（300g）
しょうが（薄切り）		1～2枚
A	水	¼カップ
	鶏ガラスープのもと	大さじ1⅔
	しょうゆ	大さじ1
	サラダ油	小さじ1
	砂糖	小さじ¼
塩・こしょう		各少々
長ねぎ（細切り）		25g
香菜《シャンツァイ》		適量

■ 作り方

1 かれいの内臓、うろこ、えらを除き水洗いする。裏の白いおなか側から、背びれの付け根に沿って頭から尾まで3㎝ほどの深さの切り目を入れ、塩、こしょうをふる。
2 皿にかれいとしょうがをのせたら、蒸し器に入れ、3分半～4分蒸す（魚100ｇにつき1分10秒が目安）。
3 鍋に**A**を入れて温め、取り出した**2**にかける。長ねぎと香菜を添える。

レシピ協力◎野崎洋光（上段）、譚 彦彬（下段）

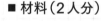

CHAPTER 2

魚介類

あじ

赤身魚でありながら白身の性質も持っていた!

あじのたたきは切り方でさらにおいしくなる!

全国で水揚げされているあじ。調理法も幅広いため、家庭で広く愛されている魚です。

日本沿岸でとれるあじは、５～７月がシーズンといわれています。栄養バランスもよく、ＤＨＡやＥＰＡも豊富です。

一般的に、まぐろなどの赤身魚はもっちりとして濃い味わい。これは、長時間泳ぎ回る回遊魚の赤身が、ヘモグロビンやミオグロビン（筋肉に酸素を運ぶ物質）を多く含むためです。

これに対して、たいなどの白身魚は、プリプリとして淡泊な味わいです。ふだんはあまり動かず、いざというときの瞬発力さえあればいい白身魚には、これらの成分がほとんど含まれていませんでした。

あじは赤身魚ですが、近海に生息し、まぐろほど長時間回遊しません。そのため、身はまぐろほど赤くないピンク色で、白身のようなプリプリとした食感が味わえます。

このように、とれたてのあじは白身に近い淡泊な風味ですが、一日半経過すると、赤身に近い濃い味わいに変化。これは、うま味成分であるイノシン酸が時間とともに１・５倍に増え、まぐろやかつお並みになるため。つまりあじは、白身と赤身両方の性質を持つ魚だったのです。

この特徴を上手に生かすのがガッテン流。実験の結果、あじのたたきは、半身ごとに切り方を変え、２つを合わせるとよりおいしくなることがわかりました。いつものように身を背骨に直角に切って細かくたたくだけでなく、いっぽうを背骨に平行に切り分けます。

こうすると歯ごたえが２倍にアップし、白身のような食感を生かすことができるのです。

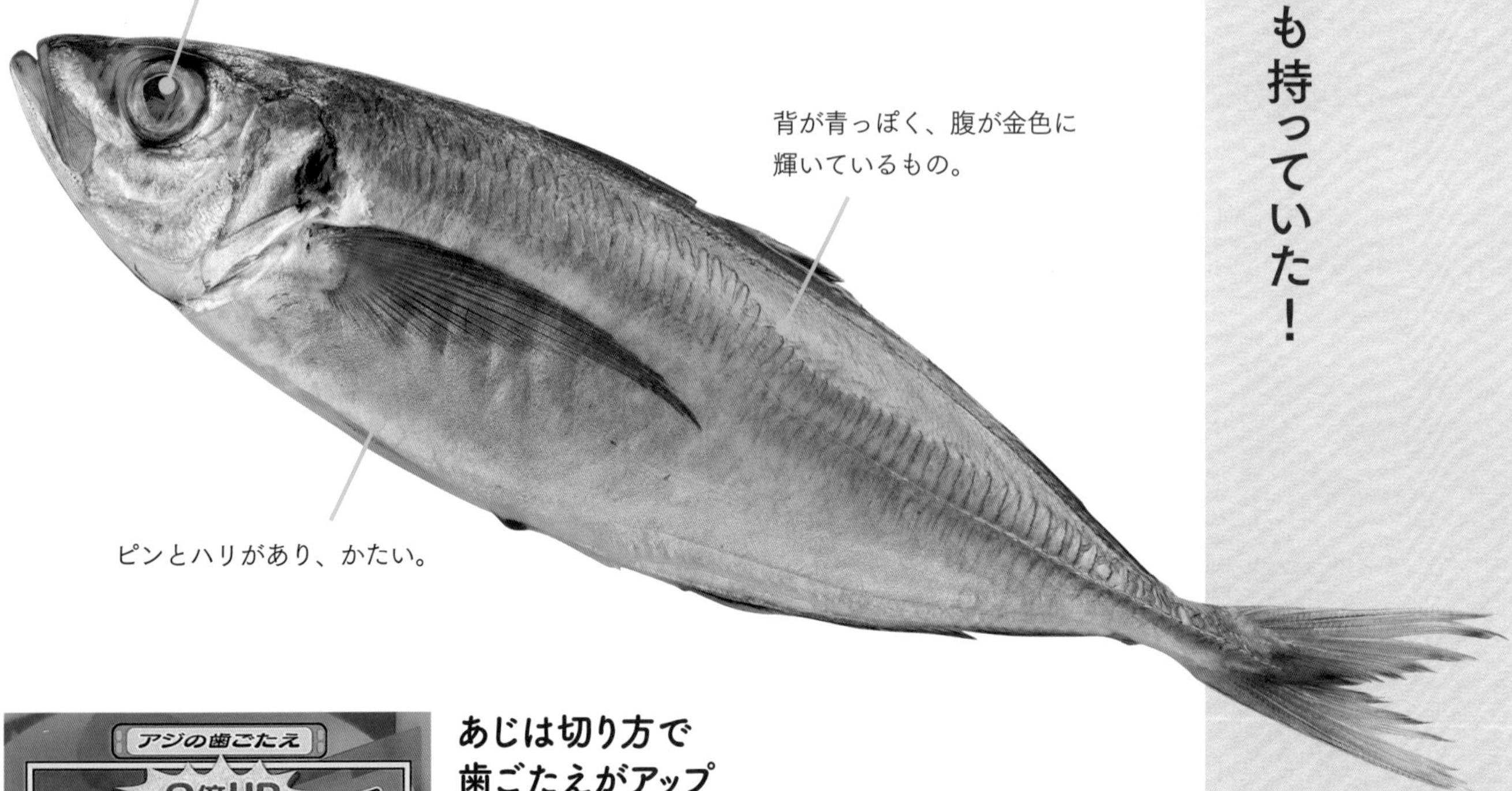

あじは切り方で歯ごたえがアップ

背骨に直角でなく平行に切るだけで、弾力は倍になった。こうすると、繊維を残したままの切り身になるので、歯ごたえがよくなる。

肉と魚

「旬の魚！ アジ究極美味UP術」(2006年7月5日放送)より

ここがガッテンワザ！

歯ごたえがアップする あじのさばき方

あじは最初に3枚におろす

※三枚おろしのやり方は「さば」のP127でご紹介しています。

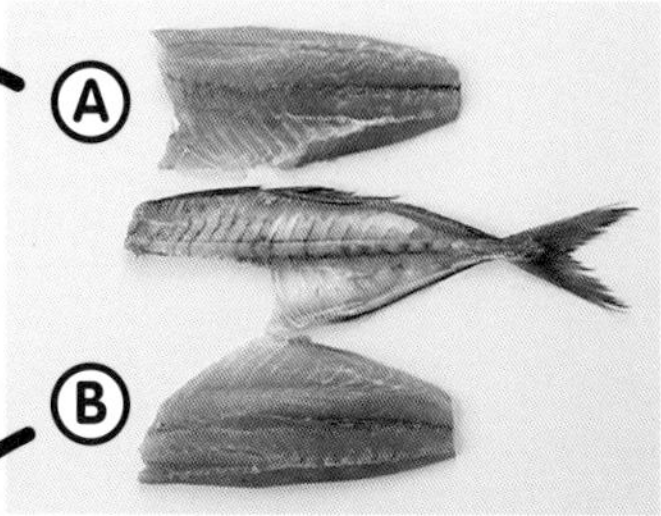

Ⓐは血合いを取り分け 背骨と平行に切る

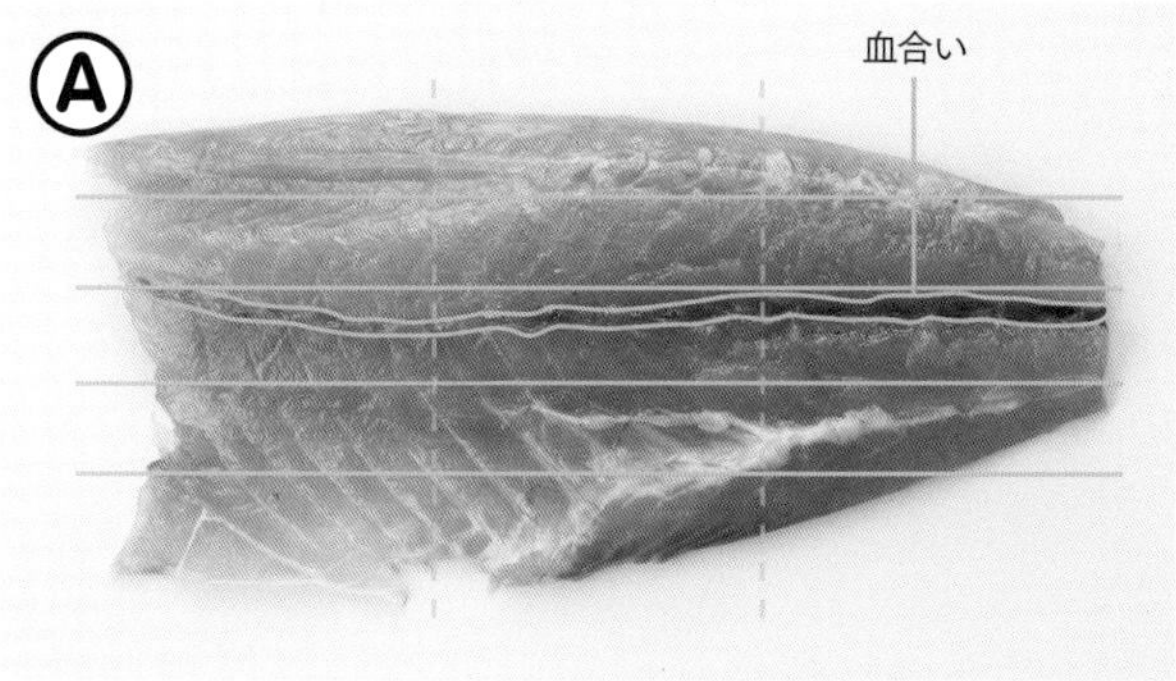

三枚におろしたら、片方の半身は縦に3等分したあと、背骨と平行に5等分に切る。真ん中の血合いは後で使うので取り分けておく。

Ⓑの半身は 背骨と直角に切り分ける

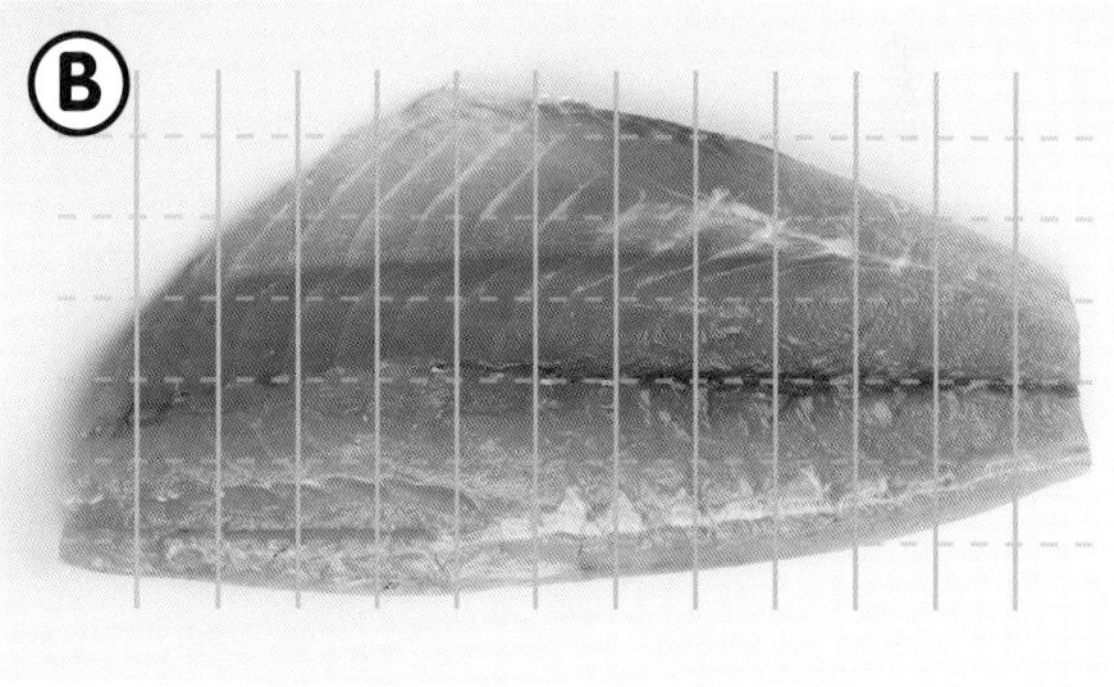

こちらの半身は背骨と直角に切り、そこから細かくたたいていく。血合いは取り除かなくてOK。

ポイント

Ⓐは軽く、Ⓑは細かくたたく

背骨と平行に切ったⒶのほうは歯ごたえが2倍にアップするので、プリプリの食感を楽しむため、大きめに切り分ける。Ⓑは細かく切ってもっちり食感に。

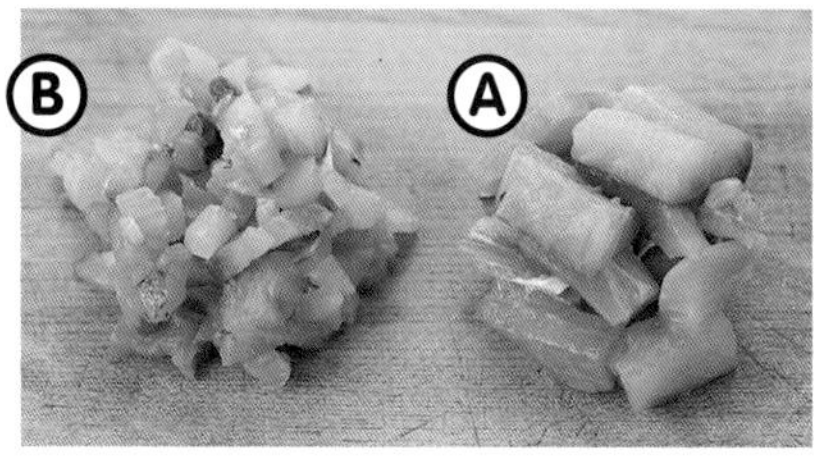

ポイント

Ⓐの血合いは、Ⓑに加える

Ⓐでとっておいた血合いは、細かく切ったⒷに加えてたたく。もっちりした食感のⒷに血合いを加えることで、さらに濃厚な味わいに。旬の時期は、うまみの濃い脂が血合いとその周辺に集中している。そこで、血合いを別にたたいて混ぜるとコクとうまみがアップする。

あじのおすすめレシピ

白身に似た歯ごたえと、赤身らしい脂ののった味わいを楽しめるレシピがこちら。あじのうまみをたっぷり味わえます。

番組紹介レシピ

＼ガッテン流／

あじのたたき

1人分の栄養価データ

エネルギー：43kcal

脂質：1.4g　塩分：0.1g

■ 材料（2人分）

あじ……………………………………………1尾
万能ねぎ（好みで・小口切り）……………適量
青じそ…………………………………………適量

■ 作り方

1 あじは3枚におろし、皮を取る。

2 身の1枚は背骨と直角に3つに切り分けたあと、身を背骨と平行に5等分する。血合いを取り除いたあと、包丁の背で身を軽くたたく（前ページⒶの切り方とたたき方参照）。

3 もう1枚は背骨と直角に小さく切り分ける（前ページⒷの切り方とたたき方参照）。

4 **3**の身と**2**の血合いをたたき、**2**の身と、お好みで万能ねぎをあえるようにしてなじませ、青じその上に盛る。

番組紹介レシピ

プリプリあじのネバシャキ丼

1人分の栄養価データ

エネルギー：460kcal

脂質：4.1g　塩分：1.5g

■ 材料（2人分）

あじ……………………………………………1尾
オクラ…………………………………………10本
長いも…………………………………………8㎝分
卵黄……………………………………………½個分
しょうゆ………………………………………大さじ1
ご飯……………………………………………2杯分
わさび・白髪ねぎ……………………………各適量

■ 作り方

1 あじは3枚におろして皮を取り、表面に格子状に飾り包丁を入れ、背骨の線に沿って半分に切る。それを2㎝幅に切る。

2 オクラはさっとゆでて、種を取り細かく刻む。長いもは5㎜角に切る。

3 **1**と**2**、卵黄、しょうゆを混ぜる。

4 丼にご飯を盛る。上に**3**をのせ、好みでわさびと、白髪ねぎを添える。

レシピ協力◎柳原雅彦

いわし

「傷みやすい」ではなく「崩れやすい」のが弱点

いわしが傷むのは重力が原因だった！

通年出回っていますが、夏から秋になると脂がのってくるいわし。食べても気にならない「肉《にく》間骨《かんこつ》」という小骨がたくさんあるので、より多くのカルシウムを摂取できる魚でもあります。

漢字で「鰯」と書く字の通り、すぐに傷んで臭みが出てしまう〝弱い魚〟と思われていました。ところが、いわしは時間の経過に弱いのではなく、水揚げされたあとの、重力の影響に弱いということがわかったのです。

そもそもいわしは、さまざまな生き物のエサとして命を狙われています。そのため、攻撃を受けると自らのうろこを落として敵の目をくらませようとする習性があるのです。

漁で網にかかったいわしも、同様にうろこを落とします。身を守るうろこがないと重力に弱く、そのまま置いておくと自分の体重だけで身がつぶれてしまうのです。いわしが傷みやすく臭みが出やすいのは、身が崩れてしまう弱さが原因でした。

この身崩れを最小限にするには、「浮かせて」保存することが大切。氷水に浮かせれば、重力に負けることなく鮮度を保てます。また、塩水にすると、臭みも抑えられます。

実際に、漁港や魚屋さん、料理人の冷蔵庫などでも、保存するときは浮かせていました。保存法を変えるだけで、ひと味もふた味も違う、いわし料理がいただけます。

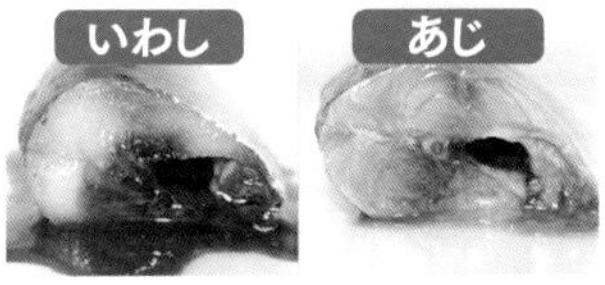
いわし
あじ

いわしとあじの切り身を比較。24時間後にはいわしは自らの重みでつぶれ、血液や体液が大量に流れ出した。

実験協力◎獨協医科大学医学総合研究所 東京海洋大学准教授 白井隆明さん

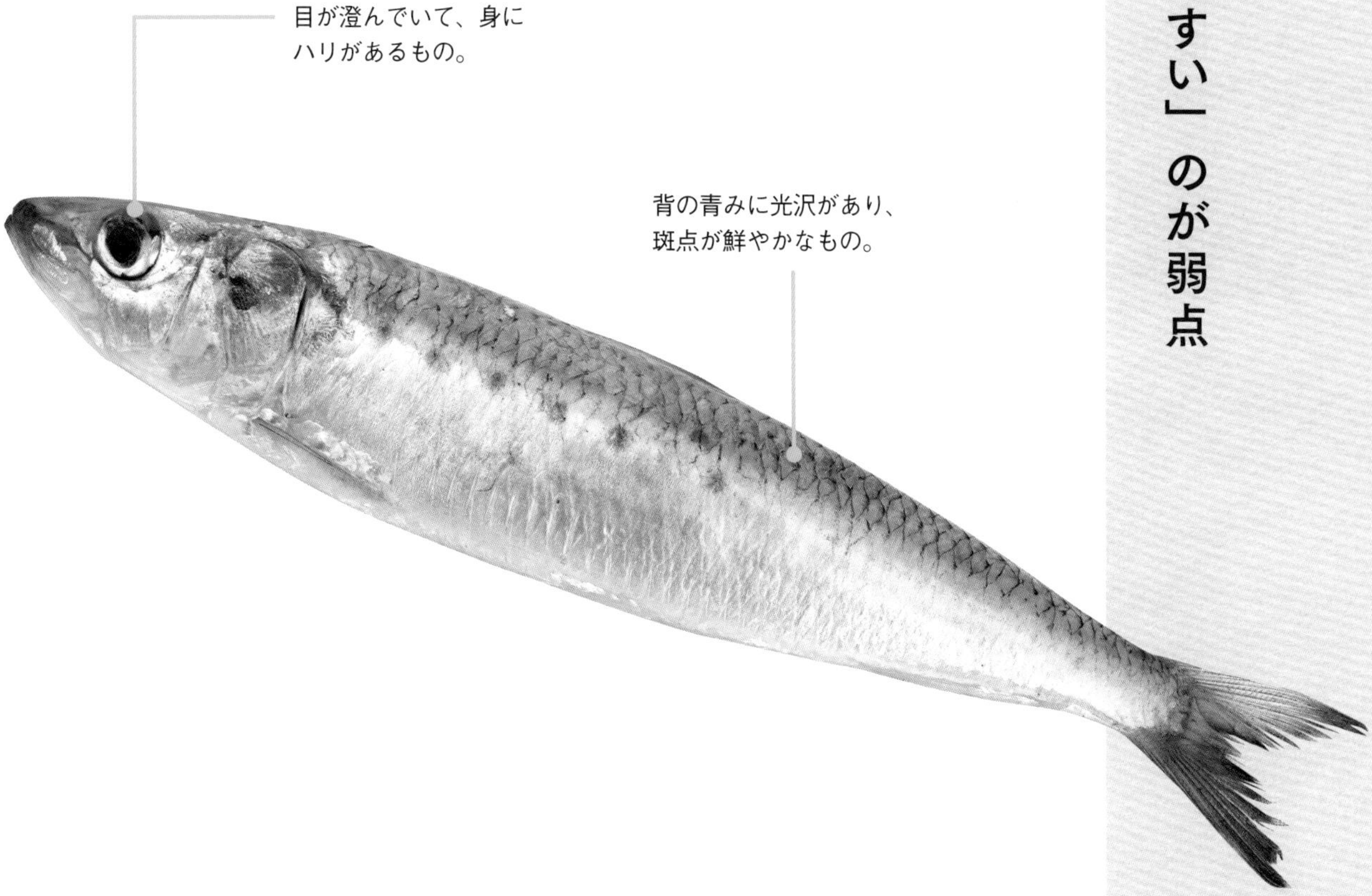
目が澄んでいて、身にハリがあるもの。
背の青みに光沢があり、斑点が鮮やかなもの。

「もったいない！ イワシ新鮮ヘルシー術」(2005年11月30日放送)より

ここがガッテンワザ！

鮮度をキープするいわしの保存法

塩分1％の氷水に浮かせる

いわし自らの重みで身が崩れないよう、氷水につけて浮かせた状態にする。これにより、鮮度を保つことができ、色が悪くなるのも防げる。水は1％の塩水にすると、身から余分なエキスが出ないので、臭みも抑えることができる。

実験協力◎電子顕微鏡メーカー

置いただけのいわしと氷水に浮かせたいわしを比べたところ、細胞レベルでも差は歴然。浮かせて保存したものは、身が崩れることなく24時間たっても、きれいなままだった（画像右）。

いわしのさばき方［手開き］

① 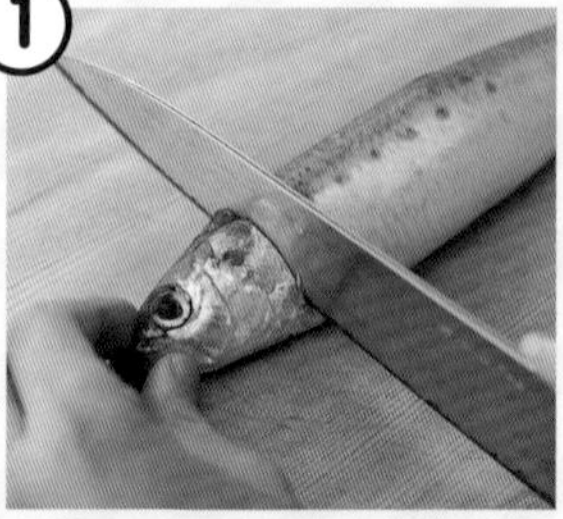

えらの下に刃を入れ、頭を落とす。

② 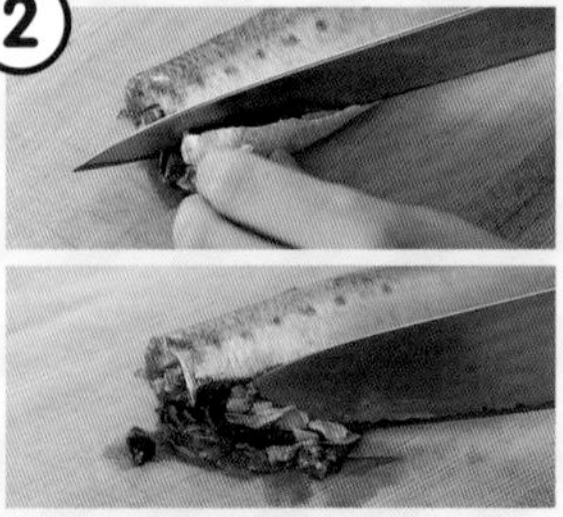

斜めに刃を当て、内臓の部分を取り出す。

③ 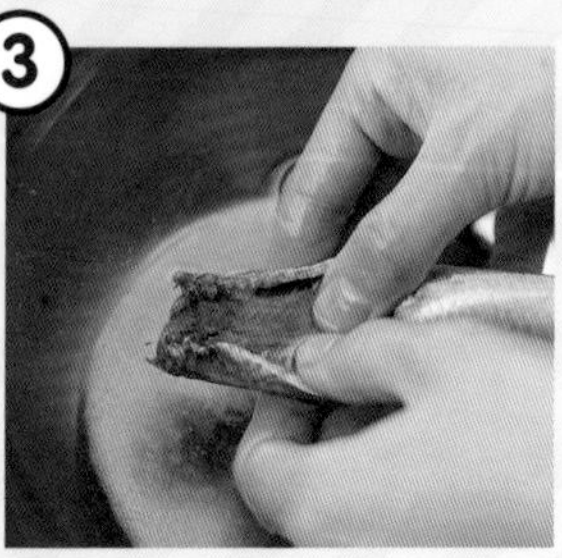

表面の血を水できれいに洗い流す。塩水だと変色しにくい。

※塩は水の1％の量を目安に。

④ 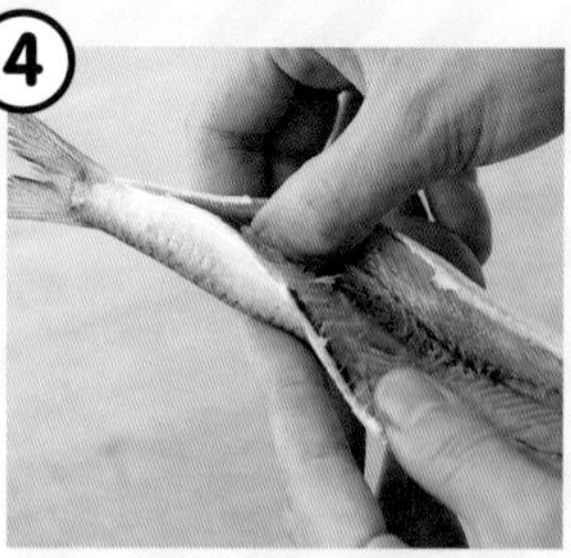

親指を背骨に沿わせながら、腹から尾びれにかけて手で開いていく。

⑤ 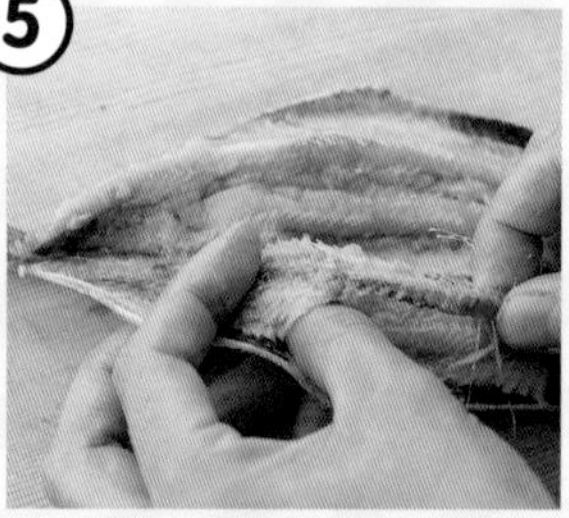

背骨を手でていねいに外す。包丁だと小骨が切れてしまうので、手で開くとよい。

完成！

いわしのおすすめレシピ

いわしは、成魚だけでなく稚魚である「ちりめんじゃこ」にもたっぷりのカルシウムとおいしさが含まれています。

番組紹介レシピ

親子いわしの紅葉丼

■ 材料（2人分）

いわし（手開きし、縦に半分に切る）‥1尾分
ちりめんじゃこ……………………………20g
玉ねぎ（薄切り）…………………………⅓個
トマト（薄切り）…………………………¼個
塩・こしょう・小麦粉……………………各少々
オリーブ油…………………………………大さじ2
A［かつおだし…………………………½カップ
　しょうゆ・みりん…………………各大さじ1
　ウスターソース………………………小さじ2
　トマトケチャップ……………………20g］
溶き卵………………………………………2個分
ご飯…………………………………………2杯分
三つ葉（ざく切り）………………………適量

■ 作り方

1 いわしに塩、こしょうをふり、小麦粉をまぶす。
2 フライパンにオリーブ油を入れて温め、1を両面こんがりと焼き、空いたところでちりめんじゃこも炒めて取り出す。
3 玉ねぎを炒め、Aを加えてトマトも入れる。
4 溶き卵を回し入れて火を止め、三つ葉を入れてふたをして、余熱で蒸らす。
5 丼にご飯をよそい、4と2をのせる。

1人分の栄養価データ
エネルギー：640kcal
脂質：20.7g　塩分：3.2g

番組紹介レシピ

ポテサラのカリッとじゃこ焼き

1人分の栄養価データ
エネルギー：213kcal
脂質：18.2g　塩分：1.0g

■ 材料（2人分）

ちりめんじゃこ……………………………16g
ポテトサラダ………………………………100g
サラダ油……………………………………大さじ2

■ 作り方

1 フライパンにサラダ油をひき、セルクル（円形で底のない型）をのせて火をつける。
2 セルクルの中に、半量のちりめんじゃこ、ポテトサラダを入れて表面を平らにならし、残りのちりめんじゃこをのせて、平らに整える。
3 途中でセルクルごと金属へらを使って裏返し、両面をこんがり焼く。

※セルクルがない場合は、約3㎝幅に折り、丸く輪にしたアルミホイルなどでも代用できる。

さば

砂糖で水分を抜くと極上のしめさばに！

しめさばは砂糖を使えば失敗しらず！

日本人に昔から愛されてきたさば。日本近海のものは9月中旬～3月初旬がシーズンといわれています。とくに秋にとれるさばは春に比べて3倍近くもの脂がのっています。

比較的傷みが早い魚ですが、酢を使って鮮度を保つことができます。これを生かした料理が「しめさば」。作る際は酢でしめる前に、さばの表面近くにある細胞の水を抜く必要があります。その結果、日もちがよくなる、うまみを凝縮させるなどの効果が生まれます。

この脱水の際に必要となるのが、塩。達人は「塩でさばの味が決まる」と言い、季節によって脂ののり具合などを見ながら、わずか0・1gの単位で塩の量を加減していました。

塩をふると、浸透圧の働きによって細胞の中の水分がさばの表面に出てきます。しかし、塩は分子量がとても小さく、細胞の中に塩が入り込んでしまいます。そのため、素人の場合は塩加減がきつすぎて塩辛くなったり、反対に薄すぎて臭みが残ったり、といった失敗をしがち。

じつは、この塩の役割を砂糖で代用できるのです。

しかも、量はおおざっぱでOK！　砂糖の分子量は塩のおよそ6倍です。科学的に分子量が大きい物質ほど、脱水作用が弱いため、砂糖は塩ほど脱水作用が強くはありませんが、その大きさゆえ、細胞の中にはほとんど入り込めません。

したがって、多めにふっても甘くはならず、適度に水分を残してしっとりとした食感になります。もちろん脱水後は洗うので表面にも残りません。

これなら素人でもおいしいしめさばを作ることができます。

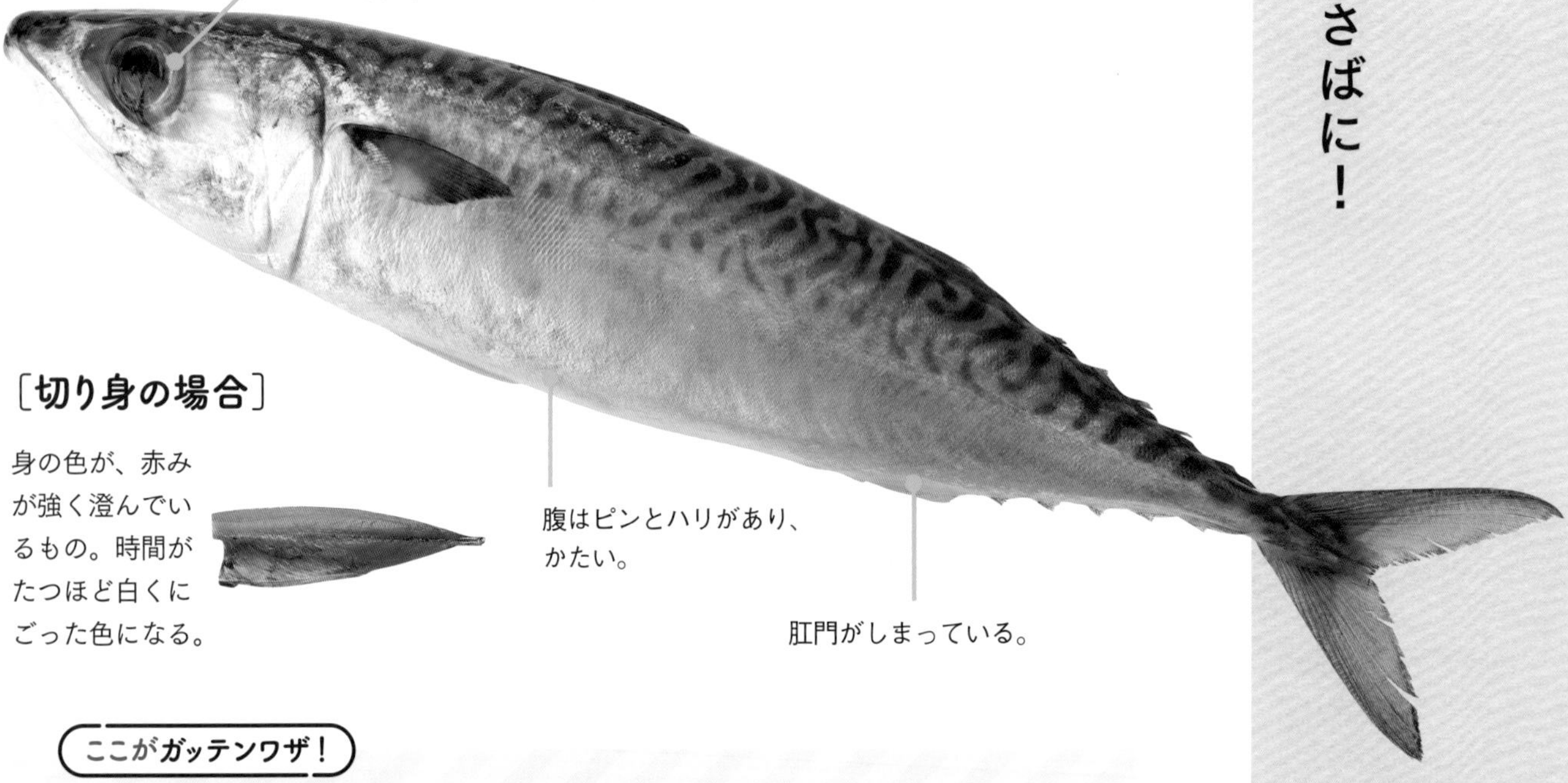
目が黒く澄んでいる。
腹はピンとハリがあり、かたい。
肛門がしまっている。

［切り身の場合］

身の色が、赤みが強く澄んでいるもの。時間がたつほど白くにごった色になる。

ここがガッテンワザ！

鮮度を保つ方法

切り身のさばは、冷蔵庫に入れる前に酢水につけると傷みにくい。5倍の水で薄めた酢水に数分ひたし、そのまま汁けをふき取らずに保存袋に入れて冷蔵庫へ。酢水につけることで、さばが古くなると増える「ヒスタミン」の生成を抑えることができる。

「旬！ サバ美味発掘の旅」(2008年10月15日放送)より

ここがガッテンワザ！

ガッテン流 しめさばの下ごしらえワザ

最初に砂糖を両面にすりつける

砂糖の量は適当でかまわないが、皮と身の両側にまんべんなくすりつけて。

バットなどに40分おき、水分を抜く

40分くらいすると、さばの水分がじんわりと出てくる。その後、砂糖を洗い流し、水けをふき取ってから、しめさばを作る（128ページ参照）。

さばのさばき方［三枚おろし］

①

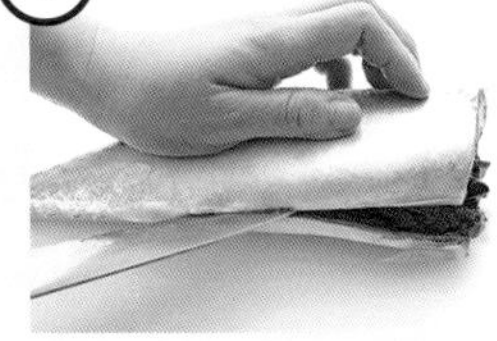

さばは左右の胸びれのつけ根に包丁を入れて頭を切り落とし、腹の部分から肛門まで包丁を入れる。

②

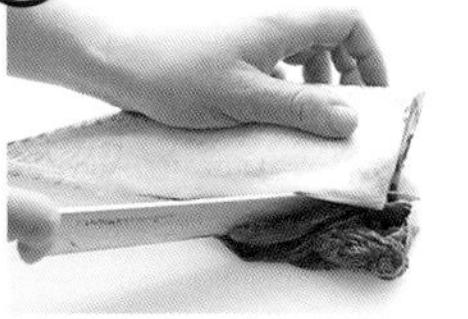

内臓を包丁でこそげ取り、流水で中をきれいに洗う。

③

さばの向きを変え、腹側に包丁を入れ、中骨に包丁をあてながら骨と身を切り離す（上）。再び向きを変え、背側に包丁を入れ、同様に中骨に包丁をあてながら骨と身を切り離して二枚おろしにする（下）。

④

中骨がついているほうの身を裏返して、背側に包丁を入れ中骨に包丁の刃先をあてながら、身と骨を切り離していく。

⑤

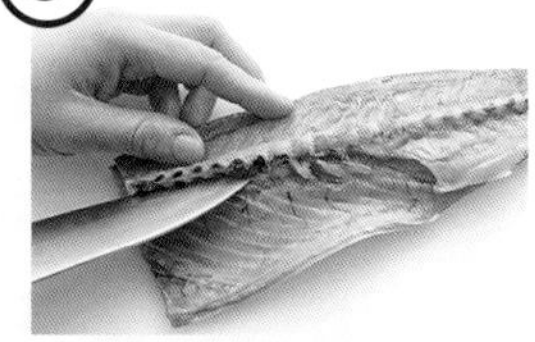

身側を表に返して、中骨に沿うよう包丁をあてながら、ゆっくりと身と骨を切り離す。

⑥

三枚おろしのでき上がり。しめさばを作るときは、腹骨と小骨は酢でしめたあとに抜く。

※新聞紙などの上でさばくと、後始末がラクです。
※面倒な方は、お店にお願いすると三枚におろしてくれる場合もあります。

しめさばのおすすめレシピ

ガッテンワザを使ったしめさばの作り方をご紹介。ほどよい弾力と、しっとりとした食感は、本場・京都でも大好評でした。

番組紹介レシピ “しっとり”しめさば

■ 材料(作りやすい分量)

さば(三枚におろしたもの)‥1尾分(800g)
砂糖・塩……………………………………各70g
酢(穀物酢)………………………………2½カップ

■ 作り方

1 さばは、身と皮の両側に砂糖をすりつけるように塗り40分間おく(前ページ参照)。
2 砂糖を洗い流して水けをふき取り、塩を身と皮に同様にすりつけて1時間半おく(砂糖の効果で塩が必要以上に身に入り込まない)。
3 塩を洗い流して水けをふき取り、酢に10分間つけ込む。
4 骨を除き、皮をむいて、食べやすく切り分ける。

全量の栄養価データ
エネルギー：1869kcal
脂質：122.6g　塩分：16.1g

番組紹介レシピ 昆布じめさばとなすのみぞれ酢がけ

全量の栄養価データ
エネルギー：1111kcal
脂質：61.7g　塩分：17.2g

■ 材料(作りやすい分量)

しめさば…………………………………半身分
昆布………………………………………2枚
長なす……………………………………1本
大根(おろして水けをきったもの)……⅓本分
ゆずの皮(せん切り)…………1cm×5cm幅分
A かつおと昆布の一番だし…………¾カップ
A 酢…………………………………½カップ
A みりん……………………………¼カップ
A 塩…………………………………小さじ1½

■ 作り方

1 しめさばは昆布ではさみ、重しをして2〜3時間おく。Aはひと煮立ちさせて冷ます。
2 1のさばと塩もみしたなすを1.5cm角に切る。
3 大根おろしとAを合わせ、ゆずの皮のせん切りを加える。
4 器に2を盛り合わせ、3のみぞれ酢をかける。

肉と魚

ほたて

バター焼きには横切り、刺身は縦切りが漁師流！

ほたては〝泳げる貝〟発達した貝柱が調理のカギ

貝類の中でも、たんぱく質が豊富で低脂肪のほたて。グルタミン酸やグリシンも含まれていますが、春に産卵をしたあと、夏は活発に活動するので貝柱の大きさは冬の2倍、おいしさの源である「グリコーゲン」は36倍にもなります。

じつはあさりなどと違い、ほたては泳ぐことができる貝なのです。貝殻を開けたり閉じたりして泳ぎますが、このとき、貝殻を動かしているのが貝柱。ほたての貝柱だけがほかの貝と違って大きくて真ん中にあり、筋肉が発達しているのも、この役割があるからです。

この筋肉は牛や豚の肉と同じ性質なので、焼いておいしくなる温度帯も肉と同じ70℃。ほたては横半分に切って焼くと、表面にほどよく焼き色がつくころ、中心が70℃になります。

横に切るもうひとつの理由は貝柱の筋肉繊維は上下に走っているため、横に切ると繊維が断ち切れて、焼くと、ほどよい歯ごたえが生まれます。反対に、縦切りしたものを寝かせて焼くと、繊維が残ったまま水分も抜けるため、弾力が出すぎてしまいゴムのようなかたさを感じてしまうのです。

いっぽうで、お刺身は別。縦に切ると、繊維がそのまま残るので、噛《か》むと弾力を感じるのです。この2つの刺身の食感を専門の装置で調べたところ、縦切りの刺身は、横切りよりも2倍以上噛みごたえがありました。

本場の漁師さんは、ほたて特有の性質を知っていたので、バター焼きは横切り、刺身は縦切りにして食べていました。

これからは漁師流の切り方で、ほたての本来のうまみ、食感を堪能してください！

殻の表面にツヤがあるもの。大きさよりも持ったときに重みのあるもの。

口が少し開いていて、触れるとさっと閉じるもの。大きく口を開けているものは、鮮度が落ちている可能性がある。

「漁師直伝！ ホタテの極意」（2003年7月23日放送）より

ここがガッテンワザ！

ほたてのうまみがアップ！ 漁師風の切り方

焼くときは横切りに！

厚みを薄くするよう、包丁を生のほたての側面にあて、横半分に切る。

2分間焼く

温めたフライパンなどに油脂をひき、両面を返しながら２分焼く。表面にほどよく焼き色がつくころ、中心がおいしくなる温度帯といわれる70℃になる。

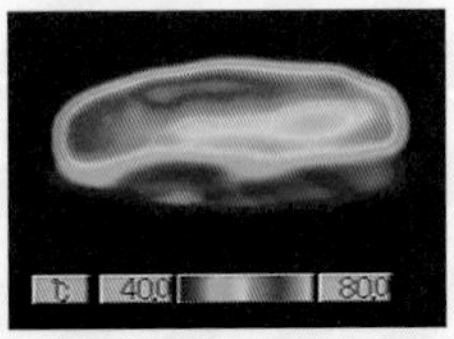

身の中心が70℃に。これは身が一番おいしくなる温度。

刺身は縦切りに！

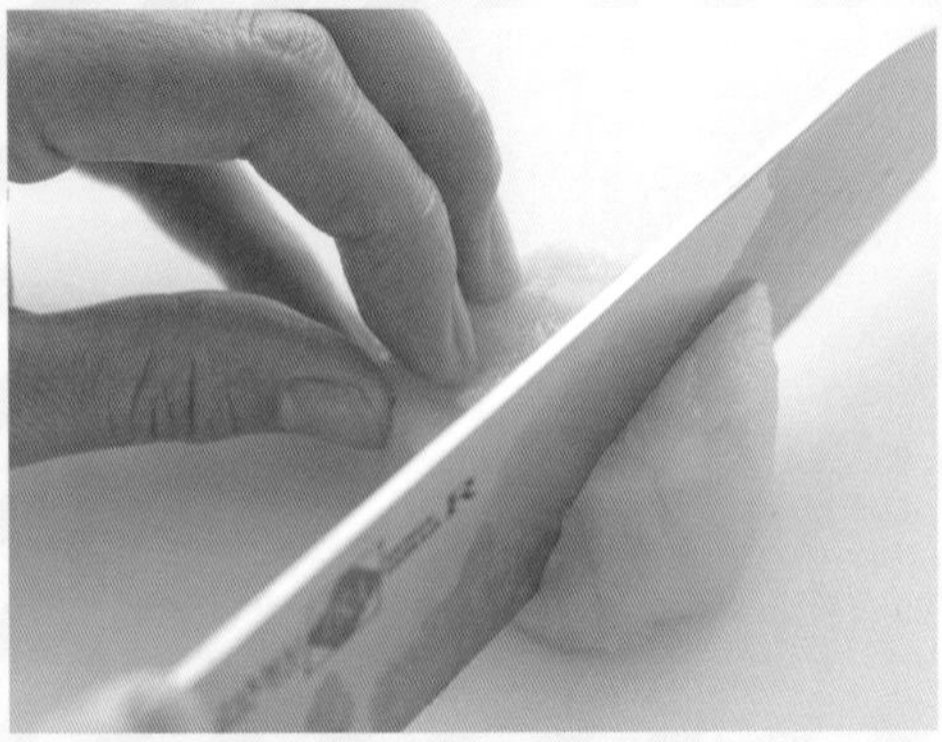

包丁を垂直にあて、ほたての繊維に沿って縦に切ると、噛みごたえがアップする。

ポイント

殻付きほたての開き方

①

白っぽい側を上にして、貝のすき間に洋食ナイフを差し込む。下の茶色い側にこするような感じでナイフを左端から手前に動かして、貝柱を切り離す。

②

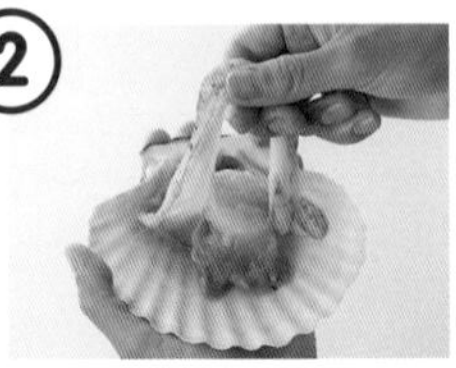

貝をひっくり返し、殻（茶色い側）をはずす。貝柱以外の部分（通称ヒモ）を手で引っ張ってはずし、黒い内臓の部分も取って貝柱だけ残す。

③

ナイフを使って、貝柱を貝から切り離す。

④

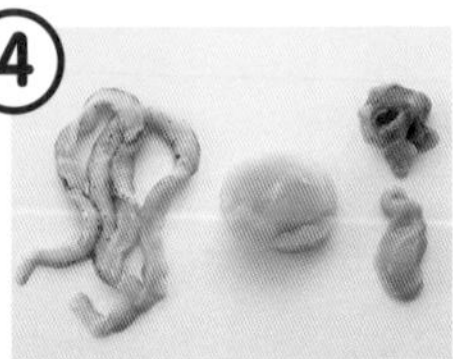

ヒモ（写真左）は塩もみして洗い、刺身や煮つけに。黒い部分（写真右上）は貝毒の恐れがあるので食べないこと。白子（写真右下）があれば、刺身や煮つけに。

※手を切らないために軍手をするか、タオルなどで貝を挟んで持つことをおすすめします。

ほたてのおすすめレシピ

冬のほたては貝柱が肉厚で、うまみがた～っぷり！　この時期は、シンプルな調理法で素材の味、食感を存分に味わうのが一番です。

番組紹介レシピ　ほたてのバター焼き

■ 材料（2人分）

ほたての貝柱……4個
バター……10g
レモンの薄切り・つけ合わせ……各適量
塩・こしょう……各適量

■ 作り方

1 ほたては横に2等分する（前ページ参照）。水けをふき取り、塩、こしょうをふる。
2 フライパンにバターを温め、ほたてを入れる。
3 強めの中火で両面を返しながら2分焼く。
4 器に盛って、レモンとつけ合わせを添える。

1人分の栄養価データ	
エネルギー：131kcal	
脂質：4.4g	塩分：1.0g

番組紹介レシピ　ほたての刺身

■ 材料（2人分）

ほたての貝柱……4個
薬味・つけ合わせ……各適量

■ 作り方

1 ほたては縦に3等分する（前ページ参照）。薬味、つけ合わせとともに、器に盛りつける。

1人分の栄養価データ	
エネルギー：90kcal	
脂質：0.3g	塩分：0.3g

※栄養価データは、ほたてLサイズ（貝柱約50ｇ）のもので算出しています。

あさり

生死を見分けるカギは「半開き」にあり！

じつは死んだあさりも加熱すれば開いていた！

あさりは、ビタミンB12や鉄分、アミノ酸の一種「タウリン」が豊富に含まれています。ところがこのあさり、ある〝間違った常識〟で、うまみを半減させていたことが判明しました。それは、「加熱して開くものだけが生きた貝」というもの。

ところが実験をすると、死んだあさりでも、加熱すると開くことがわかりました。あさりは、貝柱の力で殻を閉じていますが、加熱すると、貝殻との接着面が熱で弱まるため開きます。

つまり、あさりの生死と、貝が開くかどうかは無関係。最後まで開かないあさりのほとんどは、たんにちょうつがいの部分が壊れてしまっていたからなのです。知らずに貝の口が開くまで加熱していると、煮すぎてしまうばかりでうまみも半減してしまいます。

実際にあさりの加熱実験をしてみたところ、生きたあさりは完全に口を開く前、50℃を超えるあたりで半開きに。いっぽう、死んだあさりにはこうした変化は起こりませんでした。この変化で生死を見極め、なおかつ煮すぎないで中まで火を通すことができれば、身が小さくなることなく、プリプリでやわらかいあさりに仕上がるのです。

そのために大事なコツは2つ。まず最初に、煮る水の量を少なくします。こうすればあさりの口の開き加減がよく見えるし、開いたあさりは熱湯から顔を出すので、加熱しすぎを防げます。この段階で半開きになっていない死んだ貝を除きます。

次に、熱湯を注いでふたをし、タオルをのせて保温すればOK。これで、身の中心まで火が通り、ふっくらジューシーなあさりを楽しめること間違いなしです。

全体に黒ずんでいるものは、鮮度が落ちているといわれるが、産地によってはもともと黒ずんでいるものもあり、一概にはいえない。

ここがガッテンワザ！

おいしい砂抜きのコツ

水1カップに対し、塩を小さじ1杯加えたら、はちみつを箸《はし》の先端に約2㎝、たれない程度につけて、かき混ぜる。この液にあさりをつけて2時間ほどおけば、うまみ成分の「コハク酸」が増えて、おいしさアップ。

「バカうま！ このアサリ一体どう調理したの？」（2010年6月2日放送）より

ふっくらジューシーなあさりの加熱ワザ

半量がつかるぐらいの水を入れ、火にかける

あさりの半分まで水を注ぎ、半身浴の状態で加熱する。半数の貝が口を開いた時点で半開きにならず、完全に閉じている貝は死んでいるので、取り除く。

あさりが口を開くと、加熱されている下の殻の貝柱がはがれ、身が上の殻につく。写真のように鍋底にあさりを敷き詰めると、上がってきた身がお湯に戻ることなく、これ以上加熱されない。

火を止めたら熱湯を入れる

煮すぎないで、中までちゃんと火を通すために、100℃に沸騰させた熱湯を入れる。そのあと、ふたをして上にタオルをのせて保温。

タオルをのせて2分保温

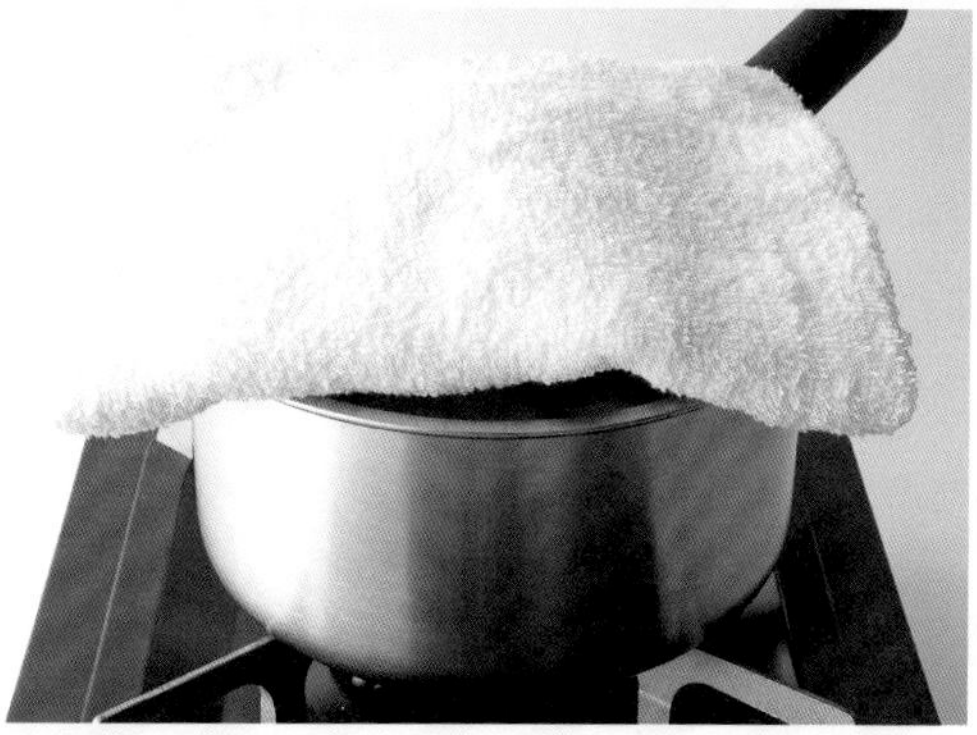

注意 タオルをのせるときは、必ずすべてのコンロの火を消すこと。

ポイント

保温時間は貝の大きさでチェック！

あさりがティースプーンの大きさ以下（10g）なら2分、それより大きい場合は3分保温する。中まで火を通すため、時間は確実に。

あさりのおすすめレシピ

やわらかな身を生かしたみそ汁と、うまみ成分のしみ込んだ炊き込みご飯。究極の味と食感を堪能しましょう！

番組紹介レシピ

＼ガッテン流／
あさりのみそ汁

■ 材料（2人分）

あさり……200g
みそ……15g
水……2カップ

■ 作り方

1 鍋にあさりを敷き詰め、あさりが半分くらいつかるまで水を入れる。残りの水はやかんで沸かしておく。
2 1を火にかけ、あさりの半数が開いたら火を止めて、あさりをチェック。口を完全に閉じているものは除く。
3 熱湯を注ぎ、ふたをする。折りたたんだタオルをのせて、あさりの大きさにより2〜3分保温。
4 あさりだけをお椀に取り出す。半開きのものは手で開けてOK。
5 残った汁にみそを溶き、4のあさりと合わせる。

1人分の栄養価データ
エネルギー：26kcal
脂質：0.6g　塩分：1.8g

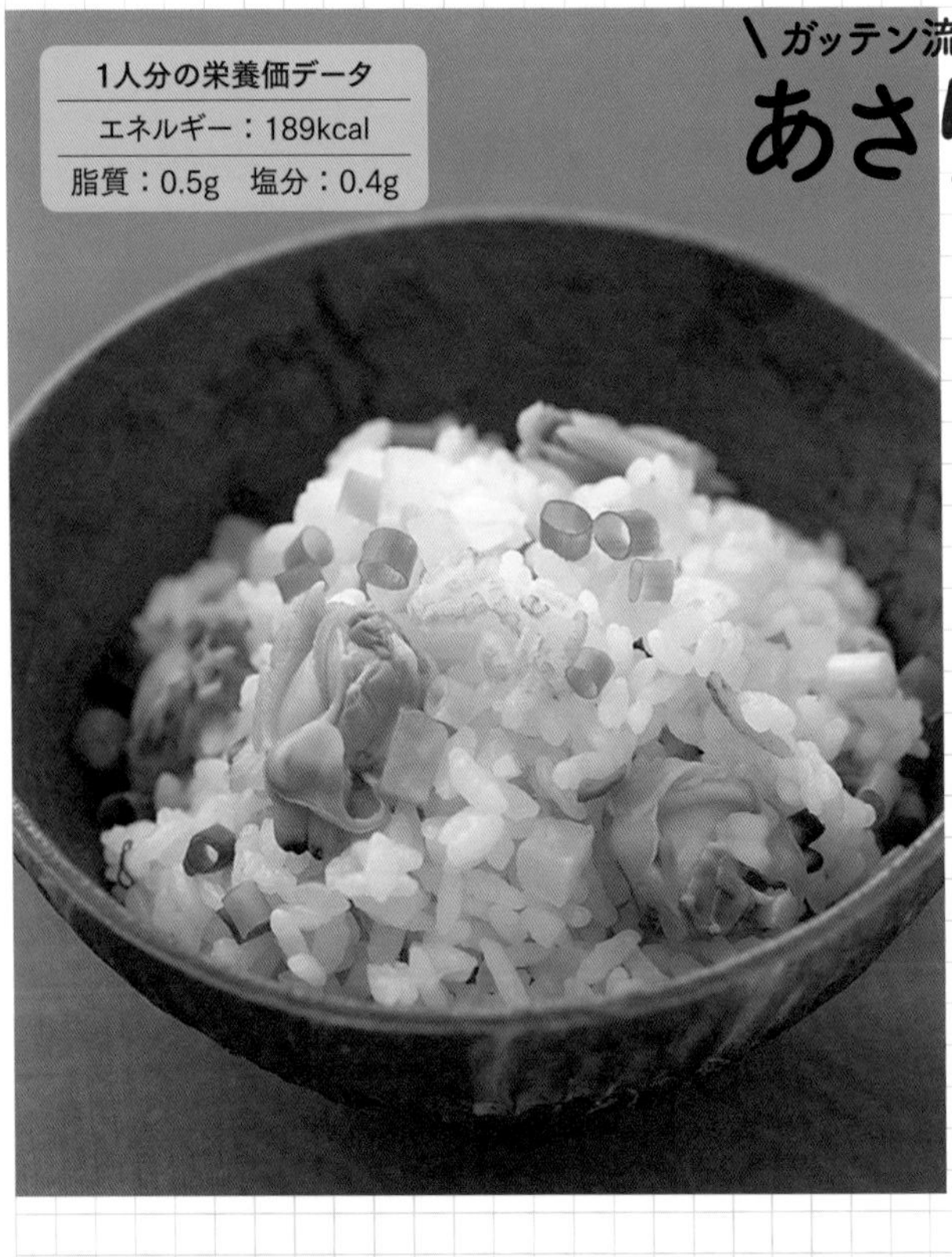

1人分の栄養価データ
エネルギー：189kcal
脂質：0.5g　塩分：0.4g

＼ガッテン流／
あさりの炊き込みご飯

■ 材料（6膳分）

ガッテン流あさりの身（前ページ参照）……200g
ガッテン流あさりの汁
（上のみそ汁の4であさりを取り出した汁）
……360mℓ
米……2合（360mℓ）
大根……200g
塩・万能ねぎの小口切り……各少々

■ 作り方

1 米をとぎ、30分浸水させる。大根は5㎜角に切る。
2 炊飯器に、米、大根、あさりの汁、塩を入れて炊く。
3 ご飯が炊けたら、あさりの身と万能ねぎを加えて混ぜる。

いか

煮るときは〝まるごと〟ゆでると、上品な食感に！

まるごとゆでるわけは熱から身を守るため

日本ではおおよそ30種類のいかが出回っています。いかは浮き袋の役割を果たす「甲」がある「コウイカグループ」と、体が筒状で甲がない「ツツイカグループ」に大別されます。

中でもツツイカグループの「するめいか」は、近海でとれるいかの中で漁獲量はトップクラス。甲がない分、沈まないよう泳ぎ続けるため、筋肉質で弾力のある歯ごたえが特徴です。

ところがこのするめいか、煮ると、どうもゴムのようにかたくなりがち。そこで、今回は、このするめいかを理想的なやわらかさの歯ごたえに仕上げる煮ワザを伝授します！

いかのかたさと内部温度の関係を調べると、身の内部がちょうど60℃のときが一番やわらかく、それを超えると、一気にかたくなることがわかりました。

そこで、輪切りにしたいかの身の内部温度が60℃になったらすぐに引き上げてみました。ところが、皮は身より縮みやすいため、皮が身をひっぱっていました。これが食べるとかたく感じてしまう原因に。

この2つを解消できるのが、いかを切らずに、水からゆでるワザ。まるごとゆでることで、皮同士がひっぱりあって縮みにくくなり、身はかたくなりません。しかも、温度を測らなくても内部が60℃になる目安を番組は発見しました。

その目安は、いかの形。熱を受けてたんぱく質の変成が始まると、全体がふくらみ、丸みを帯びてきます。このときが60℃の引き上げどき！

煮ものはこのワザでゆで、切ってから調味液と絡める程度に火を通すだけ。これで、上品なやわらかさのいかになります。

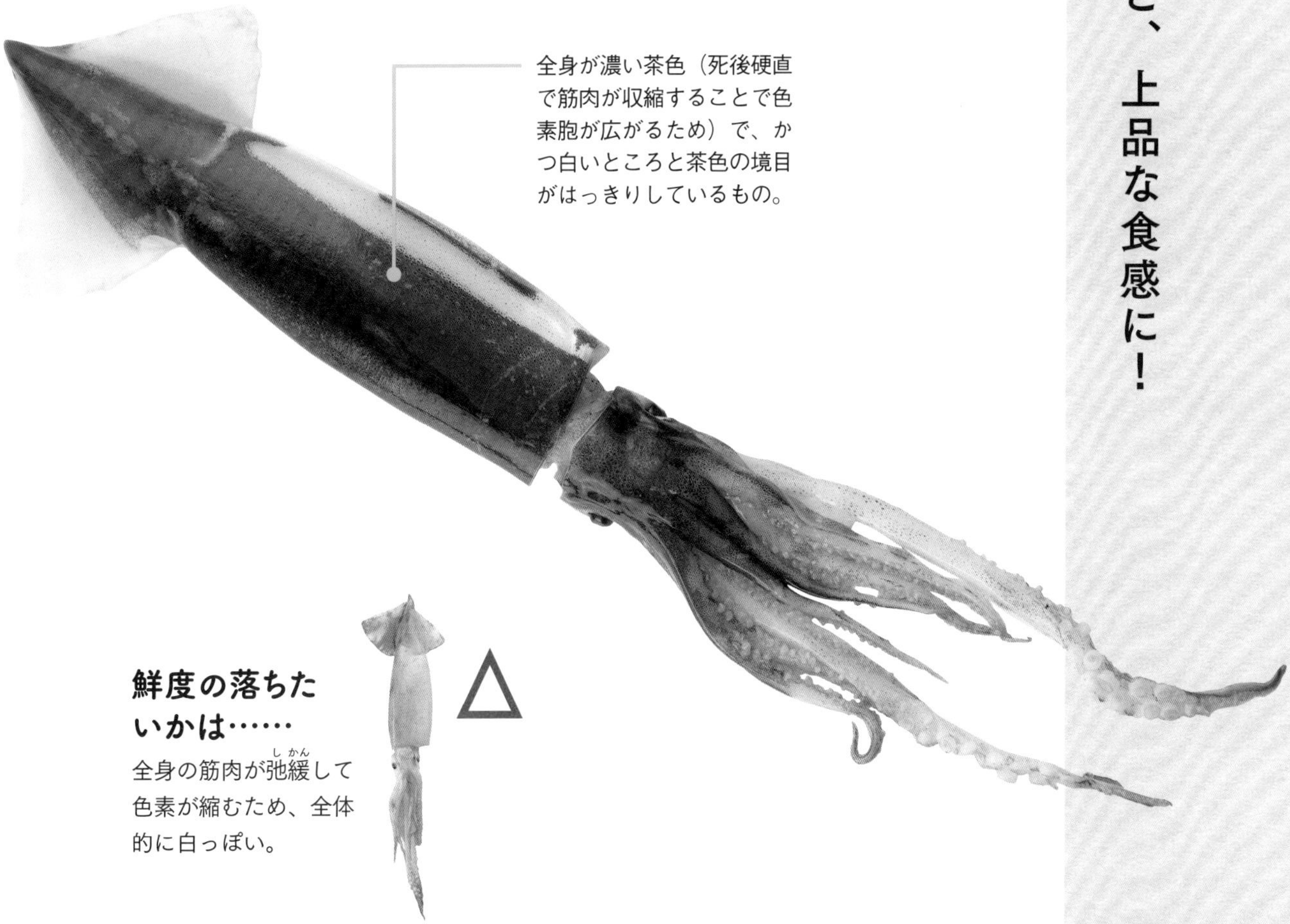
全身が濃い茶色（死後硬直で筋肉が収縮することで色素胞が広がるため）で、かつ白いところと茶色の境目がはっきりしているもの。
△

鮮度の落ちたいかは……
全身の筋肉が弛緩《しかん》して色素が縮むため、全体的に白っぽい。

「漁師直伝！ イカ美味追求の旅スペシャル」（2008年7月23日放送）より

ここがガッテンワザ！

上品な食感になるいかの下ごしらえ

胴とゲソを水に入れる

いかは内臓を取り出し、皮はむかずに胴体とゲソ（足）に分ける。鍋にいかがつかる程度の水を入れ、胴とゲソを入れる。胴の中に水が入るようにしてから、火をつける。

ポイント

水から入れて3分半が目安！

いか1ぱいに対して1.5ℓの水だと、火をつけてから３分半ぐらいが目安。ただし火力や鍋の材質で加熱時間は変わってくるため、見た目を優先して。いかの胴がぷく〜っと丸くふくらんできたらOK。

胴がふくらんできたら引き上げる

火が通りはじめるころにまずゲソが動き始め、胴が丸くふくらんでくる。胴の全体が丸みを帯びてきたら、ゲソとともに引き上げる。この状態で切っただけでも、しょうがじょうゆなどにつけて、おいしくいただける。もちろん、ほかの料理にも活用を。

いかのおすすめレシピ

右のガッテンワザを使えば、これまでとはまったく違った食感とうまみが楽しめます。いかをまるごと無駄なく味わうレシピも。

番組紹介レシピ いかしゃぶしゃぶサラダ

■ 材料（4人分）

いかの胴体
（まるごとゆでて、5㎜幅に切る）……1ぱい分
きゅうり（細いせん切り）……½本分
にんじん（細いせん切り）……6㎝分
大和いも（細いせん切り）……5㎝分
長ねぎ（白髪ねぎ）……½本分
貝割れ菜……1パック
A
だし汁……小さじ3
しょうゆ……小さじ2
みりん……小さじ1
おろししょうが……小さじ¼
白いりごま……小さじ1
サラダ油……適量

■ 作り方

1 器に混ぜた野菜といかを盛り、混ぜ合わせたAを回しかけて白いりごまをふる。食べる直前に、熱したサラダ油を回しかける。

1人分の栄養価データ
エネルギー：98kcal
脂質：3.6g　塩分：0.6g

番組紹介レシピ ゲソのともあえ

■ 材料（4人分）

ゲソ（まるごとゆでたもの）……2はい分
肝（生）……2はい分
酒……大さじ1
しょうゆ……小さじ2
万能ねぎ（小口切り）・七味唐辛子……各適量

■ 作り方

1 ざるで肝を裏ごしする。
2 小鍋に1の肝と酒、しょうゆを入れて、混ぜながらねっとりするまで加熱する。
3 火を止めて、食べやすい大きさに切ったゲソを入れてあえる。
4 器に盛って、万能ねぎと七味唐辛子をふる。

1人分の栄養価データ
エネルギー：45kcal
脂質：0.4g　塩分：0.7g

レシピ協力◎柳原雅彦

たこ

切り方や調理法の工夫で新食感、新風味に！

ちょっとした調理の工夫で たこの新世界が広がる！

高たんぱくで低カロリーなうえ、栄養価も高いたこ。とくに、疲れにくい体を作るために必要なタウリンの含有量は、魚介類のなかでもトップクラスです。

日本は、世界でもっともたこをたくさん食べている国といわれ、刺身やたこ焼き、酢のものなど、さまざまな料理があります。そんなたこの魅力の1つが、特有の食感ですが、じつは意外な調理法でさらにその魅力を際立たせることができます。

番組では、瀬戸内海でたこ漁をしている漁師さんを取材してみました。すると、同じたこの刺身でも、足を、吸盤、皮、身の部分といった3つの部位に切り分けていたのです。

じつは、たこの足は部位別に切り分けることによって、それぞれの食感がより際立ちます。

吸盤はよりコリコリとした食感に、皮は粘着性のあるキュキュッとした食感、身の部分はたことは思えないほどふんわりとやわらかな食感になります。

ぶつ切りやそぎ切りより、少々手間はかかりますが、たこ漁師も認めるおいしさを、ぜひ一度味わってみてください。

ほかにも、おすすめなのが、足をそのまま丸焼きにするというもの。食感はもちろん、なんと、この調理法は〝たこの香り〟を引き出すことができます。

油をつけてあぶったたこは、焼き鳥のような香ばしい風味が楽しめます。油をつけてあぶると、たこの皮と身のあいだにある香り成分が表面に出てきて、それが加熱されることで焼き鳥に似た香りを発するのだと考えられています。

同じたこでも、切り方や調理法のちょっとした工夫で、新たな一面に出会えるのです。

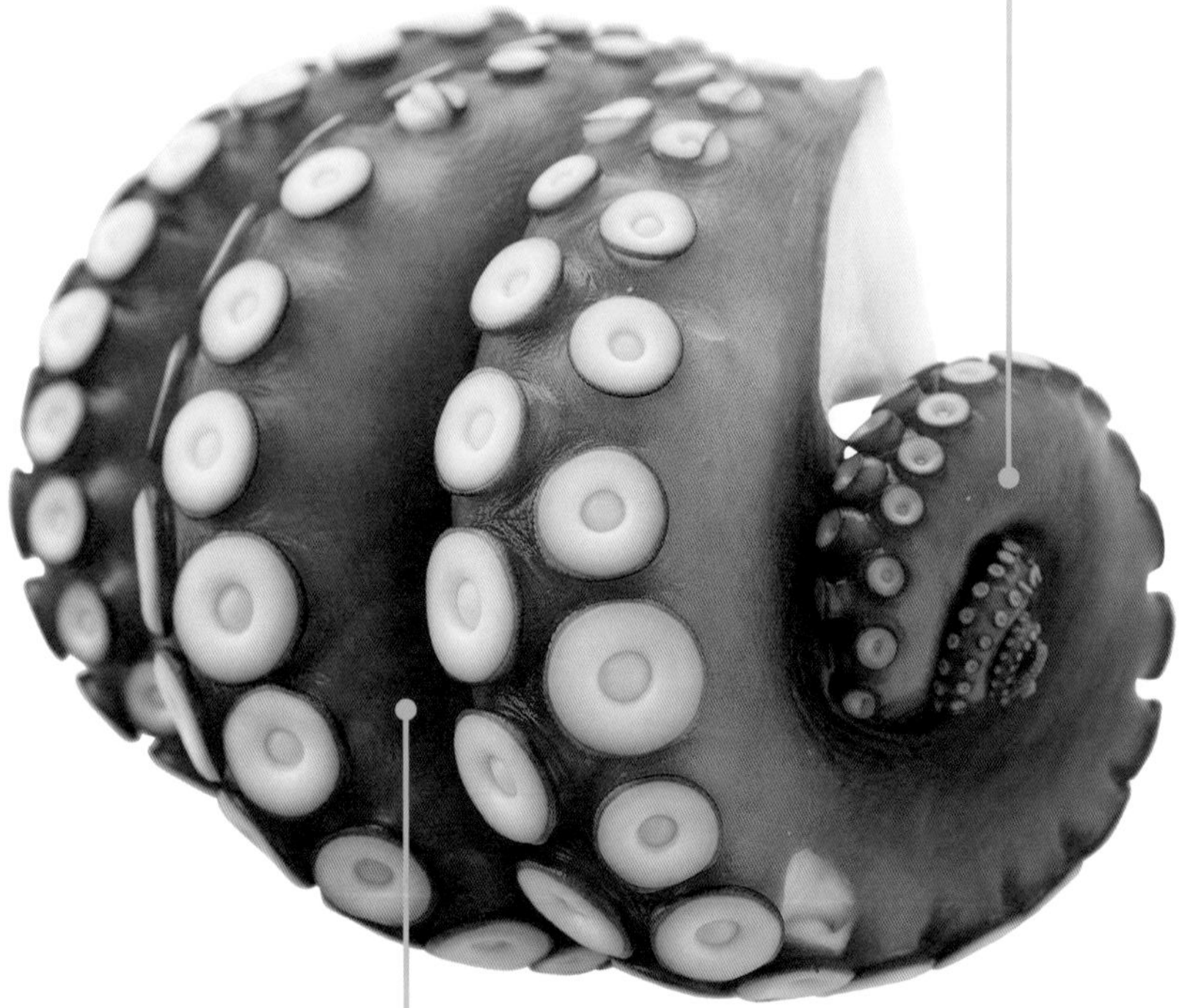
足が太く、先のほうまでしっかり巻いているもの。
暗い赤色でツヤがあり、皮が破れていないもの。

※ここでいう「たこ」は、すべて「ゆでだこ」を指しています。

ここがガッテンワザ！

新食感を楽しめる たこの切り方

部位を分ける

たこの足を吸盤、皮、身に切り分ける。3つの部位それぞれの食感が際立ち、今までにない、たこを味わうことができる。

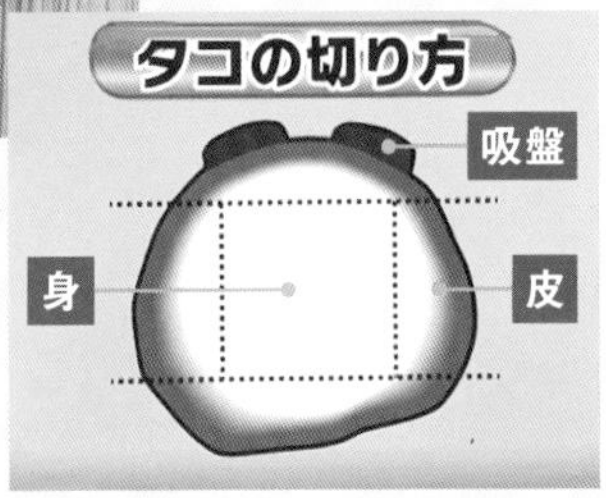

ポイント

吸盤部分の切り方 2種

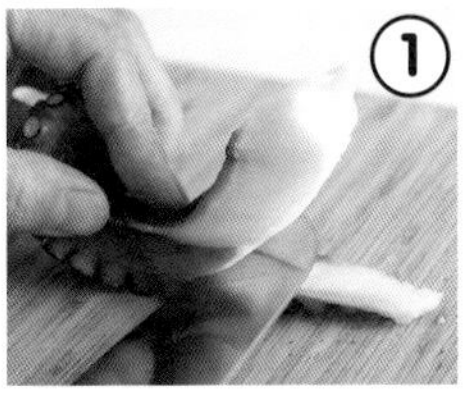

① 吸盤部分をまな板に向け、そぎ切りにする。切り取った吸盤は、1.5cm角に切る。

② 吸盤部分を横に向け、切り落とす。慣れないうちは、この切り方で行うと安心。

新食感のたこ刺し！

吸盤、皮、身の切り方を変える

吸盤はそぎ切りに、皮は細切りに、身はお好みの厚さに切る。おろししょうが大さじ½、しょうゆ・水各大さじ1、米酢・ごま油各小さじ1を混ぜた「合わせだれ」（右）をつけていただく。

香り引き立つたこの丸焼きワザ

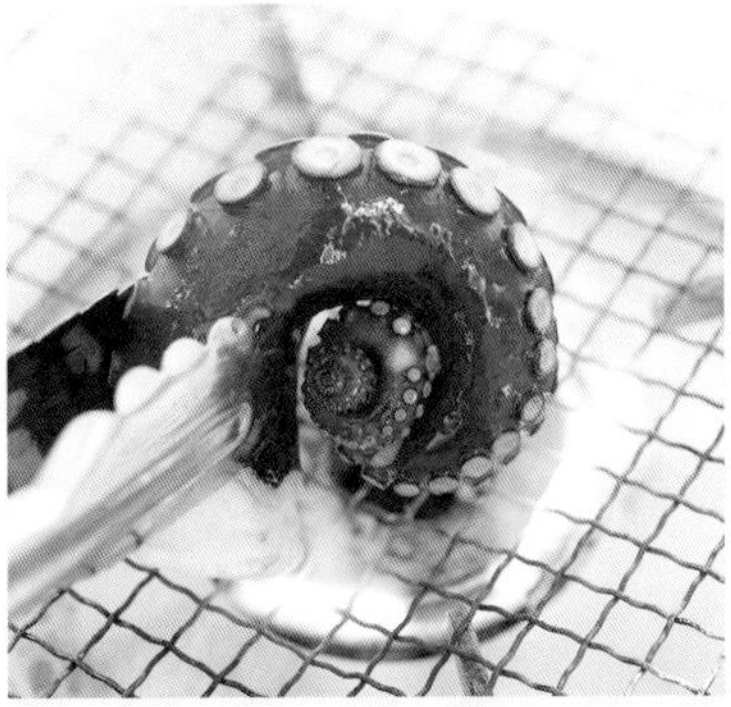

油をつけて、強火で30秒あぶる

たこ全体にオリーブ油をつける。焼き網の上で強火で30秒ほどあぶったら、食べやすい大きさに切る。

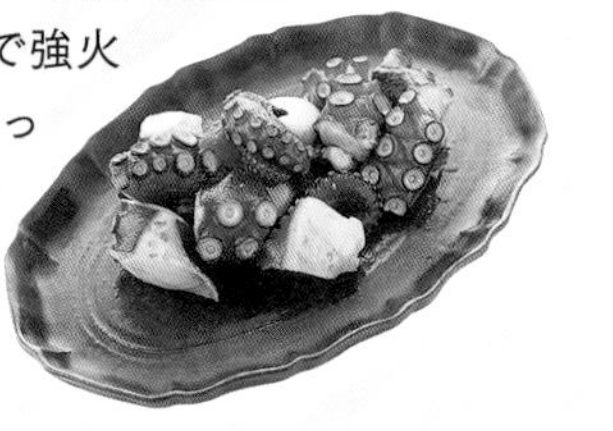

ポイント

ほかの油でもOK

オリーブ油以外の食用油でも同じ香りが立つ。また、切らずに丸ごと焼いたほうが、全体によりきれいな焼き目をつけることができるのでおすすめ。

「舌も踊る！ タコ新世界」（2015年12月2日放送）より

たこのおすすめレシピ

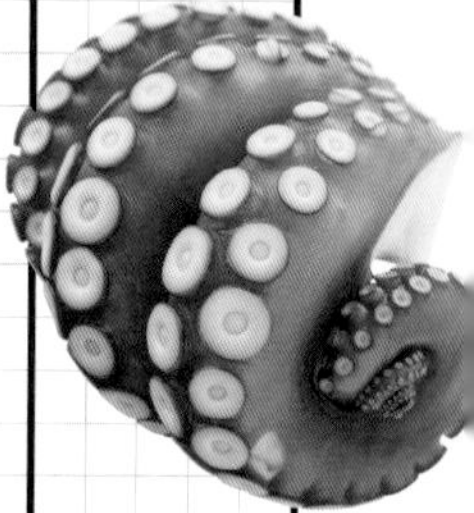

余すことなく、たこの魅力を引き出した、味はもちろん、食感も楽しめるレシピをご堪能あれ！

番組紹介レシピ たこと白菜のピリ辛炒め

1人分の栄養価データ
エネルギー：131kcal
脂質：6.4g　塩分：1.6g

■ 材料（4人分）

たこ（足）……200g
白菜（1.5㎝の角切り）……130g
長ねぎ（粗みじん切り）……40g
A
- しょうゆ……大さじ1½
- 砂糖・米酢・片栗粉……各小さじ2
- 豆板醤……小さじ1
- 水……大さじ3½

サラダ油……大さじ2

■ 作り方

1 たこは、139ページのように3つの部位に切り分け、吸盤は2㎝角、皮は1㎝角、身は5㎜幅に切る。
2 フライパンにサラダ油を熱し、白菜とねぎを入れて炒める。
3 香りが出てきたら、1のたこを「皮→身→吸盤」の順に入れて炒める。
4 合わせたAを回し入れ、とろみが出てきたら火を止める。

番組紹介レシピ 簡単たこチャーハン

1人分の栄養価データ
エネルギー：499kcal
脂質：18.2g　塩分：2.4g

■ 材料（2人分）

たこ（足）……100g
長ねぎ……25g
ご飯……300g
卵……2個
A
- しょうゆ……小さじ2
- 塩……小さじ⅓
- こしょう……少々
- サラダ油……大さじ2

■ 作り方

1 たこは、139ページのように3つの部位に切り分け、吸盤と身は1㎝角、皮はみじん切りにする。ねぎはみじん切りにする。
2 ボウルに卵を割り入れ、Aを加えてよく混ぜる。
3 2のボウルに、ご飯、1のたこの皮とねぎを加えてよく混ぜる。
4 フライパンに3を平らになるように入れてから、強火で加熱する。
5 パチパチという音がして、香りが出てきたら、鍋底にヘラをあてて、こそぐように混ぜる。
6 仕上げに、1のたこの吸盤と身を加えて、パラパラになったら火を止める。

レシピ協力◎長坂松夫

魚介類

うなぎ

市販のかば焼きが「トロふわ」、「サクふわ」のプロの味に！

プロの味を再現するカギは調理前の〝湯洗い〟にあり！

天然ものは、秋から初冬にかけてが旬とされるうなぎ。じつは、驚異的なスタミナと筋力の持ち主です。

これは、うなぎに含まれる豊富な脂質とコラーゲンのおかげ。通常、脂質が多いのは赤身の魚、コラーゲンが多いのは白身の魚といわれます。しかし、うなぎは脂質とコラーゲンがともに多い、珍しい魚です。

代表的な料理の1つにかば焼きがありますが、関東と関西では調理法に違いがあります。関東では、長時間の蒸し調理。水分と熱でトロトロになったコラーゲンが、脂とうまみを閉じ込めるため、全体が「トロふわ」な食感に仕上がります。

一方、関西では、身と皮を何度も返しながら短時間で焼き上げます。身から出る脂を利用し、表面を揚げるようにして、香ばしい脂の層を作ります。そして、中は身の水分で蒸し状態にして、全体を「サクふわ」な食感に。

ところが、市販のかば焼きは加熱して冷ます過程で、水分が抜けがち。さらに、温めるときに電子レンジを使うと、水分が抜けすぎてコラーゲンもかたくなってしまいます。

番組では、この弱点を補うため、市販のかば焼きを徹底調査しました。焦げつきの原因となるたれを湯洗いして落とすと、水分と熱が加わり、コラーゲンのトロトロ感が復活することがわかったのです。

最近は値段が上がり、気軽に食べにくくなってしまいましたが、スーパーでかば焼きが手に入ったら、湯洗いしたあと、酒をかけてホイル蒸しにすれば関東風、軽く揚げれば関西風のかば焼きが再現でき、家庭でもプロの味が楽しめます。

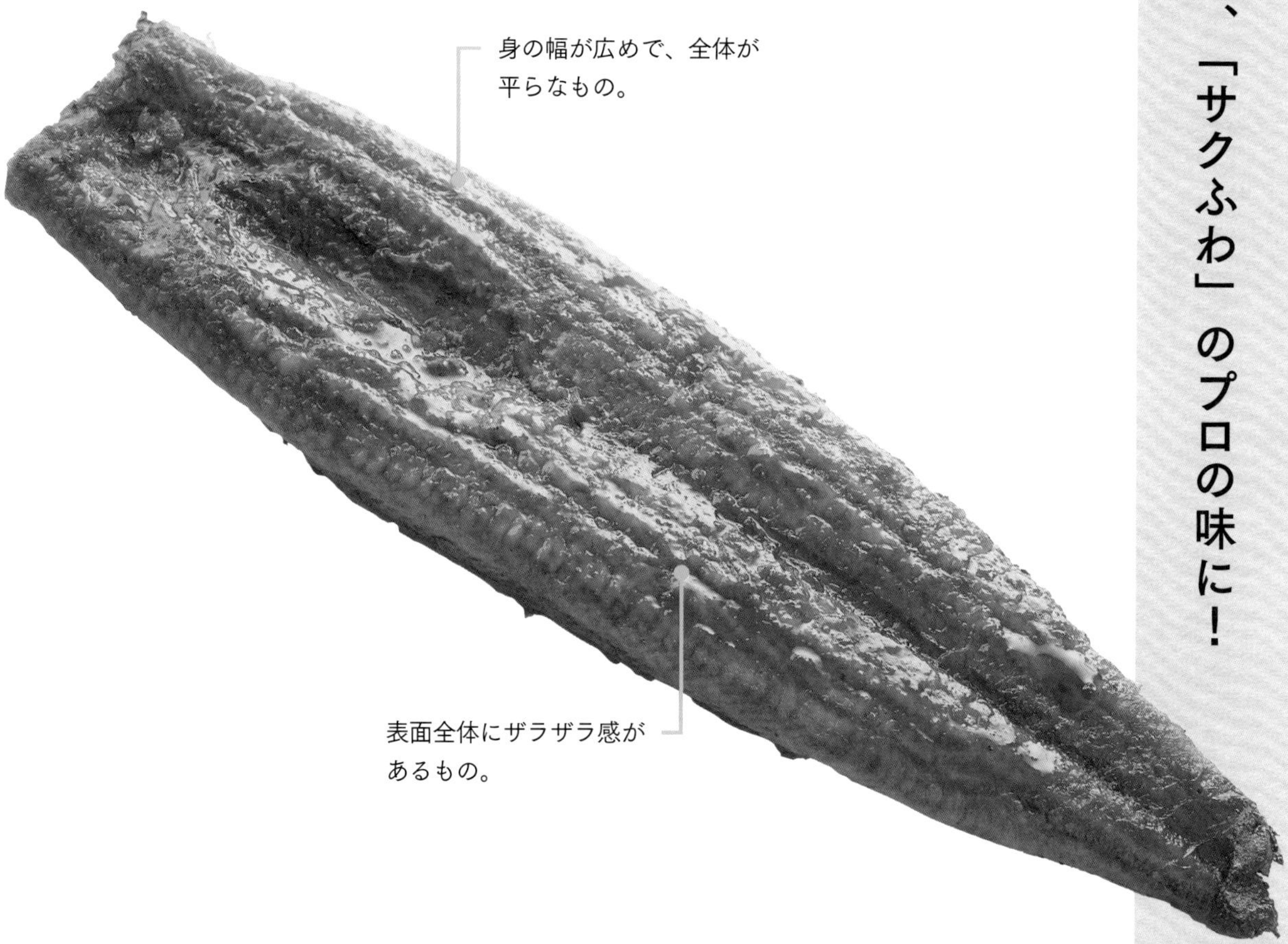
身の幅が広めで、全体が平らなもの。
表面全体にザラザラ感があるもの。

「家庭でプロ級！ うなぎ極ウマ調理術」（2007年7月25日放送）より

ここがガッテンワザ！

うなぎのかば焼きをプロの味にする 関西風 関東風の温めワザ

湯洗いをする

市販のうなぎのかば焼きに熱湯をかけて表面についたたれを落とし、余分な水けをキッチンペーパーで軽くふき取る。

関西風

少なめの油で揚げる

①フライパンに大さじ3強のサラダ油を入れ、強火で1分間予熱。
②うなぎの身を下にして、1分間揚げる。表面が薄く色づく程度が目安。
③裏に返して皮目を30秒加熱したあと、引き上げて余分な油をキッチンペーパーでふき取る。

関東風

魚焼きグリルでホイル蒸し

①アルミホイルの上にうなぎを置き、酒小さじ2をふりかけて、ふわりと包む。
②魚焼きグリルに入れて3分間ホイル蒸しにしたあと、ホイルを開き、たれをつける。
③ホイルを開いたまま、さらに1分間加熱する。

うなぎのおすすめレシピ

そのまま食べてもおいしいうなぎのかば焼き。たまには、こんなアレンジ料理でうなぎの新たな魅力を楽しんでみてください。

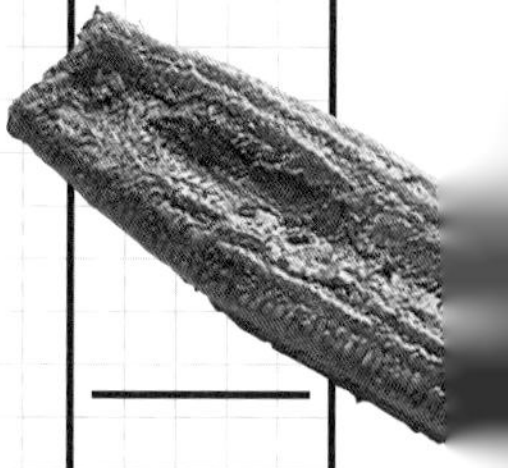

番組紹介レシピ うなぎのポテサラ蒸し

1人分の栄養価データ
エネルギー：203kcal
脂質：14.0g　塩分：1.0g

■ 材料（4人分）

「関東風かば焼き」（前ページ参照）……… 1枚
ポテトサラダ……………………………………適量
みょうが…………………………………………2個

■ 作り方

1「関東風かば焼き」を2cm幅に切る。
2 ポテトサラダを電子レンジなどで軽く温め、器に盛りつける。
3 ポテトサラダの上に1をのせ、仕上げに小口切りにしたみょうがを添える。

番組紹介レシピ うなぎの薄皮巻き

1人分の栄養価データ
エネルギー：202kcal
脂質：8.7g　塩分：0.7g

■ 材料（4人分）

「関西風かば焼き」（前ページ参照）……… 1枚

A
- 小麦粉……………………………………100g
- 卵…………………………………………1個
- だし汁…………………………………1カップ
- 塩…………………………………………少々

練りわさび…………………………………少々

■ 作り方

1「関西風かば焼き」を2cm幅に切る。
2 ボウルにAを入れて、ダマができないようによく混ぜ合わせる。
3 フライパンに油（分量外）をひき、2の生地を薄く伸ばして中火で両面を焼く。
4 焼き上がった生地を半分に切って、それぞれ内側にわさびをぬり、1をのせて巻く。

レシピ協力◎橋本宣勝（辻調理師専門学校）

刺身を絶品にする極上の「塩ワザ」

スーパーで買ってきた刺身が、ひと手間で劇的においしくなります。番組が、老舗鮮魚店の達人に教えてもらったのが「塩締め」ワザ。うまみ成分を身にとどめ、余分な水分や臭みを排出してくれるのです。さらに塩の熟成効果で身の弾力が増し、もっちりした食感に。余分な水けと塩分をていねいにふき取るのが、成功のカギです。

① まな板に塩を均一にふる

まな板の上に、まぐろやサーモンなど、刺身のさくの大きさに合わせてまんべんなく塩をふる。塩の量は、塩焼きのときより少し多めにする。

↓

② 刺身をのせ、上からもまんべんなく塩をふる

塩をふったまな板の上にさくをのせ、①と同じくらいの量の塩をふる。

③ まな板を斜めにして30分おく

出てきた水分が再び刺身に入らないよう、まな板を斜めに立てかけ、30分おく。体積の大きいほう（身の厚いほう）を下に向ける。

たいやひらめなどの場合は15分（薄いものは7～8分）

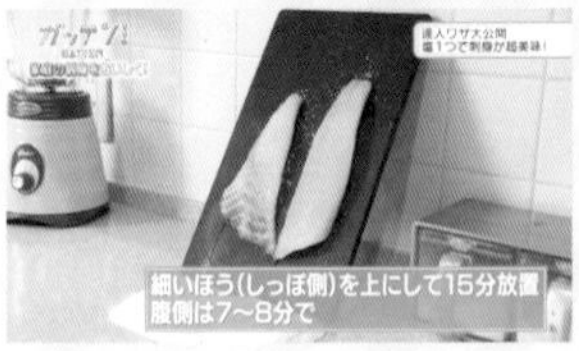

たいやひらめなど、身の薄い刺身は皮目を下にしてまな板におき、立てかけて15分おく。腹側の身が薄い切り身の場合は、7～8分でOK。

↓

④ 湿らせたキッチンペーパーでふく

脱水できたら、厚手のキッチンペーパーを水で湿らせ、絞ってからさくを包み、水分を押さえる。さらに、刺身の目に沿って塩をふき取る。

↓

⑤ 指で触り塩けを確認する

表面を指で軽くなぞり、指をなめて味見。塩けが残っている場合は、もう一度水で湿らせたペーパーを作り、ふき取る。

↓

⑥ ラップをせずに、そのまま冷蔵庫のチルド室へ

素早く冷やすために、金属製のバットなどに入れ、冷蔵庫のチルド室で、30分以上冷やす。長時間保存する場合を除き、ラップはしない。

★しょうゆは控えめでおいしく召し上がれます。

「そう来たか！　達人直伝　本当にうまい刺身が家庭で！」（2018年11月14日放送）より

CHAPTER 3

驚きのアレンジであらたな一面を！

台所の定番食材の「新常識」おかず

CHAPTER 3

定番食材

納豆

ひと手間かけるだけで広がる、納豆の新世界

日本が誇る伝統食材の新たな一面を発見！

　ゆでた大豆に納豆菌を加え、その菌が増殖することで特有の粘り気が生まれる食材、納豆。いまや日本だけではなく、海外でも、健康や美容にいい食材として注目を集めています。ただ、「納豆はおいしいけれど、ネバネバが苦手」「いろんなところに糸がついてしまって困る」ということも。最近では、そんな人や外国人向けに、〝ねばらない〟納豆も発売されています。

　このネバネバを簡単に軽減するのにおすすめなのが、納豆1パックに対して酢を小さじ½ほど入れ、かき混ぜて食べる方法。酢が入り酸性の状態になることで、ネバネバ度合いが下がってクリーミーに泡立ち、糸もサッと切れるようになるのです。

　また、番組では、納豆にヨーグルトを加えて食べる方法も紹介しました。納豆菌と乳酸菌は、味の相性も抜群。２つの食材を合わせると、チーズのような味わいになって、納豆の新しい一面を楽しむことができるのです。

　海外では、納豆を加工して調味料として使っている国もあるのだとか。

　そこで番組でも、納豆を使って調味料を作りました。

　その名も「納豆ジャン」！ みそや豆板醤と一緒に炒めた豚ひき肉と納豆を合わせ、混ぜ合わせたもの。納豆菌に含まれる酵素の働きでひき肉がやわらかくなるので、簡単にペースト状になります。ご飯にのせてもよし、野菜スティックにつけたり豆腐にかけてもよし。ピリッとした辛みがアクセントになって、食欲をそそる一品です。

ここがガッテンワザ！

納豆が「万能調味料」に大変身！

納豆をつぶして香辛料を混ぜ、万能調味料として活用するというミャンマーでの食べ方にヒントを得て、番組オリジナルの調味料、「納豆ジャン」を開発。コクやうまみを生み出すといわれる納豆菌の働きを応用した。

茨城県水戸市では切り干し大根と混ぜた「そぼろ納豆」、山形県ではさば缶やねぎと混ぜて、うどんのつけ汁にするなど、各地でさまざまな食べ方が。

「すごいネバ！ 納豆の新ワザ大連発」（2017年6月28日放送）より

番組紹介
レシピ

納豆ジャン

1人分の栄養価データ

エネルギー：347kcal

脂質：16.1g　塩分：4.2g

■ 材料（作りやすい分量）

納豆……25g
豚赤身ひき肉……120g
A［酒・砂糖・みそ……各大さじ1
　 豆板醤《トウバンジャン》……小さじ1½

※辛いものが苦手な人は、豆板醤を甜面醤（テンメンジャン）に変えてもＯＫ。

■ 作り方

1 Aをよく混ぜ合わせておく。
2 納豆を大きめの器に入れておく。
3 フライパンにひき肉と1を入れてから強火にかけ、1分ほど混ぜながら炒める。中火にして、さらに2分半～3分ほど炒めてひき肉に火が通ったら火を止める。
4 温かいうちに2に加え、よく混ぜ合わせる。
5 ラップをかけ、粗熱がとれたら冷蔵庫に入れて、20時間ほど寝かせる。
6 冷蔵庫からとりだし、スプーンでしっかりとつぶしたらでき上がり。

注意

常温で1時間以上おくと、苦みが強くなることがあります。
保存容器に入れて、冷蔵保存で1週間、冷凍保存で2か月ほどおいしく食べられます。

おすすめの食べ方

イングリッシュマフィンに、レタスなどの生野菜とともに、納豆ジャンをたっぷりとのせてマフィンサンドに。朝はパンという人にぴったり！

豆腐

クリーム状にすると、超濃厚な〝コクうま〟に

お手軽なパック豆腐が30秒で新感覚の食材に

代表的な和の食材の1つである豆腐は、大豆とにがりと水から作られます。のど越しがよく、たんぱく質が豊富で低カロリーのうえ、消化のいい、ヘルシーな食材です。

さっぱりとした味わいが魅力の1つでもありますが、最近では豆腐職人の熟練の技術によって、うまみ、コク、甘みを強く感じられる製品も増えてきました。なかには、しょうゆや薬味が必要ないほど、濃厚な味わいの豆腐もあります。

同じ豆腐でも味に差が出る理由は、豆腐に含まれる「大豆油」にあります。じつは、豆腐は水分を除いた重さの28％が油。ここに豆腐のコクやうまみのもとが詰まっているのです。

番組では、この油分を生かして固めた職人の〝コクうま〟豆腐を、なんと100円ほどの豆腐を使って再現する方法を考案しました。

その方法は「フードプロセッサーで豆腐をトロトロにする」こと。豆腐がクリーム状になることで、閉じ込められていた大豆油が飛び出します。これによって大豆油が舌に触れやすくなり、コクやうまみを強く感じられるようになるのです。

実際、フードプロセッサーでかくはんした豆腐を、ふつうの豆腐と比べてみたところ、コクとうまみが飛躍的にアップしていました。そのおいしさは、豆腐職人も「うまい！」と絶賛するほど。

固めて作った豆腐をあえて崩してトロトロにするという、これまでの常識を覆してみると、豆腐料理の世界が大きく広がります。

ここがガッテンワザ！

「クリーム豆腐」の作り方

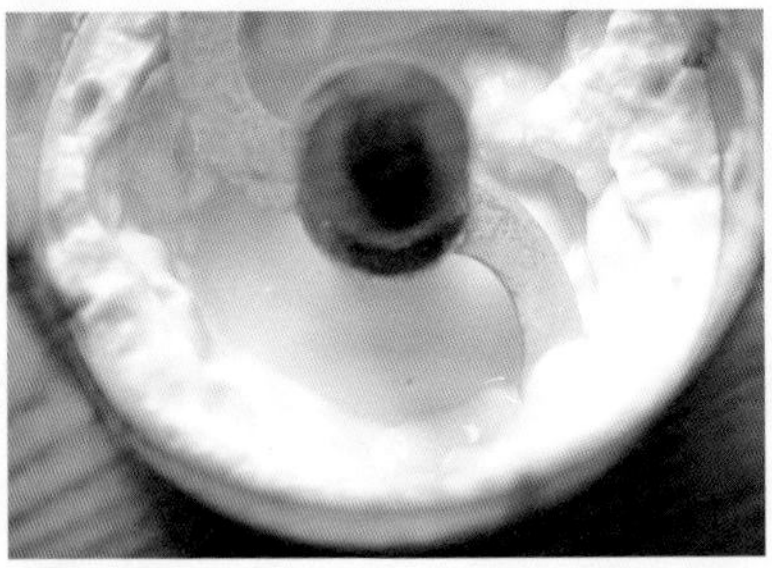

水けをきった豆腐1丁を切り分け、フードプロセッサーに入れる（ミキサーでもよい）。スイッチを入れて30秒回す。全体が十分トロトロになるまでが目安。混ざっていない部分があれば、一度、ふたを開けて、スプーンなどで混ざり合うようにして再び回す。豆腐全体が均一のなめらかさになったらでき上がり。

※豆腐の種類によっては、苦みが強くなるものがある。

なめらかな舌触りの「クリーム豆腐」にしたいときは、材料に絹豆腐を使うとよい。

「超濃厚！ 豆腐ニューワールド」（2016年11月9日放送）より

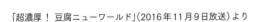

番組紹介レシピ　クリーム豆腐のねぎトロリ丼

■ 材料（2人分）

「クリーム豆腐」（右ページ左上参照）
……………………………………………1丁分
温かいご飯………………………茶碗《ちゃわん》2杯分
わさびじょうゆ・青ねぎ（小口切り）・
かつお削り節……………………………各適量

■ 作り方

1 器に盛ったご飯に、「クリーム豆腐」をたっぷりとかける。
2 わさびじょうゆをまわしかけ、青ねぎとかつお節をのせる。

1人分の栄養価データ
エネルギー：355kcal
脂質：5.9g　塩分：1.0g

番組紹介レシピ　クリーム豆腐のごまきな粉がけ

■ 材料（作りやすい分量）

「クリーム豆腐」（右ページ左上参照）
……………………………………………1丁分
すり黒ごま・きな粉・砂糖
……………………………………………各適量

■ 作り方

1「クリーム豆腐」をすくって、きれいに器に盛る。
2 黒ごま、きな粉、砂糖をあわせたものをかける。

全量の栄養価データ
エネルギー：279kcal
脂質：15.0g　塩分：0.0g

レシピ協力◎林 幸子（P148、149上段）

卵

"ちょい古"卵はゆで卵や、卵白の泡立てにおすすめ！

食べる時期やひと手間で食感が変化する

栄養豊富で、いろんな料理に使える卵。買ったら早めに使わないと、と思いがちですが、料理によっては少し古い卵のほうがおすすめの場合も。

新鮮な卵の中には「二酸化炭素」が多く含まれており、加熱すると白身がボソボソした食感に。二酸化炭素は日が経つほど抜けていくので、"ちょい古"卵を加熱すれば、プリプリの白身になります。ゆで卵や目玉焼きには、採卵日から10日ほどたった"ちょい古"卵がおすすめです。卵白が泡立ちやすくなるので、お菓子作りにも最適です。

通常、卵の賞味期限は採卵日から2〜3週間。これはサルモネラ菌が3万に1の割合で混入した場合でも、生で安全に食べられる期間を基準にしています。

つまり「生で食べる場合」の期限。しっかり加熱すれば、少し期限が過ぎても大丈夫です。

また、卵の食感は調理時のひと手間でも変わります。目玉焼きは卵を低い位置でそーっと割るのがコツ。卵黄がほろっとした口どけのやわらかい食感に。

卵焼きを作る場合は、卵を混ぜすぎないことと、強火で焼くことが達人のポイントでした。

卵液を焼くと、熱によって気泡ができます。しっかり混ぜた卵黄は気泡がどんどん抜けてしまうのですが、白身のかたまりが残った卵液なら、白身の粘りけが気泡をとらえてくれます。

また、たっぷり卵液を入れて強火にかければ、気泡がたくさんでき、焼きあがったときにはふわふわのスポンジ状に。冷めてもジューシーさを保てます。

なお、調理前には必ず卵の殻の確認を。ひびがあると、賞味期限内でも雑菌が入り込んでいる場合があるので、しっかりと加熱してお召し上がりください。

ここがガッテンワザ！

賞味期限の目安

保存状態にもよるが、サルモネラ菌が入っていない卵では、常温で約2か月、冷蔵庫で約4か月持つと考えられている。とはいえ、菌入り卵の可能性もあるので、生で食べる場合は必ず賞味期限内のものを。期限を過ぎたものは、必ずしっかり加熱し、「賞味期限が切れてから2週間まで」に食べるのがおすすめ。

卵白には抗菌作用があるので、殻についた雑菌が中に入っても新しい卵であれば卵黄に到達しにくく、腐りにくい。

※卵の殻がぬれていると、卵表面の雑菌が中へ入り腐りやすくなるため、保管中はぬらさないようにしてください。
※割ったときに変な臭いのする卵や、黄身が割れている卵は、賞味期限にかかわらず食べないでください。

番組紹介レシピ

究極の卵焼き

■ 材料（4人分）

卵（Lサイズ）……3個
A
- だし汁……60mℓ
- しょうゆ……小さじ1
- 塩……ふたつまみ
- 砂糖……大さじ1と½

サラダ油……適量

■ 作り方

1 卵をボウルに割り入れ、箸《はし》のすきまをあけてまっすぐ立て、ボウルの底につけて白身をちぎるように、前後に混ぜる。1秒間に2往復の速さで10往復混ぜ、ボウルを90度回してさらに10往復。よく混ぜ合わせた**A**を加え、同様にボウルの向きを変えながら10往復ずつ混ぜる。

2 卵焼き器を強火で熱する。箸先につけた卵液がすぐ固まる程度に温まったら、火力を卵焼き器の横からはみ出さない程度に調整する。

3 ペーパータオルで油を十分にひき、おたま1杯分の**1**を流し込む。大きな気泡だけつぶしながら待ち、表面がドロドロになってきたら、奥から手前に三つ折りにする。

4 奥によせ、あいた手前の部分に油をひき、おたま2杯分の**1**を流し込む。焼いた卵の下に流し入れ、15秒ほどおき、再び卵液を焼いた卵の下に流し入れる。表面がドロドロになってきたら、奥から手前に半分にたたむ。

5 **4**の手順どおりに、残った**1**を流し込み焼く。ヘラで上と横から軽く押さえて整える。

1人分の栄養価データ
エネルギー：112kcal
脂質：7.8g　塩分：0.7g

番組紹介レシピ

ふわたまソース

1人分の栄養価データ
エネルギー：78kcal
脂質：5.4g　塩分：0.2g

■ 材料（1人分）

卵……1個

※卵は必ず賞味期限内のものを使う。賞味期限に近いほど、泡立ちやすくなる。

■ 作り方

1 卵黄と卵白を分け、卵白を大きめのボウルに入れる。

2 泡立て器でふわふわに泡立てる。卵黄は小さめの容器に入れ、スプーンで溶き混ぜておく。

3 **2**の卵白をチキンライスやハンバーグなど、お好みの料理にのせ、その上から**2**の卵黄をかける。

「卵料理の新世界！ ふわふわプリプリ自由自在」（2016年5月18日放送）より

のり

溶かすと、だしとして超優秀な食材に！

のりが秘めた、パリパリ、トロトロ食感のおいしさ

パリッとした食感と磯の香りが魅力の「のり」。12月ごろからは、初摘みされた〝新のり〟が流通し始めます。

のりは、昆布などに含まれる「グルタミン酸」、しいたけなどに含まれる「グアニル酸」、かつおなどに含まれる動物性の「イノシン酸」、この3つのうまみ成分を含む貴重な食品です。

ただし、収穫したての「生のり」の状態ではほとんど味がしません。収穫後、低温で長時間しっかり乾燥させ、さらに高温で焼き上げるというひと手間が大切。パリッとした食感はもちろん、食べたときにのりの細胞壁が壊れ、口内でうまみ成分とだ液成分が混ざり合うことで、甘みや香りなども感じることができるのです。

現在、市場に出回っているのりのほとんどは「焼きのり」ですが、昭和30年代までは、乾燥させただけの「乾のり」が主流でした。そのため、各家庭ではその都度のりをあぶり、焼きたてののりを味わっていたのです。

うまみたっぷりののりは、だしとして使っても。みそ汁などの汁物にちぎって溶かすと、だしをとらなくても、深い味わいに仕上がります。

だしとして使う際は、「初摘み」「一番摘み」のものを使うのがポイント。初摘みのものは、とくに香りがよく、溶けやすいのが特徴なので、商品のパッケージで「初摘み」「一番摘み」とうたっていることが多いので、店頭で探してみてください。

一度開封したのりの保存は、アルミの密閉袋がおすすめです。透明のポリ袋は密閉しても外気の湿気を通してしまいます。アルミ袋にのりと乾燥剤を入れ、空気をしっかり抜いて密閉するようにしてください。

ここがガッテンワザ！

2つに分かれれば パリパリのサイン

のりを半分に折りたたんだとき、2枚に分かれれば、パリパリの証拠。

【しけている場合】

コンロに魚焼き器（ない場合はフライパン）を置いて強火で両面を軽くあぶると、湿気がとんで食感が戻る。全体的に緑色になったら完成。

おいしいとプロが絶賛するのは、小さな穴がある「マル等級」のもの。パッケージには「すしはね」「きずのり」と書かれていることが多い。

「ごはん・みそ汁が絶品！ 旬の『のり』プロ直伝技ＳＰ」（2016年12月7日放送）、「豪華な巻きずしを誰でもカンタンに巻けちゃうスゴ技ＳＰ」（2017年2月1日放送）より

番組紹介レシピ　溶けやすいのりのみそ汁

■ 材料（2人分）

みそ……………………………………………適量
のり……………………………………………2枚
お好みの食材
（写真は生しいたけ、豆腐、青菜、長ねぎ）
……………………………………………各適量

■ 作り方

1 鍋に水2カップ（分量外）を温め、お好みの食材に火を通し、みそを溶かす。
2 のりを適当な大きさにちぎって1のみそ汁に入れ、溶けるまでかきまわす。溶けにくいのりの場合は鍋に水1カップを入れて、のり1枚を適当な大きさにちぎり5分ほどつける。弱火にかけ、5分ほど温めれば、のりが溶けてだしとして使える。

1人分の栄養価データ
エネルギー：47kcal
脂質：1.7g　塩分：1.7g

番組紹介レシピ　ガッテン流！の巻きずし

1本分の栄養価データ
エネルギー：378kcal
脂質：5.5g　塩分：1.9g

■ 材料（1本分）

のり……………………………………………½枚
酢飯（米3合に対し）
……………………酢90mℓ、砂糖50g、塩6g
お好みの食材
（写真はゆでえび、かにかま、卵焼き、かいわれ大根、きゅうり）……………………各適量

■ 作り方

1 クッキングシートの上にのりを置き、酢飯を均等にのせる。巻き終わりになるほうは、2cmほどあけておく。
2 お好みの食材を、巻き始める側に重ねてのせる。きゅうりなどかたいものを下にする。
3 食材のある側を手前におき、クッキングシートで包みながら巻いていく。
片方の手ですしをクッキングシートごと持ち、もう片方の手でシートの反対側を引っ張りながら締める。
4 湿らせた包丁で食べやすく切り分ける。

CHAPTER 3

定番食材

わかめ

トロトロ成分を引き出せば、料理が激ウマに！

わかめ徹底活用のカギは「アルギン酸」の保水力

みそ汁やサラダ、酢のものと、日々の食卓で大活躍するわかめ。安くて日持ちもするので、家庭では欠かせない食材です。

わかめは波やうねりの強い海で体をくねらせながら、体全体で栄養をとり込んで成長するため、柔軟な体を持っています。そのやわらかさを生み出しているのが食物繊維の一種、「アルギン酸」。保水力が高く、クッションのような役割を果たしてわかめの細胞を守ってくれるため、激流でも簡単に折れません。

アルギン酸には水と反応し、トロトロになる性質があります。番組では、この性質を利用した「わかめペースト」、略して「わかぺ」を考案（下囲み参照）。

しょうゆで味付けし、ご飯にかけてもおいしいのですが、この「わかぺ」をいつもの料理に足すと、ふわふわやモチモチ食感に大変身します。また、ふくらむので材料が少なくてすみ、カロリーも抑えられる利点も。

たとえばお好み焼きなら、半量の小麦粉でも弾力が出るうえ、カロリーは約33％カットできます。卵焼きに入れれば、いつもと比べて倍ほどにふくらみ、時間がたってもふわふわに。

「わかぺ」自体には味はほとんどないので、活用法は無限大です。ぜひご家庭でおためしを。

またわかめといえば、手に入りやすいのが、市販のわかめの加工品。「乾燥わかめ」はやわらかく、水分を吸ってふくらむ特徴が。「塩蔵わかめ」は乾燥わかめより歯ごたえがあり、やや硬めを好む人におすすめです。

最近では技術の進歩により、「冷凍わかめ」も登場。数分の流水解凍ですぐ使え、1年中、とれたてのシャキシャキ食感のわかめが味わえます。

ここがガッテンワザ！

「わかぺ」（わかめペースト）の作り方

乾燥わかめ（または塩蔵わかめ）100gを戻し、よくしぼって水けを切り、フードプロセッサーへ。そこに熱湯200㎖を注ぎ、スイッチを入れる。ときどき状態を見ながら、わかめが細かくなり、とろみができたら完成。水と分離している場合はしばらくすると、とろみが出てくる。しょうゆなどで味付けすれば、このまま“ご飯のおとも”にもぴったり。

※冷蔵で3日ほど、冷凍で1か月ほど保存が可能。

注意 わかめには甲状腺ホルモンの原料となる「ヨウ素」が含まれているので、過剰摂取や不足に注意しましょう。 また、甲状腺機能に障害がある人は医師と相談の上、摂取してください。

番組紹介レシピ 「わかぺ」入りお好み焼き

1人分の栄養価データ
エネルギー：446kcal
脂質：27.7g　塩分：0.5g

■ 材料（2人分）

卵……1個
「わかぺ」（右ページ下参照）……120g
小麦粉……60g
キャベツ……200g
豚バラ（薄切り）……4枚
サラダ油……適量

■ 作り方

1 ボウルに卵と「わかぺ」を入れ、よく混ぜ合わせる。
2 1に小麦粉を入れて混ぜ、せん切りにしたキャベツを加え、さらに混ぜ合わせる。
3 フライパンにサラダ油をひき、熱したら、2を広げて豚肉をのせて焼く。
4 ほどよく焼き色がついたら裏返して、もう片面も焼く。お好みで、ソースやかつお節をかける。

番組紹介レシピ 「わかぺ」入り卵焼き

■ 材料（2人分）

卵……3個
「わかぺ」（右ページ下参照）……100g
しょうゆ……12g
砂糖……6g
サラダ油……適量

■ 作り方

1 ボウルに卵を割り入れ、菜箸などで切るように10回程度、さらに向きを変えて10回程度均一に軽く混ぜる。
2 1に「わかぺ」と砂糖、しょう油を加え、卵と「わかぺ」が分離しない程度に軽く混ぜ合わせ、サラダ油をひいたフライパンで焼く。

1人分の栄養価データ
エネルギー：192kcal
脂質：13.8g　塩分：1.4g

レシピ協力◎石川範子

「魅惑の食材わかめ！未知との遭遇」（2018年6月27日放送）より

CHAPTER 3

定番食材

赤みそ

隠し味として使えば料理が驚くほど激ウマに

定番料理にちょい足しする〝コク増し〟調味料

　日本では色や風味が異なるさまざまなご当地みそが、各地で造られています。

　そのなかでひときわ異彩をはなっているのが、愛知県や三重県、岐阜県など、東海地方で9割が消費されている「赤みそ」です。大豆と食塩だけで造られ、色は黒に近く、味はグッと濃厚、地元ではどて煮やみそ煮込みうどん、赤だしのみそ汁などに使われ、愛されています。

　番組が赤みそについて調査すると、赤みそにはコクのもとである「メイラードペプチド」という成分が多く含まれていることがわかりました。また、家庭のみそ汁などで一般的に使われる米みそは、加熱すると風味がとんでしまいますが、赤みそは長く煮込むほど苦みや雑みが減り、よりコクがアップするという特長が。つまり赤みそは、いろんな料理に隠し味で加えると、味に深みが増す〝コク増し〟調味料として活躍してくれる食材だったのです。

　さらに番組では、みそを発酵させるときの副産物「みそだまり」にも注目。みそだまりはうまみが凝縮されたエキスで、赤みその場合、ほかのみそと比べてより濃厚な味になります。ふだんは職人だけが味わえるものですが、番組では家庭で手軽に作れるように味を再現しました。

　この「ガッテン流みそだまり」を使えば、コクの強さと濃厚な味わいによって、ぶり大根のような煮物は、全体の塩分量を半分にまで減らすことができます。また、固形のみそとは違い、液状のため、使い勝手がよく、チャーハンやすき焼きに加えたり、刺身やおひたしにつけてもおいしくいただくことができます。

ここがガッテンワザ！

ガッテン流　みそだまり

赤みそ2g、濃口しょうゆ（薄口でも可）10gを、ボウルなど口の広い容器に入れてダマができないように、しっかりと混ぜ合わせる。しょうゆと赤みその割合は5：1で、必要な量に応じて調整を。密閉容器に入れ、冷蔵で1か月ほど保存が可能。

色の濃さから一見、しょっぱそうに見えるが、赤みその塩分濃度は米みその12.4%よりも低い10.9%。

※今回紹介しているのは、豆みその赤みそです。パッケージの原材料の表記をご確認ください。
「アナタの知らない万能調味料！ "赤みそ"の真の実力」（2018年1月24日放送）より

番組紹介レシピ ガッテン流 チャーハン

■ 材料（2人分）

温かいご飯……………………………350g
「ガッテン流 みそだまり」
（右ページ左上参照）……………大さじ1強
チャーシュー（5㎜角切り）…………50g
ねぎ（みじん切り）……………………20g
溶き卵………………………………2個分
サラダ油……………………………大さじ1強

■ 作り方

1 フライパンを強火で1分ほど加熱したら、サラダ油を入れる。
2 10秒後に、溶き卵を入れて鍋肌に広げる。
3 8秒後に、卵が半熟のうちにご飯を入れて勢いよく炒める。卵とご飯を50秒ほどなじませる。
4 チャーシューとねぎを加えて、30秒ほど炒める。
5「ガッテン流 みそだまり」を鍋肌から回し入れ、全体になじませる。

1人分の栄養価データ
エネルギー：492kcal
脂質：15.0g　塩分：2.2g

1人分の栄養価データ
エネルギー：473kcal
脂質：22.5g　塩分：5.3g

番組紹介レシピ ぶり大根

■ 材料（2人分）

大根……………………………………400g
ぶり（一口大に切る）………………250g
ゆでた絹さや……………………………少々
A
「ガッテン流 みそだまり」
（右ページ左上参照）……………大さじ4
水………………………1カップ（200㎖）
みりん……………½カップ（100㎖）
砂糖……………………………大さじ1

■ 作り方

1 大根は皮をむき、3㎝厚さの半月切りにする。
2 鍋に、**1**の大根と水適量（分量外）を入れ、やわらかくなるまで中火で湯がく。
3 別の鍋に**A**を入れて火にかけ、軽く煮立ったら**2**の大根とぶりを入れて、弱火で20分ほど煮込む。器に盛り、絹さやを添える。

酒かす

ペースト状にすると、手軽でおいしい漬け床に

アルコールとレンジの力でプロ並みのかす床に！

酒かすは、日本酒を造るときにできる副産物。米とこうじ菌などを合わせて発酵させた「もろみ」をしぼったあとに残るしぼりかすです。日本人は昔からこの酒かすを、かす汁や甘酒などに使ってきました。

そんな酒かすですが、まだまだ知られざる魅力があります。

かす漬けの専門店では、職人が大きなたるのようなものに入った酒かすを何度も踏み込み、時間を置いて熟成させた「かす床」を使って、かす漬けを作っています。

酒かすを踏むと、含まれているこうじ菌が酵素を出してでんぷんやたんぱく質を分解。糖やうまみ成分のもとであるアミノ酸を作り出します。すると糖とアミノ酸が結合する「アミノカルボニル反応」が起こり、深いコクが生まれるのです。

番組では、かす床を家庭で手軽に作る方法を見つけました。酒かすにアルコールを加え、電子レンジで40～50℃に温めます。

すると、酒かすの中の酵素が活性化するのです。あとはペースト状になるまで、よく混ぜればでき上がり。

やわらかく練り上がった酒かすを密閉できる容器や袋に入れれば、かす床になります。

このかす床のすごいところは、漬ける食材を選ばないこと。定番の切り身魚や肉類はもちろん、干物や乾燥わかめなどの乾物のほか、フランスパンやおにぎり、マシュマロ、チーズなどの食材を漬けても、驚くほどおいしくなりました。

さらに酒かすは、塩分が0%というのも、血圧が気になる人にはうれしい特徴。浅漬けやみそ漬け、ぬか漬けなどの塩分が気になる人にもおすすめです。

酒かすは、四角く切ったもっとも一般的なのが「板かす」、バラバラになっているのが「バラかす」、板かすを踏み込んでペーストにしたものは「練りかす」と呼ばれる。

ここがガッテンワザ！

「かす床」の作り方

耐熱容器に小さくちぎった酒かす100ｇとアルコール50mℓを入れる。アルコールは、焼酎や本みりんなどアルコール度数が高いものがおすすめ。電子レンジ（600W）で40秒ほど加熱し、ゴムべらなどでなめらかになるまで混ぜ合わせる。ペースト状になったら完成。

※保存は常温（20～25℃）で。状態がよければ繰り返し使用でき、半年ほどおいしく使えるが、すっぱいにおいがしてきたら処分を。また、漬ける食材ごとに容器を分けるのがおすすめ。

「酒かすパワー大全開！」（2015年11月25日放送）より

番組紹介レシピ

甘酒

1人分の栄養価データ
エネルギー：306kcal
脂質：0.8g　塩分：0.0g

■ 材料（4人分）

酒かす……200ｇ
水……1ℓ
砂糖・低カロリー甘味料……適量

■ 作り方

1 鍋に水を入れて火にかけ、酒かすを小さくちぎりながら入れる。

2 鍋をかき混ぜながら強火で沸騰させる。火を止め、砂糖適量とお好みの量の低カロリー甘味料を加えて混ぜる。

香ばしさと深いコクがアップ！

魚の切り身のかす漬け焼き

お好みの魚の切り身をさっと水洗いし、キッチンペーパーなどで水けをよく拭き取る。かす床に切り身を漬け込み、一晩置く。取り出した切り身の表面についた酒かすを軽くぬぐって、グリルなどで弱めの中火で焼く。

1人分の栄養価データ
エネルギー：199kcal
脂質：11.1g　塩分：1.8g

※肉や魚を長く漬け込むと身が崩れやすくなるので、長くても4〜5日ぐらいを目安に。焦げやすくなっているので加熱時は注意してください。

CHAPTER 3

定番食材

高野豆腐

常識破りの「熱湯もどし」で食卓の主役に大変身！

もどし方を変えるとプルふわな食感に！

豆腐を凍結、乾燥させて長期保存を可能にした高野豆腐。凍《こお》り豆腐や凍《し》み豆腐とも呼ばれ、古くから精進料理などに使う食材として親しまれてきました。

構造がスポンジ状なので、家庭では煮物やおひたしなど、だし汁を染み込ませる料理に使われます。お手頃価格で栄養価も高いのですが、独特な食感もあり、地味な存在になりがち。

その要因は高野豆腐のもどし方かもしれません。市販の高野豆腐は、「40~50℃のぬるま湯」でもどすことを推奨しているものがほとんど。この方法を使えば、角が立った美しい高野豆腐に仕上がるのに加え、やけどなどの心配も少なくなります。

ところが、そこをあえて熱湯でもどすと、絹ごし豆腐に負けないようなプルふわな食感になることがわかりました。

理由は、高野豆腐に含まれる重曹成分。熱湯でもどすと、重曹の働きで表面が溶け、泡雪のような口溶けになるのです。

ただし、熱湯もどしには弱点も。しょうゆなどの塩分の強いものや、酢やレモン汁、トマトソースなどの酸性の調味料と合わせると、せっかくの食感が失われてしまいます。

そこで番組では、熱湯でもどした高野豆腐をよりおいしく味わうための調理法を徹底調査。

その結果、コーンスープやラーメンに入れると、おいしくいただけることがわかりました。

高野豆腐の新たな魅力を堪能《たんのう》するには、40~50℃もどしと、熱湯もどし、この2つを使い分けることがポイントです。

ここがガッテンワザ！

沸騰後、高野豆腐を入れる

高野豆腐1個に対して、水250mℓ（2個の場合は500mℓ）を鍋に入れて加熱。沸騰したら、高野豆腐を入れる。

強火で1分30秒ほど加熱し、水けを切る

高野豆腐を入れたらふたをして、強火で1分30秒ほど加熱する。加熱後、鍋から出す際、フライ返しなどを使って豆腐が崩れないように注意しながら、水けを切る。

「あの高野豆腐がプルン　ヘルシー激ウマ七変化」(2015年5月27日放送)より

番組紹介レシピ

高野豆腐の抹茶プリン

■ 材料（作りやすい分量）

高野豆腐	2個
砂糖	大さじ3
水	500mℓ
抹茶	3g
あんこ（市販品）	適量

■ 作り方

1 抹茶は水大さじ1（分量外）で溶いておく。

2 鍋に水と砂糖を入れて沸騰させ、高野豆腐を入れる。ふたをして1分30秒ほど加熱。

3 火を止めて、**1**で溶いた抹茶を入れ、ふたをせずに1分ほどさらに加熱する。

4 食べやすく切って器に盛り、あんこをのせる。

全量の栄養価データ
エネルギー：334kcal
脂質：11.2g　塩分：0.4g

番組紹介レシピ

高野豆腐のフレンチトースト

■ 材料（作りやすい分量）

高野豆腐		2個
溶き卵		1個分
溶かしバター		小さじ2
A	豆乳	250mℓ
	砂糖	65g
	生クリーム	100mℓ
オリーブ油		少々
お好みのフルーツ		適宜

■ 作り方

1 高野豆腐を40〜50℃のぬるま湯でかためにもどして水けを切り、4等分に切る。

2 **A**を鍋に入れて沸騰させ、**1**の高野豆腐を入れたら、中火弱〜中火で7分ほど煮る。

3 フライパンでオリーブ油を熱し、**2**に溶き卵をからめたものを入れて、両面をこんがりと焼き、溶かしバターをかける。

4 器に盛り、お好みで、ラズベリー、ブルーベリー、ミントなどを添える。

全量の栄養価データ
エネルギー：1119kcal
脂質：73.0g　塩分：0.8g

定番食材

おから

しっかり煎《い》って水分を抜くと、うまみを閉じ込める食材に

栄養豊富なおからを幅広い料理に活用

豆腐作りの際、豆乳を搾ったあとにできるおから。大豆本来の栄養はそのままに、さまざまな健康効果が期待されています。

とくに、おからに多く含まれる食物繊維は、食べると胃液や胃の中の食材の水分を吸収し、体積が2倍以上に。そのため、腹持ちも抜群で、ダイエットの強い味方になるのです。

ただし、いまのおからは、昔よりもパサパサ感が強く、おいしくなくなっていることがわかりました。

理由は、豆乳搾り機の進化によるもの。おいしい豆腐を作るための機械の進歩がおからのうまみと水分量を減少させ、なめらかな食感を失わせていたのです。水分量を比べると、昔の製法で作られたおからで81％あった水分が、最新の製法では68％に減少しているといいます。

とはいえ、おからに栄養が豊富に含まれていることは変わりません。そこで番組では、スペイン料理の定番食材「パン粉」に注目。スペインではパサパサのパン粉に、スープをしみ込ませて「具」として食べる習慣があります。この調理法をおからに応用したのです。

現代のおからは水分量が減ったとはいえ、70％ほどの水分を含んでいます。おからを煎って水分を抜き、パン粉と同じような状態を作ると、水分が抜けたぶん、おからの吸水力がアップ。これをだしや調味料と合わせれば、うまみをたっぷりと吸っておいしくなります。最近では商品化され、「おからパウダー」などとして販売されるように。

また、おからは煎ると保存性も高まるため、まとめて煎っておけば、さまざまな料理に活用しやすくなります。

ここがガッテンワザ！

水分が完全に抜けるまでから煎りする

加熱したフライパンにおからを入れて、強火で煎る。全体が粉状になり、茶色く焦げ色がついて、いい香りがしてきたら完成。加熱時間の目安は100ｇに対して、10分程度。密閉袋に入れて、冷蔵保存で１週間、冷凍保存で数か月保存できる。

「健康食品おから革命！ 新発想で激ウマに変身」（2009年6月24日放送）より

番組紹介レシピ

カラカラおからの鶏そぼろ

1人分の栄養価データ
エネルギー：242kcal
脂質：11.3g　塩分：2.9g

■ 材料（2人分）

煎ったおから（右ページ下参照）……50g
鶏ひき肉……150g
A　水……150mℓ
　　酒・しょうゆ……各大さじ2
　　砂糖……大さじ1
　　塩……少々

■ 作り方

1 鍋に鶏ひき肉とAを入れて、混ぜ合わせながら加熱する。
2 肉に火が通ったら、煎ったおからを入れて全体をなじませる。

番組紹介レシピ

カラカラおかられんこんボール

1人分の栄養価データ
エネルギー：302kcal
脂質：20.2g　塩分：3.4g

■ 材料（2人分）

煎ったおから（右ページ下参照）……40g
れんこん……150g
ツナ缶……1缶（80g）
塩……小さじ1
サラダ油……適量
レタス……適量

■ 作り方

1 ボウルに、煎ったおからとすりおろしたれんこん、ツナを汁ごと入れ、塩を加えて混ぜ合わせる。
2 1をピンポン玉くらいの大きさに丸めて崩れないよう固める。
3 フライパンにサラダ油を多めに1㎝ほどひき、190℃に熱したら、2をそっと入れる。
4 あまり動かさずに、表面を焼き固めながらそっと転がし、全体がきつね色になったらでき上がり。レタスとともに器に盛る。

※崩れやすいため、丸めたらすぐに焼く。

レシピ協力◎おおつきちひろ

定番食材

麩《ふ》

高い吸水性と保水力で、うまみを閉じ込める優秀食材

麩の特性を生かせば ふわふわ&しっとり食感に

全国で生産され、古くから精進料理や郷土料理の食材として、家庭ではみそ汁、お吸い物の具材として重宝されてきた麩。

小麦粉に含まれるたんぱく質の一種「グルテン」から作られ、高たんぱくで消化によいとされる、体にやさしい食材です。

麩もパンも原料は小麦粉。ところが、ある性質に大きな違いがあります。

番組ではハンバーグで麩の特性を検証。パン粉の代わりに細かく砕いた麩（左を参照）を加えたたねを作り焼いてみたところ、パン粉を使ったものより、ジューシーでふわふわの仕上がりに。麩はできるだけ細かく砕くことで、効果を発揮しました。

その理由は、麩が肉汁をたっぷりと吸いこんでいたため。そこで、1gの麩とパンの吸水量を比べてみたところ、麩のほうが、約1・5倍も多く水分を含んでいました。つまり、麩は吸水力にすぐれた食材なのです。

2つの食材の吸水力の差には、網目構造の目の大きさが関係しています。パンは目が大きく粗いのに比べ、麩は目が小さく細かいのが特徴。これがスポンジのような役割を果たすのです。

番組では、麩の特性を生かし、よりおいしく味わうための調理法を徹底調査。すると、だし汁や煮汁などに戻さずに入れると、それらが1～2分ほどで中までしっかりと染み込んで、味わい深い仕上がりになることが判明。

逆に水でもどすと、麩が大量の水分を吸い込むため、だし汁が浸透せず、水っぽい仕上がりになってしまいました。

汁物の具材としてはもちろんですが、これを機に、麩の特性を生かした新たな調理法もとり入れて、秘められた魅力をたっぷりと堪能してみてください。

ここがガッテンワザ！

袋に入れ、砕いて粉状にする

麩を密閉できる袋に入れ、すりこ木などを使って叩いて砕く。ハンバーグなどのつなぎに使う場合は、より細かく砕いたほうが肉となじみやすく、口当たりがなめらかになる。また、野菜炒めが水っぽくなってしまった際に、この麩を入れると水分を吸い、シャキッとした仕上がりに。

写真のような「小町麩」は、日本各地で生産されている。選ぶときは適度な光沢があるものを。

「不思議食材シリーズ②新食材宣言！麩ビックリ活用術」（2005年2月23日放送）より

番組紹介レシピ いわしのつみれ汁

1人分の栄養価データ
エネルギー：99kcal
脂質：4.0g　塩分：2.3g

■ 材料（作りやすい分量）

粉状にした小町麩……20g
いわしのすり身……2匹分
みそ……15g
卵……1個
〈すまし汁〉
　だし汁……720㎖
　しょうゆ……大さじ2
　塩……少々
青ねぎ適量

■ 作り方

1 ボウルにいわしのすり身を入れ、みそを加えてよく混ぜる。粉状の麩、卵を入れてさらによく混ぜる。
2 鍋にすまし汁を入れ沸騰させたら、1のすり身を丸めてから入れる。
3 2に火が通ったら器に盛り、青ねぎをちらす。

番組紹介レシピ 麩の明石焼き

全量の栄養価データ
エネルギー：319kcal
脂質：15.5g　塩分：2.3g

■ 材料（作りやすい分量）

小町麩……12個
だし汁……適量（小町麩がもどる程度の量）
小さく切ったゆでだこ……適量
卵……（だし汁1カップに対して1個程度）
しょうゆ・小麦粉・青ねぎ……各適量
ごま油……大さじ1

■ 作り方

1 小町麩をだし汁でもどしたら、取り出す。
2 1のだし汁に、溶いた卵としょうゆ、青ねぎを加えて混ぜる。
3 1の麩の切断面にたこを押し入れて、ぎゅっと絞る。
4 2に3の麩を入れて、だし汁を吸わせる。
5 麩を取り出し、小麦粉をまぶし、青ねぎをのせる。
6 フライパンにごま油を熱し、強火で両面にかるく焼き目がつくまで焼く。

レシピ協力◎宮田佳主子

ごま

すり方1つで、うまみも香ばしさも段違い！

自分ですれば、ごまのうまみと食感を自由自在に楽しめる

小さな粒の中に、脂質、たんぱく質、ビタミン、ミネラルなどの栄養がギュッと詰まっているごま。加えて、食欲をそそる独特の香りも大きな魅力です。

ただ、外皮がかたいため、すらないと香りも出ず、豊富な栄養素も吸収されないままになってしまいます。そのため、ごまの栄養を得るには、することがとても重要。このすり方、ちょっとしたことで仕上がりが大きく変わることがわかりました。ガッテン流なら、栄養もおいしさも得ることができます。

ごまは成分の50％以上がリノール酸やオレイン酸などの不飽和脂肪酸でできていますが、これはおいしさのもとでもあります。しかし、しっかりすらないと、この油は表面には出てきません。ほとんどの人は、そこまですれていないのです。油を上手に細胞から出すには、すり鉢とすりこ木を使って、「押しつけながら」細胞壁を壊すようにするのがポイント。

ガッテン流ですってみたところ、「しっとりごま」は、ふつうのすりごまよりも、うまみが12％、香ばしさが13％もアップして、まるでスイーツのようになりました。

かたや、同じすり鉢でまったく違う食感のすりごまも作れます。それは、弱い力で細胞壁に傷をつける程度にする方法。軽くすれば、表面に油が出ず、口当たりのさっぱりした「サラサラごま」に。時間がたつにつれて、すった傷から油もちゃんと出てきます。

すりごまはどれも同じ……と思われがちですが、すり鉢をお持ちの方は、だまされたと思って一度おためしください。

ここがガッテンワザ！

やさしくすれば「サラサラごま」

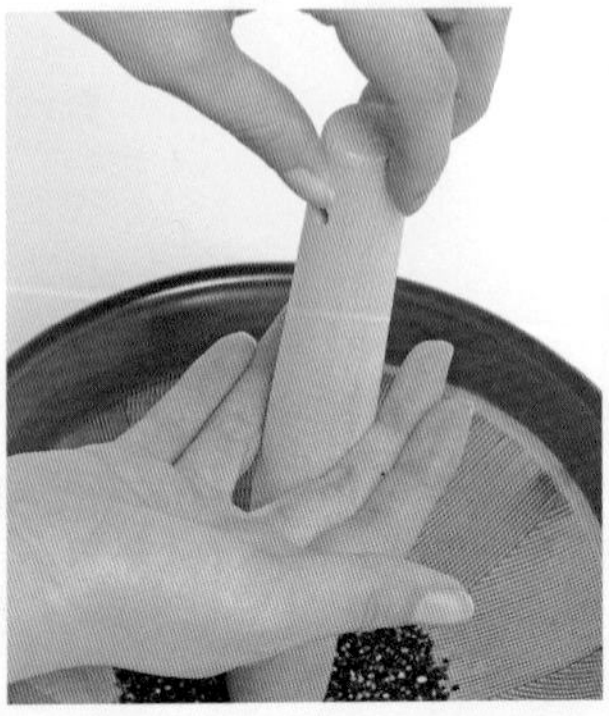

ごま同士がかぶらない程度の量を入れる。一般的な八寸のすり鉢で5～10ｇが目安。ブランデーグラスを持つように、利き手の中指と薬指の間にすりこ木をはさみ、反対の手ですりこ木に力が入らないよう支えながらする。プチプチという音がしなくなる1分ほどを目安に。

押しつけながらすれば「しっとりごま」

利き手と反対の手ですりこ木を上から押しつけながら、利き手で力を入れてする。ごまの$\frac{2}{3}$量が側面にくっついた状態になったら、スプーンで底からごまをはがして集め、さらに10秒する。

「ごま！ 健康パワー全開 感動の極ウマ料理術」（2010年9月8日放送）より

番組紹介レシピ 香るごまパッチョ

■ 材料（2人分）

白身魚の刺身（薄切り）……50g
「しっとりごま」（白）……大さじ1
塩……小さじ⅙
レモン……¼個
ルッコラ……適量

■ 作り方

1 右ページ下を参照して「しっとりごま」を作り、塩をよく混ぜ合わせる。
2 刺身の上に1をふりかけ、レモンとルッコラを添える。レモンを搾っていただく。

1人分の栄養価データ
エネルギー：57kcal
脂質：3.1g　塩分：0.5g

番組紹介レシピ ごまの香り とじこめうどん

1人分の栄養価データ
エネルギー：409kcal
脂質：5.6g　塩分：2.5g

■ 材料（2人分）

うどん……250g
「サラサラごま」（黒）……大さじ3
青じそ（せん切り）……10枚
A かつおのだし汁……2カップ
A 塩……ふたつまみ
A 薄口しょうゆ……小さじ1½
水溶き片栗粉……大さじ1

■ 作り方

1 右ページ下を参照し、「サラサラごま」をする。鍋にAを温め、沸騰したら水溶き片栗粉を加えてとろみをつける。
2 飾り用を少し残して器に青じそをしき、ゆでたうどんをのせ、「サラサラごま」をふりかける。
3 2の上に1のあんを回しかけ、飾り用の青じそをのせる。青じそを混ぜながらいただく。

レシピ協力◎舘野雄二朗

干ししいたけ

もどし方しだいでうまみが劇的にアップ！

「おろし干ししいたけ」でいろんな料理が大変身！

干したことで生まれるうまみ成分「グアニル酸」が、海外からも注目を集めている干ししいたけ。じつは傘の形状で呼び名が変わり、傘が開いた「こうしん」は香りがよいのが特徴。傘が閉じた状態の「どんこ」は食感がよいといわれています。

最近の研究では、干ししいたけのうまみ成分であるグアニル酸を、代表的なうまみ成分「グルタミン酸」と一緒に摂取すると、舌の、味を感じる受容体の構造が変わり、より長く強くおいしさを感じるようになることがわかりました。合わせだしがおいしいのはこのため。グルタミン酸はいろいろな食材に含まれているので、干ししいたけの可能性は大きく広がっています。

しかし最近、日本のご家庭では水でもどすのが面倒との声も。

そこで番組では、もどし時間がゼロになる、おろし金を使って粉末にする「おろし干ししいたけ」を考案しました。

この粉末をカレーやみそ汁などの料理の仕上げにひと振りするだけで、手軽にグアニル酸のうまみの相乗効果をプラスできます。調味料に入れる場合は、大さじ2のケチャップやマヨネーズに対し、干ししいたけの粉は小さじ1が目安です。

また、粉末にすると独特のにおいが抑えられ、香りが苦手な人でも食べやすくなる利点も。

干ししいたけそのものを食べるときは、冷蔵庫の中でもどす「冷水もどし」がおすすめです。干ししいたけは室温で水もどしをするとグアニル酸を壊す酵素が働き、うまみ成分が壊されてしまいます。冷蔵庫の中でじっくり低温でもどせば成分が壊されることなく、うまみたっぷりに仕上がります。

ここがガッテンワザ！

「おろし干ししいたけ」粉末の作り方

おろし金の歯に干ししいたけを当てたら、あまり力をいれず、円を描くようにおろすのがコツ。使う前に使う分だけおろし、鍋に水を入れるタイミングで加える。香りが気になる人は最後にひと振りしても。カレーには大さじ1½、みそ汁には大さじ1が目安（各2人前の分量）。

うまみたっぷり「冷水もどし」

ボウルに干ししいたけとそれが浸るぐらいの水を入れ、冷蔵庫でもどるまでつける。寝る前に仕込んで一晩おくだけで、ワンランク上の味わいに。戻し汁をだしとして使うのはもちろん、そのものを食べるのにもおすすめ。

「こんなにうまかった！ 干しシイタケ新調理法」（2002年10月23日放送）、「戻し0分でうまみ30倍!? 真・干しシイタケ究極活用術」（2019年5月15日放送）より

番組紹介レシピ

レミ流 簡単でおいシイタケポタージュ

1人分の栄養価データ
エネルギー：180kcal
脂質：11.4g　塩分：0.9g

■ 材料（2人分）

「おろし干ししいたけ」（右ページ下参照）……大さじ2
牛乳……2カップ
バター……小さじ2
チキンコンソメ……小さじ1
パセリ（みじん切り）・黒こしょう……各少々

■ 作り方

1 鍋に「おろし干ししいたけ」、バター、チキンコンソメを入れて弱火で加熱する。
2 牛乳を少しずつ加えて混ぜ、ひと煮立ちさせたら火を止める。器に盛り、パセリ、黒こしょうをふる。

番組紹介レシピ

レミ流 うれシイタケ混ぜごはん

1人分の栄養価データ
エネルギー：488kcal
脂質：6.1g　塩分：1.9g

■ 材料（2人分）

干ししいたけ（右ページ下の方法でもどす）……3枚分
しめじ……1パック
温かいご飯……400g
A［しょうゆ・バター……各大さじ1
　 砂糖・昆布茶……各小さじ1
B［赤ピーマン（5㎜角に切る）……1/2個
　 あさつき（みじん切り）……5～6本
黒こしょう……適量
ゆで栗……6個

■ 作り方

1 冷水でもどした干ししいたけを食べやすい大きさに切る。鍋に戻し汁とともに入れて、しめじをほぐしたものと**A**を加え、中火で煮汁が少なくなるまで煮る。
2 ボウルに温かいご飯を入れ、**1**と**B**、黒こしょうを加えて混ぜる。器に盛り、食べやすく切ったゆで栗を飾る。

レシピ協力◎平野レミ

煮干し

手間いらずで上品な極うまだしがとれる〝だしの王様〟

「煮て」「干す」からこそうまみが閉じ込められる！

その深い味わいで〝だしの王様〟とも呼ばれる煮干し。カルシウムが豊富で、昔から健康によい手軽なおやつとしても、親しまれてきました。

煮干しの原料は、脂肪の少ない小魚のカタクチイワシが一般的です。脂が多いと干したときに酸化して、臭みが出るためです。産地では、とくに脂の少ない時期のものが使われます。

購入するときは、はらわたが出ておらず、背側が盛り上がっていて、ピンとしているかをチェック。色は青みがかっていて、銀白色のものがおすすめです。

煮干しはその名のとおり、とれたてを熱湯で3分間ほど煮たあと、一晩干して作られています。この工程が、うまみに大きな影響を与えていました。いわしを生のまま干したものとうまみ成分「イノシン酸」の量を比べると、事前に煮たほうがなんと11倍も多かったのです。

いわしのエネルギー源となる物質、「ＡＴＰ」はいわしが網にかかって暴れるうちに、酵素によってイノシン酸に変わっていきます。ところが、死んだあとは、イノシン酸を分解する酵素が働き始めます。

じつは、このイノシン酸を壊す酵素を封じ込めるのに有効なのが「煮る」工程でした。とれたてを大急ぎで煮ることで、分解酵素だけを封じ込め、さらに「干す」ことで、うまみが凝縮されるというわけです。

番組ではだしのとり方を大研究。従来のだしとは違った、おすましにもぴったりの上品な味わいが実現しました。料理に応じて、風味の強い従来のだしと、あっさりした「ガッテン流煮干しだし」を使い分け、だしはもちろんのこと、だしがらまでどんどん料理に活用しましょう。

ここがガッテンワザ！

水につけるだけ！「ガッテン流 煮干しだし」

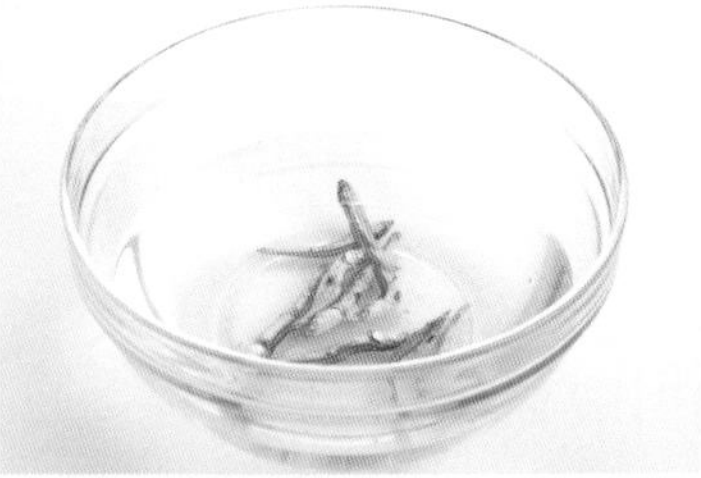

ボウルなどに水をはり、そこに煮干しを、頭と内臓を取らず、そのままの状態で入れて一晩つける。ガッテン流なら、1ℓの水に煮干しは5〜10gの割合でOK。暑い時期は、冷蔵庫に入れておく。頭や内臓を取らないのでだしがらもきれいな姿のまま。このまま料理に使える。

富山県などでは、7〜8月、11〜12月にとれたもののみを、煮干しに加工している。

「国民的大誤解！ にぼし新調理術」（2007年7月4日放送）より

番組紹介レシピ 煮干しのミネストローネ

1人分の栄養価データ
エネルギー：102kcal
脂質：3.6g　塩分：1.4g

■ 材料（4人分）

「ガッテン流煮干しだし」
（右ページ左上参照）……………………………1ℓ
「ガッテン流煮干しだし」のだしがら……5本
玉ねぎ…………………………………………½個
にんじん………………………………………½本
セロリ…………………………………………1本
じゃがいも……………………………………1個
にんにく（みじん切り）…………………1かけ
オリーブ油……………………………大さじ1
トマトピューレ……………………………150mℓ
塩……………………………………………適量

■ 作り方

1 野菜はすべて2cmの角切りにする。
2 鍋にオリーブ油とにんにくを入れて温め、香りが出たら**1**の野菜を加えて炒める。玉ねぎが透明になったら、「ガッテン流煮干しだし」とトマトピューレを入れて中火で10分煮る。
3「ガッテン流煮干しだし」のだしがらをちぎりながら入れ、塩で味を調え、5分煮る。

番組紹介レシピ 煮干しのチーズのせトースト

1人分の栄養価データ
エネルギー：251kcal
脂質：15.1g　塩分：1.5g

■ 材料（2人分）

「ガッテン流煮干しだし」のだしがら……6本
フランスパン………………………………2切れ
A ［マヨネーズ……………………小さじ1
　 マスタード……………………小さじ1
B ［モッツァレラチーズ
　 ……………½個（パンに合わせて切る）
　 溶けるタイプのチーズ……………60g
イタリアンパセリ（みじん切り）…………適量

■ 作り方

1 フランスパンに**A**を合わせたものを塗り、「ガッテン流煮干しだし」のだしがらをのせる。
2 **1**に**B**をのせてオーブントースターでチーズが溶けるまで焼き、イタリアンパセリを散らす。

レシピ協力◎桝谷周一郎

CHAPTER 3

定番食材

干しえび

調理前のひと手間で、使いみちが広がる！

「高温加熱＋糖分」で、本来のうまみを引き出す！

小さいながらも、うまみ成分のアミノ酸やタウリンなどの栄養を豊富に含む干しえび。桜えびなどを日干しして作ります。

豊かな風味と味わいで、焼きそばやチャーハンなど、料理の味を引き立ててくれますが、仕上げに加えるなど、特別な調理をせずに、そのまま味わうことが多いのではないでしょうか。

ところがこの使い方では、干しえびのせっかくのうまみ成分が生かしきれません。

それには、干しえびに含まれる糖分の量が関係しています。アミノ酸と糖分は、加熱すると香り成分を生み出す「アミノカルボニル反応」を起こします。この反応が活発に起こると、香ばしさが増して、よりおいしさを感じることができます。ところが干しえびは、アミノ酸の量に比べて糖分が少ないのです。

干しえびが持つうまみ成分を最大限に引き出すには、「外から糖分を加える」のがポイント。糖分を補うことで、アミノカルボニル反応が起こりやすい状態を作ります。焼きそばやお好み焼きの場合はソース、チャーハンや野菜炒めの場合は酒やみりんなど、料理に合わせて、糖分を含む調味料を加えます。

また、「高温加熱」も干しえびのうまみを引き出すポイントであることがわかりました。

街頭で、１００℃、１５０℃、２００℃でから煎《い》りした干しえびを食べ比べてもらったところ、ほとんどの人が「１５０℃以上でから煎りしたもののほうが、香ばしくておいしい」と回答。

ただし、先に糖分を加えて加熱すると、焦げやすくなってしまいます。まず干しえびだけをから煎りして、最後に糖分を加えるようにしてください。

ここがガッテンワザ！

うまみや香ばしさがアップする、150℃以上から煎りワザ

①

フライパンを高温に予熱し、油をひかずに干しえびを入れる。そのまま強火でから煎りする。その後、酒やみりん、ソースなど、料理に合わせた糖分を適量加え、全体になじませるように炒める。

②

干しえびをビニール袋に入れて上からもみほぐしたあと、ざるなどでふるい、身と粉末に分けておくと便利。身で食感を楽しみ、粉末はうまみのもととして料理に活用できる。

「脇役返上！ 干しえびの底力」（2005年2月2日放送）より

番組紹介レシピ 桜えびとインゲンのカラカラ炒め

■ 材料（2人分）

干し桜えび（身）……………………………4g
いんげん………………………………………100g

A	干し桜えび（粉末）……………………	2g
	ザーサイ（粗みじん切り）……	小さじ1½
	長ねぎ（粗みじん切り）………	大さじ1½
	酒…………………………………………	大さじ2
	しょうゆ…………………………………	大さじ⅔
	砂糖………………………………………	小さじ1
	水…………………………………………	大さじ4

ごま油……………………………………小さじ1

※干し桜えびはから煎りしたものを、身と粉に分けて使う（右ページ下参照）。

■ 作り方

1 いんげんを5㎝幅に切り、ゆでる。
2 Aをボウルに入れてよく混ぜ合わせる。
3 1、2を鍋に入れ、いんげんに汁を吸わせるように中火で炒め煮にする。
4 汁の量が半分になったら干しえびの身を入れる。
5 汁けがほとんどなくなったら、ごま油を入れてなじませ、火を止める。

1人分の栄養価データ
エネルギー：54kcal
脂質：2.2g　塩分：1.3g

1人分の栄養価データ
エネルギー：47kcal
脂質：2.5g　塩分：1.4g

番組紹介レシピ 桜えびの卵スープ

■ 材料（4人分）

干し桜えび（身）……………………………7g
干し桜えび（粉末）…………………………3g
卵………………………………………………1個

A	鶏がらスープ……………………	3カップ
	長ねぎ（小口切り）……………	30g
	酒………………………………………	大さじ1
B	塩………………………………………	小さじ⅔
	しょうゆ………………………………	小さじ½

ごま油…………………………………………少々

■ 作り方

1 鍋に右ページ下の方法でから煎りした干し桜えびの身とAを入れ、弱火で加熱する。
2 1にBを入れて味を調えたら、ごま油を入れる。
3 煮立ったら火を止める。干しえびの粉末を入れ、卵を溶いたら細く流し入れる。
4 再度火をつけ、卵が固まったらでき上がり。

レシピ協力◎長坂松夫

食卓の強い味方 缶詰使いこなし術

じつは日本は、800種類もの缶詰を作る〝缶詰大国〟。製造方法からわかった缶詰のおいしさのヒミツや、缶詰だからこそおいしくなるレシピなど、缶詰ワールドの魅力をご紹介します。

時間がたつほど、おいしくなる缶詰もある

長期保存ができ、非常食にもなる缶詰。しまいこんだまま忘れてしまい、キッチンの棚奥から古いものが出てきたりしませんか。しかし、それがちょうど食べごろの缶詰かもしれません。

じつは、缶詰には寝かせることで味わいが変化するものも。食材にもよりますが、缶詰は缶に具と調味液を入れて密封し、缶ごと高温・高圧で加熱して作るのが一般的です。

その結果、圧力鍋のように具材を短時間でやわらかくできるのに加え、雑菌を殺すことができます。また、空気や水に触れないため、常温でも腐らず、じっくり長時間かけて味をしみこませることができます。

この変化を缶詰業界では「完熟」と呼んでいます。そこで、あまたの缶詰を食べてきた「缶詰博士」こと、黒川勇人さんに、食べごろの目安を教えてもらいました（下の囲み参照）。とくに魚介類の缶詰は、完熟したもののほうが、味がしみてまろやかになる傾向が強いそう。

そのまま食べてもおいしい缶詰ですが、最近では〝食材〟としても注目されています。ちょっと手を加えると、豪華な1品にもなるのです。

たとえば、時間がかかる煮込み料理も、あらかじめ食材が煮てある缶詰を使えば、短い調理時間でき上がります。缶詰だからこそおいしくなる料理もあるので、ぜひおためしください。

缶詰博士・黒川勇人さんおすすめ 種類別・缶詰の食べごろ

現在、国内の缶詰に記載されている賞味期限は、ほぼ共通して製造日から3年。内容物によってはさらに長持ちするものもあり、食感や味わいが時間の経過とともに微妙に変化する。その程度は食材によって違うので、記載された賞味期限を目安として、右の傾向を参考に、ぜひ自分好みの味わいを見つけて。

魚・肉缶

水煮、オイル漬けは、長い時間をかけて味がなじんだほうがより美味に。期限ギリギリがおすすめ。

野菜・穀物・豆缶

スイートコーンは、製造直後はシャキッ、次第にもっちりした食感に変わる。ほかの野菜類も、歯ごたえを楽しみたいなら新しめがおすすめ。

果物缶

シロップと果物がなじんでくるため、製造から半年くらいがおすすめ。

「新生活に！時短に！「缶詰」おいしさ使いこなしＳＰ」(2017年4月5日放送)より

和食の達人
野崎洋光さん流
缶詰活用
レシピ

汁もまるごと、火いらずレシピ

番組紹介レシピ 「ほたて缶」の冷や汁

■ 材料（4人分）

- ほたて貝柱缶……1缶（130g）
- もめん豆腐……150g
- きゅうり……1本
- トマト……½個
- 青じそ……4枚
- A
  - 田舎みそ……50g
  - 水……430mℓ
- 白いりごま……大さじ2
- 塩……少々

■ 作り方

1 きゅうりは小口切りにして塩をふる。しんなりしてきたら軽くもみ、さっと水洗いをして水けを絞る。トマトは湯むきして1cm角に切り、青じそははさみでせん切りにする。
2 ボウルにほたて缶を汁ごと入れて身をほぐし、Aを入れてみそを混ぜのばす。そこに豆腐を手でちぎりながら加え、軽く混ぜ合わせる。
3 器に2を移し、1をのせ、ごまをふる。お好みでご飯（分量外）にかける。

1人分の栄養価データ
エネルギー：111kcal
脂質：4.5g　塩分：2.1g

煮込む作業は、缶詰が担当！

番組紹介レシピ 「牛肉大和煮」のハヤシライス

■ 材料（2人分）

- 牛肉大和煮缶……1缶（160g）
- 玉ねぎ……½個
- ゆでたブロッコリー……4〜8房
- ご飯……2杯分
- A
  - ホワイトソース缶……50g
  - ウスターソース……大さじ2
  - ケチャップ……大さじ1½
- サラダ油……大さじ1

■ 作り方

1 玉ねぎは1cm幅に切る。
2 フライパンに油を熱して1を炒め、しんなりしてきたら牛肉大和煮缶を汁ごと加える。
3 Aを混ぜて、2に加え、5分ほど煮込む。
4 器にご飯を盛り、3をかけて、ブロッコリーを添える。

1人分の栄養価データ
エネルギー：606kcal
脂質：11.9g　塩分：3.7g

NHK「ガッテン！」番組制作

制作統括　宇野央康

出版物制作スタッフ

デザイン　有限会社北路社（安食正之）
撮影協力　有賀 傑、泉 健太、今清水隆宏、永西永実、榎本 修、坂本博和、武井メグミ、中川カンゴロー、中川真理子、中本浩平、南雲保夫、松川真介、三村健二、三好宣弘、吉田篤史
料理再現　石川範子、新田亜素美、植松良枝、大越郷子、金丸絵理加、小林まさみ、舘野鏡子、ぬまたあづみ、林 幸子、渡辺あきこ、番組料理班
スタイリング　新田亜素美、綾部恵美子、石川美加子、大畑純子、岡田万喜代、カナヤマヒロミ、久保百合子、高木ひろ子、宮澤由香
イラスト　アサミナオ、寺田彩花、村上智行
栄養価計算　牧野直子
画像提供　ピクスタ
校正　株式会社鷗来堂
編集　山田 恵、澤村尚生

レシピ協力（敬称略）

石川範子　フードオリジネーター（P67 上段、P155）
大越郷子　管理栄養士／フードコーディネーター（P37 下段、P71 下段、P91 下段）
奥田政行　アル・ケッチァーノ（P60、P61 上段）
おおつきちひろ　スペイン料理研究家（P163）
加藤道久　料理人（P19、P83、P125）
金丸絵里加　料理研究家（P41 下段）
菊池美升　ル・ブルギニオン（P107）
北岡飛鳥　ラ・カンパーニュ（P23、P89）
北崎 裕　フード・クリエイター／里山十帖総料理長（P29）
北見博幸　ピアット キタミ（P43）
コウケンテツ　料理研究家（P75）
小玉 勉　料理屋こだま（P45、P85 上段）
小林カツ代＜小林カツ代キッチンスタジオ＞（P47）
小林まさみ　料理研究家（P51 下段）
三宮昌幸　福わうち（P63 上段）
武田正宏　料理人（P81 上段）
舘野鏡子　料理研究家（P58、P59、P77 上段）
舘野雄二朗　みちば和食たて野（P15、P71 上段、P91 上段、P112、P113、P167）
譚 彦彬　赤坂璃宮（P119 下段）
長坂松夫　長江 SORAE（P27 上段、P93、P140、P173）
ぬまたあづみ　料理家／フードコーディネーター（P21 上段、P49 下段、P53 上段）
野﨑洋光　分とく山（P11、P25、P67 下段、P87 上段、P119 上段、P175）
橋本宣勝　辻調理師専門学校（P143）
濱﨑龍一　リストランテ濱﨑（P100、P101）
林 幸子　料理研究家（P21 下段、P81 下段、P148、P149 上段）
平野レミ　料理愛好家（P35、P169）
ホークスみよし　料理研究家（P69）
堀 知佐子　管理栄養士／料理研究家（P98 下段）
前田 元　レストランMOTOÏ（P73）
桝谷周一郎　（P171）
宮田佳主子　麸料理 宮田・鈴庵（P165）
マロン　フードスタイリスト（P39 下段）
柳原雅彦　すし独楽（P122、P128、P137）
脇屋友詞　Wakiya（P53 下段、P65、P79）
渡辺あきこ　料理研究家（P17 上段、P41 上段、P63 下段）
株式会社サザビーリーグ アイビーカンパニー（P13、P37 上段）
北ガスクッキングスクール（P116）

NHKガッテン！
旬ごとの(得)ワザ満載
一流料理人37人が協力！
「食材の新常識」おかず150

編　者　NHK第3制作ユニット（科学）、主婦と生活社「NHKガッテン！」編集班
編集人　澤村尚生
発行人　倉次辰男
発行所　株式会社 主婦と生活社
〒104-8357 東京都中央区京橋3-5-7
TEL 03-3563-5058（編集部）
TEL 03-3563-5121（販売部）
TEL 03-3563-5125（生産部）
http://www.shufu.co.jp
製版所　東京カラーフォト・プロセス株式会社
印刷所　大日本印刷株式会社
製本所　共同製本株式会社

ISBN978-4-391-15593-8

メールでのご感想 大募集！

皆さまからのお声、お待ちしております。

本書へのご意見・ご感想をぜひメールでお送りください。
アドレスは　**gatten@mb.shufu.co.jp**

主婦と生活社『NHKガッテン！』編集班では、メール会員を募集します（登録・会費無料）。会員になっていただいた方には、季刊誌『NHKガッテン！』の発売前情報のほか、弊社の食、健康ジャンルの出版物に関する情報をメールにてご案内します。ご応募は、本書に差し込まれたアンケートハガキでお願いします。

※編集部にお送りいただいた個人情報は、メールの発送および今後の編集企画の参考にのみ使用し、ほかの目的には使用いたしません。詳しくは当社のプライバシーポリシー（http://www.shufu.co.jp/privacy）をご覧ください。

※本書は雑誌『NHKガッテン！』（旧誌名『NHKためしてガッテン』）に掲載した記事を厳選し、再編集したものです。
※本書の情報は、2021年2月現在のものです。